CONTES
HISTORIQUES.

PARIS, IMPRIMERIE DE GAULTIER-LAGUIONIE, HÔTEL DES FERMES.

CONTES HISTORIQUES,

PAR

V. D. MUSSET-PATHAY.

Multa incredibilia vera, multa credibilia falsa.
(*Vet. Dict.*)

PARIS,

CHEZ Mme V^e TH. DESOER, LIBRAIRE,

RUE DES POITEVINS, N° 12.

1826.

PRÉFACE.

Avant de condamner le titre, il faut savoir s'il est en rapport avec l'ouvrage, et s'il était possible de lui en donner un autre.

Il faut donc lire la préface qui l'explique et le motive.

On venait de baptiser l'enfant de madame de Montrieux, et, conformément à l'usage, un déjeûner copieux suivait la cérémonie. Nous étions rangés autour d'une table bien servie, et comme l'heure du premier repas était passée depuis long-temps, chacun de nous officiait avec un appétit remarquable. Quoique le silence fût en raison de cet appétit, il n'eut pas une longue durée et la conversation s'établit bientôt. Le livre du jour en devint le sujet. L'amphitryon, M. Delwins, grand amateur de nouveautés, exigeait de son libraire toutes celles qui paraissaient, et, sur ce point, rien n'est comparable à l'exactitude d'un libraire. Le premier exemplaire de deux ouvrages publiés le matin même fut donc remis au maître de la maison. C'étaient les *Contes nouveaux* de madame Guizot et ceux d'Adrien de Sarrazin: recueils charmants, pleins de talent, d'esprit et d'instruction. On fit quelques observations sur le genre.

Nous avons, dis-je, des contes moraux, des contes libres, gais, facétieux, des contes de toute espèce, mais il nous manque des *Contes historiques.*

M. Delwins. Contes historiques! Cela implique contradiction.

—Mais c'est un préjugé, d'après cette définition de l'abbé Girard qui fait autorité [1]: « Contes se dit aussi des histoires *vraies* ou

---

[1] Cette définition est de d'Alembert, mais elle fait partie des synonymes, *Conte*, *Fable*, *Roman*, de l'abbé Girard. (Voyez *Encyclop. méthod.*, grammaire et littérature, tom. 1, pag. 506.)

fausses que l'on fait dans la conversation. »
Vous voyez bien qu'un conte peut être vrai ;
et si l'on écrivait certaines conversations, nous
aurions des contes historiques.

M. Delwins. Et les romans historiques de
madame de Genlis, de ?.....

— Grande est la différence entre *roman* et
conte. Dans le premier, il est toujours question d'amour et de guerre ; *c'est un composé
et une suite de plusieurs aventures supposées*,
tandis qu'une seule est ordinairement le sujet
d'un *conte*.

M. Delwins. Et l'histoire proprement dite?

— L'histoire! Elle est pleine d'aventures
supposées, de fables.....

M. Delwins. Est-ce là ce que vous pensez?

— Précisément...... vous aussi ; mais on
se garde bien d'en convenir. Il n'est point
de fait historique, si authentique qu'il soit,
qui ne contienne quelque circonstance fabuleuse : il n'est point de conte, si fabuleux

qu'on le suppose, qui ne renferme quelque chose de vrai. D'où il suit qu'il n'y a point de vérité historique quant aux circonstances des faits. Ce qui se passe sous nos yeux rend ces deux assertions incontestables. Un fait dont nous étions acteurs, et dont nous faisons le récit, n'est jamais raconté par nous avec exactitude, quelque bonne foi que nous ayons. Nos yeux nous ont trompés; notre mémoire est infidèle; nous écoutions, nous agissions sous l'influence des passions; ou, si nous avions le bonheur d'en être exempts, sous celle de l'imagination. Deux mois après l'événement, nous ne le rapportons plus comme nous l'avons rapporté d'abord; six mois plus tard, la différence augmente. Bref, il est impossible d'assurer qu'une action s'est passée conformément au récit qu'on en fait : et si vous vouliez vous rappeler l'événement de votre vie dont votre mémoire.....

Ici la conversation fut interrompue par l'entrée d'un enfant de chœur qui apporta l'extrait de baptême que M. Delwins avait instamment demandé au prêtre. Il le remit près de moi.

M. de Montrieux. Je vous entends. Eh bien! l'événement dont ma mémoire est en ce moment le plus assuré, c'est la naissance et le baptême de Marie-Joseph-Alphonse.

— Expliquons-nous; quand je dis un fait, ce n'est pas une date dont je parle, mais des circonstances qui accompagnent ce fait..... Du reste, le hasard vous sert mal et vous n'êtes pas heureux dans votre choix.

M. de Montrieux (*avec vivacité*). Comment! je ne suis pas sûr qu'avant hier il m'est né un garçon?

— Et comment prouveriez-vous, historiquement parlant, que cet enfant est un garçon?

M. de Montrieux. Rien n'est plus aisé.

— Rien ne l'est moins.

M. de Montrieux. D'abord son sexe n'est pas douteux.

— J'en conviens, mais il s'agit de le prouver aux absents.

M. DE MONTRIEUX. L'extrait de baptême qu'on vient d'apporter.

— Je l'admets, que prouve-t-il?

M. DE MONTRIEUX. Il prouve que......

— Que votre garçon est une fille : Lisez.

Effectivement; le prêtre, trompé par le premier des prénoms de l'enfant, avait indiqué le *sexe féminin* [1]; M. de Montrieux, tout interdit, voyait la série de démarches ennuyeuses à faire pour rendre *légalement* à son fils le sexe que la nature lui avait donné. Heureusement il en fut quitte pour la peur, parce que l'er-

[1] D'après la formule adoptée en France par les prêtres catholiques, l'indication du sexe dépend de l'addition ou de l'omission d'une seule lettre. Dans l'extrait de baptême de Charlotte-Geneviève-Louise-Auguste-André-Timothée, d'Éon de Beaumont, on lisait ces mots, *né d'hier, a été baptisée par nous :* de manière qu'il semble que dès sa naissance on ait voulu jeter du doute sur le sexe de ce personnage. Dans l'acte civil, l'indication du sexe est positive; et l'erreur ne dépend plus d'une faute d'orthographe.

reur n'avait point été commise sur le registre des actes civils, et qu'il était facile de la rectifier sur celui de la paroisse.

Mais M. Delwins m'entreprit de nouveau. Je vois, me dit-il, que vous ne trouvez de vrai dans l'histoire que l'indication de la date et du résultat de l'action.

— Il n'y a que cela de réel, d'incontestable. Mais ce résultat déplairait et serait sans utilité, comme sans agrément. L'une et l'autre s'obtiennent au moyen du récit ou des contes.

M. Delwins. Pour mieux nous entendre, prenons un exemple : la célèbre bataille du 2 décembre 1805, qu'on appelle la *bataille des trois empereurs*. Qu'y voyez-vous de certain ?

— D'abord qu'il y eut deux empereurs de battus complétement; ensuite la date de l'événement, l'invasion du pays, la prise des places fortes,.... voilà tout à peu près.....

M. Delwins. Et les circonstances?

— Douteuses, fausses, conjecturales, arrangées sur l'événement. Fut-il préparé de loin, cet important événement? Fut-il précédé de savantes combinaisons? N'y eut-il pas de l'imprudence d'un côté, de grandes fautes de l'autre? Qui nous en instruira? Qui fera la part de la fortune, celle du génie? Et les détails! Comparez le récit des vainqueurs à celui des vaincus! Du reste, ce que j'appelle la vérité historique n'est pas tant l'exactitude dans le récit que les grandes leçons qui en résultent. C'est la vérité morale, la seule qui soit de quelque utilité. Il faudrait, mais ce souhait est téméraire, qu'un historien fît comme un habile architecte. Vous montrez à celui-ci les fondements à peine visibles d'un monument antique, entièrement ruiné, dont il n'existe plus rien. D'après les règles de son art, il va faire les plans, profils, dessins de ce monument, et le reconstruire s'il est besoin. Mais revenons à votre exemple. Sans nous élever aussi haut, sans aller en Moravie, sans passer le Rhin, sans sortir de la capitale, de votre salon même, je vous dirai que, si nous nous rappelons vous et moi les scènes de la vie ordinaire qui s'y passent sous vos yeux, ce dont vous croyez être le plus sûr rentrera dans le domaine des *Contes historiques*.

M. Delwins. Voilà, certes, un étrange paradoxe, et la preuve?

— Elle sera sans réplique; mais il me faut du temps, puisqu'elle se compose du récit ou du tableau de vos soirées.....

M. Delwins. Et vous serez exact?

— Scrupuleux même, et vous, obligé d'en convenir tout en chicanant les détails.

M. Delwins. Le plus grand inconvénient des romans historiques est de faire confondre le faux et le vrai; de les caser dans la mémoire de manière que, pour distinguer l'un de l'autre, on fait des efforts inutiles et l'on court le risque de donner le faux pour le vrai, de ne jamais être sûr de ce qu'on dit. Comment éludez-vous cette objection?

— En vous répondant que cet inconvénient n'aura pas lieu dans mes contes ; qu'à moins d'être privé de toute intelligence, je veux qu'on distingue la vérité, qu'on la *sente* quand elle est morale, qu'on la *voie* quand elle est historique.....

M. Delwins. Je vous mets au défi.

J'eus, hélas! la folie d'accepter. Et voici le résultat du défi.

CONTES HISTORIQUES.

CHAPITRE I.

UNE VEUVE ROMANESQUE.

La comtesse de Camarina, célèbre en Italie par son esprit et sa beauté, se trouva veuve à trente-cinq ans, et maîtresse de ses actions comme de sa fortune. Française de naissance, expatriée dès sa plus tendre jeunesse, victime de l'ambition, elle n'avait cessé de s'intéresser à son pays. Une loi sage, une institution utile, une victoire, tout ce qui pouvait augmenter le bonheur ou la gloire de ce pays, faisait battre son cœur.

Passionnée pour la liberté, le culte qu'elle lui rend n'en est pas moins raisonnable, parce qu'elle croit que cette liberté peut exister sous tous les gouvernements soumis aux lois, pourvu que personne ne soit au-dessus de ces lois.

Après avoir fait les délices de plusieurs cours auprès desquelles son mari avait été ambassadeur, elle eut le bon esprit de prévoir et de prévenir l'époque fatale où cesse le règne de la beauté. Deux fléaux épouvantables pour une femme se présentèrent à son imagination : la vieillesse et l'ennui. Elle pouvait échapper à l'un, mais l'autre était inévitable. Elle sentit qu'il fallait se soumettre au joug pénible de la nécessité, réfléchit, prit son parti de bonne grace et se dit : Si je sais me garantir de l'ennui, je ne m'apercevrai pas de la vieillesse. Après avoir réalisé une partie de son immense fortune, elle changea de nom, voyagea et parcourut les principaux états de l'Europe dont elle visita les capitales, afin de choisir celle où l'on pourrait trouver le plus de moyens de se préserver de l'ennui. Venise, Florence, Rome, Milan, Vienne, Berlin, Londres, Bruxelles ne lui offrirent qu'une partie de ce qu'elle cherchait. Paris seul lui sembla réunir tous les avantages ; elle s'y fixa.

Elle avait été sur le point de perdre son indépendance pendant son séjour à Bruxelles. Elle fit, dans cette ville, la connaissance d'un officier français, nommé Delwins, qui joignait à l'extérieur le plus séduisant, à de grandes richesses, à l'amour de l'étude, beaucoup d'usage du monde, des connaissances variées et des qualités aimables. Orphelin dès l'enfance, il était venu voir M. Dulude, frère de sa mère, son tuteur ou plutôt son ami, qui lui avait prodigué les soins les plus tendres.

M. Delwins ne vit point sans indifférence la comtesse de Camarina qui, à son aspect, éprouva quelque surprise. L'habitude qu'elle avait de réfléchir et d'observer lui fit bientôt sentir le danger auquel elle s'exposait. Ils se voyaient tous les jours. M. Delwins était souvent silencieux et rêveur : il n'osait se déclarer. La comtesse fit secrètement les préparatifs de son départ. Au moment de se mettre en route pour Paris, elle lui envoya ce billet : « Je vous « ai deviné : vous êtes plus jeune que moi : « nous ne pouvons nous convenir. Pour éviter « l'erreur qui nous persuaderait le contraire, « je pars, mais je ne veux point rester étran- « gère à votre bonheur ; et, si vous le voulez,

« si vous le méritez, il ne tiendra qu'à vous
« d'être amplement dédommagé de la perte
« que vous croyez faire. »

M. Delwins ne lut pas sans étonnement une lettre où l'on s'écartait des usages reçus. C'était une femme ; elle écrivait la première ; elle supposait qu'il l'aimait ou qu'il était près de l'aimer ; elle pouvait courir le risque de rencontrer un de ces présomptueux qui se vantent de leurs succès sans en avoir obtenu. Mais les femmes ne se trompent guère en amour.

Il y avait dans le billet de madame de Camarina quelque chose de mystérieux qui occupa M. Delwins. Comment pouvait-elle contribuer à son bonheur ? Nous ne tarderons pas à savoir le mot de l'énigme.

La comtesse avait une sœur qu'elle aimait tendrement, quoique cette sœur, plus jeune et plus belle, fût dans l'âge heureux qui semble promettre un long et brillant avenir : *tort* rarement pardonné par celles qui n'ont plus cet avenir à espérer. Cette sœur avait seule répandu quelques douceurs sur la destinée de madame de Camarina, pendant la vie de son mari, le plus jaloux et le moins traitable des grands seigneurs de la cour de Palerme. La seule complaisance qu'il eut pour sa femme fut de lui permettre d'avoir auprès d'elle Sophie, et comme celle-ci annonçait devoir être fort belle un jour, peut-être cette complaisance n'était-elle pas tout-à-fait désintéressée. Successivement ambassadeur dans deux cours, le comte avait emmené les deux sœurs avec lui : il aimait à produire sa femme, qui toujours attirait tous les regards ; mais en même temps l'excessive jalousie du mari faisait un tourment continuel de ce qui flattait sa vanité. Dans un accès de cette passion, il chercha querelle au duc de Cherasco dont il reçut un coup mortel qui délivra sa femme d'un joug devenu de plus en plus insupportable.

La comtesse avait laissé sa sœur à Palerme. Elle comptait la doter et lui chercher un mari. M. Delwins lui parut remplir les conditions qu'elle désirait ; il n'avait pas trente ans, et Sophie entrait dans sa dix-huitième année. Tels sont les éclaircissements qu'exigeait, pour être compris, le billet que laissa la comtesse à son départ. Revenons auprès d'elle.

Elle arrive à Paris. Sa mère était née dans cette ville ; elle y trouva des parents dont elle fut d'autant mieux accueillie qu'elle n'avait rien à leur demander.

C'était à l'époque du consulat et la seconde année de cette magistrature qui devait avoir si peu de durée. La confiance qu'inspirait le guerrier qui en était revêtu n'avait pas de bornes, parce qu'on ne voyait encore autour de lui ni cour ni flatteurs.

Dans une capitale favorisée par toutes les circonstances propres à la rendre le centre des arts, des sciences, du goût et des plaisirs, il ne faut, lorsque des événements ont interrompu sa prospérité, qu'une occasion pour la faire renaître avec plus d'éclat, et cette occasion était arrivée. Bientôt les arts rivalisèrent entre eux, et l'on vit reparaître le bon ton, l'aménité des mœurs, l'élégance des manières qui, pendant quelques années, avaient été des titres de proscription. Les relations sociales se rétablirent, et Paris reprit le cours de sa destinée.

La comtesse essaya de tous les plaisirs qu'une femme de son rang peut goûter dans une ville qui les rassemble tous : elle avait l'intention de faire un choix et de s'arrêter à ceux qu'elle pourrait conserver le plus long-temps.

Introduite dans la société, elle fit partie de toutes les réunions : invitée partout, elle voulait recevoir à son tour. Elle l'aurait fait sans hésiter dans le pays auquel elle avait renoncé ; mais elle sentait qu'il y avait dans celui qu'elle habitait des convenances qu'il fallait respecter pour conserver de la considération. Elle n'ignorait pas à quoi se réduit cette considération, quelquefois si fragile, et elle ne voulait rien faire pour la perdre par sa faute. Elle était trop jeune encore et surtout trop belle pour n'être pas remarquée.

Sa mère et sa sœur lui avaient promis, à son départ de Palerme, de la rejoindre dès qu'elle aurait choisi le séjour qui réunirait toutes les conditions désirées. Résolue de se fixer à Paris, elle leur écrivit ; mais il fallait plusieurs mois pour que ce projet reçût son exécution, et madame de Camarina ne voulait point que l'hiver se passât sans qu'elle eût ouvert sa maison : ce qu'elle ne pouvait faire d'après les raisons que nous en avons données.

Pour tout concilier, elle pria la sœur de sa mère de venir l'aider, et se l'associa pour faire les honneurs de chez elle. Madame de Saint-

Just vint donc avec sa fille s'installer chez la comtesse, dans le mois de janvier 1803.

Elle avait le projet de passer en revue les diverses sociétés de Paris, et de s'en faire une d'élite dans le grand nombre de personnages qui les composaient toutes.

Les premières réunions furent très-nombreuses parce que la comtesse, voulant d'abord se conformer à la mode, désirait avoir chez elle ce qu'elle voyait chez les autres. La bouillote dominait alors et triomphait du bel-esprit, des bals et des concerts, comme aujourd'hui l'écarté. Dans l'art de désennuyer son monde, on faisait entrer comme moyen la lecture de plusieurs morceaux littéraires, vers et prose; et la société, pendant une partie de la nuit, ressemblait à une séance académique. Les jeunes personnes soupiraient impatiemment après le bal; mais la bouillote trompait encore leur attente.

Ce fut dans l'une de ces premières soirées que parut M. Delwins. A peine lui fut-il possible de dire un mot à la maîtresse de la maison, qui, dès qu'elle put lui parler, le pria de venir dîner avec elle le lendemain. En voyant cette foule, ses idées furent bouleversées ; il craignit de s'être trompé sur le compte de madame de Camarina. Sachant que plusieurs femmes connues par des prétentions plus ou moins fondées réunissaient chez elles le plus de monde possible afin de se faire voir, il avait peur d'être obligé de mettre dans leur nombre la comtesse. Se faire citer pour avoir reçu chez soi une multitude de gens, la plupart inconnus, c'était un bien petit mérite, celui de la médiocrité. Pensif et chagrin, il rentre chez lui, livré à de tristes réflexions. Il ne fut tiré de son erreur que le jour suivant. Il hésitait à se rendre à l'invitation de madame de Camarina, et ne s'y détermina qu'en formant le projet de hâter son départ pour Bruxelles, si ses craintes étaient fondées; mais il fut agréablement détrompé en apprenant de la comtesse même le but qu'elle se proposait dans ces réunions, et combien cette affluence l'excédait.

Cependant il n'oubliait pas le contenu du billet mystérieux qu'il avait reçu à Bruxelles, et supposant que la comtesse voulait le marier, seule interprétation dont le billet lui parût susceptible, il cherchait dans ces assemblées, sans pouvoir le trouver, l'objet qu'elle lui destinait. Toutes les fois qu'il abordait ce sujet de conversation, elle éludait avec adresse, et quand il devenait plus pressant, elle finissait par lui dire en riant de lui donner le temps de se reconnaître elle-même, et d'étudier le pays dans lequel elle vivait.

Trois mois se passèrent ainsi. La mère et la sœur de la comtesse arrivèrent; on était au milieu du carême : les grandes réunions avaient cessé, mais il venait toujours du monde le soir du jour où elles s'étaient tenues. Madame de Camarina, voulant savoir quel effet produirait sa sœur sur M. Delwins, ne lui fait point part de l'arrivée de Sophie. Elle envoie sa sœur dîner chez sa tante, et rassemble plusieurs personnes pour *un thé*. Sophie et sa mère devaient venir faire une visite dans la soirée. Il y avait plus de monde qu'on ne croyait en avoir. Lorsqu'on annonça ces dames, M. Delwins était engagé dans une discussion fort animée sur le bruit qui se répandait que le premier magistrat voulait changer la toge consulaire contre le manteau impérial : il blâmait ce projet avec vivacité, et le repoussait comme contraire aux intérêts du pays et de celui qui le gouvernait, comme une cause de ruine et de destruction. Au moment où il s'exprimait avec le plus de feu, parurent la mère et la fille; à la vue de celle-ci, il reste tout interdit; il éprouve une émotion inconnue, ses yeux ne quittent Sophie que pour chercher ceux de la comtesse; mais elle évitait soigneusement ses regards. Madame de Camarina ne vit point sans plaisir l'effet qu'avait produit sur M. Delwins les charmes de Sophie qui remonta bientôt dans son appartement avec sa mère. M. Delwins attend que la comtesse soit seule, et lui dit alors, avec un son de voix altéré : « Ah! madame, que je suis malheureux si cette jeune personne n'est pas connue de vous particulièrement, et assez pour qu'il vous soit possible de contribuer à mon bonheur. » Madame de Camarina voulut le plaisanter, mais quand elle vit sur sa figure une profonde impression de tristesse, elle s'arrêta, le remit au lendemain pour s'expliquer et le congédia.

La comtesse avait l'imagination très-romanesque; elle voulait connaître l'impression que produiraient l'un sur l'autre sa sœur et M. Delwins. Elle avait prévenu Sophie que parmi les jeunes gens qu'elle trouverait chez elle, dans la soirée, elle en verrait un qu'elle serait fort aise d'avoir pour beau-frère ; mais elle l'assurait en même temps qu'elle n'influencerait son choix en aucune manière, et qu'elle attachait trop de prix à l'indépendance pour contrarier la sienne. Du reste, elle avait agi loyalement dans le choix des jeunes gens invités pour la soirée. Elle avait réuni ceux qui étaient le plus remarqués dans les cercles, et quelques autres qui à ses yeux méritaient autant de l'être. A la tête de ces derniers était M. Delwins, peu connu, parce qu'il venait rarement à Paris.

Sophie avait produit à peu près le même effet sur tous les jeunes gens. Elle vit à peine que, de la part de M. Delwins, il y avait plus que de la curiosité : elle le vit cependant, car rien n'échappe aux femmes quand leur attention est éveillée. La confidence de sa sœur l'avait rendue sérieuse. Elle craignait de donner la préférence à tout autre qu'à l'objet du choix de la comtesse ; cette crainte la domina au point de la faire tenir sur la plus grande réserve.

Le lendemain, elle fit à la comtesse l'aveu de la situation gênante dans laquelle elle s'était trouvée : elle la pria de mettre un terme à ses perplexités, ajoutant qu'elle s'en rapportait, pour le choix d'un époux, à la tendresse et à l'expérience d'une sœur. Elle finit par avouer avec naïveté qu'elle avait été touchée de l'embarras de M. Delwins, et que s'il n'était pas celui qu'on lui destinait, elle souhaitait qu'il ne reparût plus.

M. Delwins revint dans la matinée, accabla de questions la comtesse, et la supplia de lui dire s'il lui serait permis d'adresser ses vœux à cette belle inconnue, et surtout s'il ne lui répugnait point de plaider sa cause. Ayant coutume de traiter les affaires avec précision et franchise, il ajouta des détails sur sa fortune, qui était assez considérable pour n'en point exiger. Il finit par déclarer qu'il allait repartir pour Bruxelles s'il ne devait conserver aucune espérance. Pour toute réponse, la comtesse le pria de venir dîner avec elle, promettant de ne pas le laisser plus longtemps dans l'incertitude.

La comtesse avait invité quelques personnes, ne voulant point que cette entrevue se fît en trop petit comité. Quand on se mit à table, sa sœur n'était point encore descendue de son appartement; elle vint prendre le couvert vacant lorsque tout le monde fut placé : c'était à la gauche de la maîtresse de la maison, qui avait mis à sa droite M. Delwins. Ce ne fut pas sans une grande surprise que celui-ci reconnut dans la sœur de madame de Camarina la jeune personne qui lui avait fait la veille une si vive impression. Je me flatte, lui dit la comtesse, que la réponse que je vous devais est maintenant intelligible. Et met le comble à mon bonheur, répliqua Delwins. Soulagé d'un grand poids, et rempli d'espoir et de joie, il prit part à la conversation et parut fort aimable à tous les convives, et plus à Sophie qu'à tout autre.

La comtesse avait pour principe de brusquer un dénouement quand l'événement était certain. Après les délais rigoureusement nécessaires, pendant lesquels elle s'assura que M. Delwins et sa sœur possédaient tout ce qui doit rendre heureux dans ce monde, s'il était possible de l'être, elle hâta le mariage. Il eut lieu sans aucune solennité. Tous les trois pensaient qu'on ne saurait mettre trop de recueillement à un acte de cette importance, et regardaient toute distraction comme un symptôme fâcheux. Il n'y eut que

la famille, c'est-à-dire madame de Saint-Just,
sa fille, et son fils, officier d'artillerie, qui,
blessé grièvement au siége de Gênes, était
venu achever sa convalescence chez madame
de Camarina. Il fut l'un des témoins du
mariage, et quoiqu'il ne doive reparaître
qu'une fois dans cette histoire, il est nécessaire d'en dire un mot, parcequ'il devint la
cause involontaire d'un événement funeste
dont il sera question. Charles de Saint-Just
avait vingt-huit ans, une physionomie agréable, et quelque ressemblance avec Sophie.
Bon militaire, il aimait son métier, et soupi-
rait après le moment où il pourrait rejoindre
son corps, ce qu'il fit six mois après le mariage
de sa cousine. Madame de Camarina se rappelait le faste avec lequel on l'avait menée à
l'autel, pour épouser un homme qu'elle n'aimait point : elle fit un triste retour sur elle-
même, et ne se sentant pas le courage d'être
témoin d'un bonheur qu'elle méritait de
goûter, elle exigea que les deux amants se re-
tirassent pendant huit jours dans une belle
maison de campagne, voisine de Paris, dont
elle leur avait fait présent.

Le troisième jour elle alla les y voir avec

sa mère. La santé de celle-ci était depuis longtemps altérée, et les médecins avaient décidé que les eaux de Bagnères pouvaient seules la rétablir. La comtesse, prompte à prendre un parti, fit les préparatifs nécessaires pour mener sa mère aux eaux d'une manière commode; et la veille du jour même où M. et madame Delwins devaient revenir, elle se mit en route. Comme ils n'étaient point prévenus, ils éprouvèrent, en ne trouvant plus leur sœur, une surprise mêlée d'inquiétude. Ils ne pouvaient s'expliquer ce départ mystérieux et précipité, et se livraient à mille conjectures, sans pouvoir s'arrêter à aucune. La lettre suivante les fit cesser.

« Vous m'aimez tous les deux, je n'en doute pas, et mon absence vous causera quelque chagrin. Elle a plusieurs causes, dont la première est la santé de notre mère. La seconde vous concerne. Il n'y a point de bonheur sans mélange, et je serais effrayée du vôtre, si je ne savais que vous me désirez près de vous, et si je n'étais sûre qu'en ne m'y voyant pas, vous éprouverez quelque regret. D'ailleurs on a besoin d'être seuls dans les premiers mois d'une union aussi bien assortie que la vôtre. Goûtez-en tous les charmes : songez que c'est dans ce moment qu'il faut en assurer la durée, et que tout dépend des commencements. Étudiez-vous bien tous les deux ; que votre confiance mutuelle soit sans bornes, comme l'est à présent votre amour. Mieux vaut une confidence pénible qu'une réserve coupable. Du premier secret que l'un de vous aura pour l'autre datera le malheur de tous les deux. Adieu, sœur aussi chérie qu'une fille peut l'être de sa mère ; adieu, vous à qui j'ai confié sa destinée. Vous devez me dédommager de la mienne, et vous seuls pouvez maintenant l'embellir. »

Cette lettre produisit l'effet qu'en attendait la comtesse. Dans la suivante, elle les priait de continuer à voir du monde, afin de l'aider dans l'exécution du projet qu'elle avait de se faire une société sûre, choisie, et d'un commerce agréable. « C'est, disait-elle, c'est, après la bienfaisance, la plus douce des distractions pour les riches. Ils ont, comme tous les autres hommes, le problème le moins facile à résoudre : *l'emploi du temps*. Il est de toute justice que ce problème ait pour eux plus de difficulté, malgré toutes les idées contraires. »

Ils aimaient trop la comtesse pour ne pas faire ponctuellement ce qu'elle désirait. Ils entretinrent donc avec soin toutes ses relations, non sans en éprouver souvent de l'ennui; mais l'idée de plaire à leur bienfaitrice leur donnait du courage. Madame de Camarina prévoyait le résultat de leur complaisance pour elle. Il entrait dans ses vues, puisque ce qu'elle craignait le plus pour leur bonheur, c'était le repos et la satiété.

La mère de madame de Camarina, loin de se rétablir aux eaux, y termina sa carrière. C'était une femme d'un esprit médiocre, sans caractère, et qui avait sacrifié sa fille à son ambition. Les regrets de la comtesse n'en furent pas moins sincères. Elle profita de sa présence dans le midi pour visiter une terre considérable, négligée depuis long-temps, et dont elle devenait propriétaire, ainsi que sa sœur. Après avoir pris les arrangements nécessaires, elle revint à Paris. Elle y put jouir de son ouvrage. Elle sentit, dans les soins touchants que prirent d'elle M. et madame Delwins, qu'elle était autant aimée qu'elle méritait de l'être.

On était au milieu de l'automne. M. Delwins,

qui s'était retiré du service après le traité d'Amiens, avait besoin de se rendre à Bruxelles pour terminer ses affaires. La grossesse de sa femme lui faisait ajourner ce voyage depuis quelque temps. L'arrivée de sa belle-sœur lui permit de l'entreprendre. Pendant son absence madame de Camarina chercha, de son consentement, une terre qui fût située dans un rayon de vingt à trente lieues de Paris, et dont l'exploitation exigeât souvent la présence du maître. Elle trouva celle de Beauregard, inhabitée depuis long-temps, parce que plusieurs héritiers se la disputaient. La comtesse en fit l'acquisition pour M. Delwins. Elle voulait qu'il eût de l'occupation. Le château était gothique, d'une si singulière construction qu'on ne pouvait l'habiter ni le rendre habitable, à moins de le rebâtir. C'était de vastes pièces d'une élévation prodigieuse et dont les murs, couverts de vieilles tapisseries, avaient pour ornement des portraits de famille, entremêlés de portraits des *ministres du temps*, et d'autres personnages revêtus de quelques dignités. Des bois dévastés, des terres en friches, des landes, des fermes en ruines; telle était la terre de Beauregard. Tout était à refaire, et madame de Camarina ne pouvait mieux choisir pour arriver à son but. Du reste, le prix de cette terre étant en raison de son produit, elle pouvait être une excellente acquisition, pour peu qu'on voulût y faire une partie des améliorations dont elle était susceptible.

CHAPITRE II.

UNE FEMME ENVIEUSE ET MÉCHANTE.
UN MARI JALOUX.

M. Delwins, sa femme et la comtesse possédaient une fortune considérable ; ils voulaient en jouir, et surtout en *faire jouir*. Remarquant que les gens les plus riches sont, en général, les moins heureux, ils étudièrent avec soin les causes qui les empêchent de l'être, afin de les éviter. Ils virent chez les uns le dégoût, chez les autres, des désirs insatiables que la fortune ne peut satisfaire ; dans ceux-ci, l'amour du pouvoir qu'elle ne donne pas toujours ; dans ceux-là, un état de santé contre lequel elle ne peut rien : dans tous, ou presque tous, l'ennui, maladie mortelle qui venge tous ceux que cette fortune aveugle oublie dans la répartition de ses faveurs ; quelques-uns, mais en très-petit nombre, échappés à ces causes, avaient leur existence désenchantée par la perte d'un enfant ou d'un objet chéri. Personne enfin n'était content de son sort dans cette classe enviée où tout abonde, où les désirs semblent devoir être aussitôt satisfaits que formés.

Dans leurs observations sur les scènes variées que leur offrait le monde, les deux sœurs et M. Delwins virent avec une sorte d'effroi combien ils avaient d'écueils à fuir; et, d'un mouvement spontané, ils appelèrent à leur secours la bienfaisance.

Le spectacle de l'intérieur de cette famille prouvera qu'il est un certain bonheur qu'il faut toujours poursuivre, fût-il chimérique. L'espérance, le désir, l'intention procurent, chemin faisant, de vraies jouissances, et l'on arrive au bout de sa carrière, en croyant toucher au but proposé.

Je suis forcé de glisser rapidement sur les temps qui précédèrent l'époque où je fis partie de cette société. Avant d'être ce qu'elle était lorsque j'y fus admis, elle avait payé le tribut commun à l'envie, à la jalousie : exposée aux conjectures malveillantes, aux caquets, aux réticences malicieuses, elle avait changé de face plusieurs fois, et subi des révolutions singulières. On en avait profité pour se garantir de leur retour. Une des premières causes était la facilité avec laquelle on y admettait d'abord, et qui était nécessaire pour obtenir le résultat désiré ; c'est-à-dire une société d'élite, où l'échange des pensées ne fût accompagné ni d'inquiétude, ni de crainte. La police avait su ce qui se passait dans les premières assemblées, presque sans le vouloir. Elle n'avait pas eu besoin de s'en mêler ; mais il n'en fut pas ainsi quand ces assemblées devinrent moins nombreuses et plus régulières. Elles éveillèrent l'attention. Ne pouvant les dissoudre légalement, on y parvint par des voies obliques. Au moyen de son action occulte et mystérieuse, la police sema des défiances au sein de cette société, puis le trouble, et parvint à la dissoudre. Elle fut tour-à-tour dispersée et formée de nouveau à différents intervalles. Elle finit par être établie sur des bases inébranlables, parce que les membres qui la composaient étaient sortis purs des épreuves auxquelles les diverses circonstances les avaient soumis.

Un autre élément de désordre y avait existé dès le principe. Madame de Saint-Just était venue, comme nous l'avons dit, à la prière de madame de Camarina, s'établir chez elle avec sa fille. Celle-ci, élevée avec sa cousine qui n'avait aucune raison de se méfier d'elle, gagna facilement sa confiance et celle de Sophie par la suite. Hortense de Saint-Just n'avait pas été aussi favorablement traitée de la nature que les deux sœurs, et ne possédait ni leurs attraits, ni même aucune de leurs bonnes qualités. Naturellement jalouse, elle enviait tout et ne croyait jamais au bien. Ses yeux découvraient en vous la plus petite tache, n'apercevaient que cette tache, s'y arrêtaient, ou si l'usage la forçait à les en détourner, elle les y ramenait par la force de cette malheureuse disposition qui ne fait voir que le mal.

Le spectacle du bonheur dont jouissait Sophie la fit frémir. Elle jura de le troubler. « La jalousie, se dit-elle, est inséparable de l'amour; elle doit donc exister dans le cœur de M. Delwins; elle sommeille, réveillons-la. » Elle caresse cette idée, elle y pense le jour, ses rêves en sont agités. Il s'y mêlait un peu de vengeance, car elle avait eu quelques prétentions sur M. Delwins. La promptitude avec laquelle le mariage s'était fait avait excité sa surprise et son dépit.

Pour bien comprendre ce qui va suivre, il est nécessaire d'entrer dans quelques détails minutieux; ils feront voir que l'événement le plus terrible peut dépendre de la plus légère cause.

Lorsque la comtesse se fut déterminée à demeurer à Paris, elle acheta, dans la rue de Lille, un hôtel commode, spacieux, séparé du quai par un jardin. L'appartement que choisirent M. Delwins et sa femme avait une sortie sur un escalier dérobé, fait pour le service de la maison. On hésita, pendant quelque temps, à en condamner la porte. Elle offrait quelques avantages : on pouvait s'échapper ou rentrer incognito : on communiquait, par le moyen de cette porte, à l'appartement du second étage, sans parcourir toutes les pièces du premier pour revenir à l'escalier principal. Cet appartement n'était point ordinairement habité : il ne l'avait été que par Charles de Saint-Just, pendant son séjour chez sa cousine. On voit qu'en conservant la porte, la communication était facile et prompte. Au lieu de la murer, Sophie voulut en faire une armoire. En conséquence on se décida à condamner la porte extérieure, sur laquelle on colla ensuite du papier des deux côtés. Comme on faisait cette opération, M. Delwins et son oncle, voyant que la porte ne joignait pas bien, y voulurent mettre du papier. Ils avaient par hasard un vieux moniteur du 20 germinal an VI[1], qu'ils plièrent et mirent entre le mur et la porte, après avoir lu un article qu'ils remarquèrent et qui les fit hésiter un moment à sacrifier cette feuille. On est saisi d'effroi quand on songe que la destinée d'une famille, de deux femmes charmantes et d'un galant homme, a dépendu d'une bande de papier, oubliée pendant sept ans, dont la destruction tenait au moindre des accidents, tandis que sa conservation demandait un concours de circonstances dont la réunion était presque miraculeuse !

J'ignore les motifs qui firent vendre cet hôtel à la fin de la quatrième année, pour en

[1] Cette lettre, qui depuis a fait du bruit, a été réimprimée. M. Rousseau, qui en est l'auteur, publiait en même temps diverses pièces « qui sont citées quelquefois par des « historiens, mais horribles; on ne peut guère dire autrement « aujourd'hui. » C'est ainsi que s'exprime un juge équitable, instruit et spirituel. Voyez *Biog. univ.*, tom. XXXIX, pag. 158, art. *J. J. Rousseau.*

prendre un autre, situé dans la même rue.

Ce fut sur la connaissance du local et du séjour de son frère chez madame de Camarina, qu'Hortense de Saint-Just établit son infame projet. Sophie et sa sœur avaient prodigué tous leurs soins à Charles. Sa blessure honorable leur inspirait l'intérêt et la pitié. Elles s'observèrent d'autant moins dans les marques qu'elles lui en donnèrent, qu'il ne pouvait faire naître des sentiments d'une autre nature. Sans usage, sans esprit, d'une vanité choquante, il n'avait d'autre mérite que celui de la bravoure, mérite si vulgaire de nos jours. Aussi les deux sœurs, loin d'être affligées de son départ, le hâtaient plutôt de leurs vœux. Charles aimait les champs de bataille; et, à cette époque, son goût pouvait être aisément satisfait. Il se mit donc en route dès que ses blessures le lui permirent.

Vers la fin de la première année de son mariage, M. Delwins devint père d'une fille qui reçut le prénom de Flavie; c'était celui de la comtesse. L'année suivante Sophie fit une fausse couche. La troisième année elle mit au monde une fille qui mourut en naissant. M. Delwins désirait un garçon : il se consola facilement de cette perte et ne s'occupa que de sa femme dont la santé lui inspirait des inquiétudes. Pendant sa convalescence on ne reçut que la famille et les amis intimes. Hortense venait tous les jours; et comme elle se montrait d'autant plus constante dans ses caresses qu'elles étaient fausses, on avait de l'amitié pour elle; madame de Camarina, moins que sa sœur et son beau-frère, parce qu'elle avait plus de tact et d'expérience. Elle sentait, sans savoir pourquoi, de l'éloignement pour Hortense. Mais comme elle craignait d'être injuste, et qu'au fait rien ne motivait cet éloignement, elle prenait soin de le cacher. Elle avait pour système d'écouter ces sortes d'avertissements dont on ne saurait se rendre compte; et comme, plus d'une fois, elle s'en était bien trouvée, elle pensait qu'il valait mieux prendre une précaution inutile ou superflue contre un péril imaginaire, que d'être sans défense contre un danger réel. Elle ne repoussait point les avances de sa cousine, mais comme elle était franche, elle restait froide à toutes ses démonstrations.

Une des premières soirées d'hiver où toute la famille, y compris Hortense, causait au coin du feu, l'on apporte une lettre adressée à M. Delwins. Elle venait par la petite poste : l'écriture en est inconnue. Il fait sauter le cachet, cherche la signature, n'en trouve point, lit rapidement la lettre et la jette avec mépris sur une petite table à côté de laquelle travaillait madame de Camarina qui, après avoir d'un regard consulté son beau-frère, prend la lettre à son tour, et la lit. Elle s'en repentit à l'instant, parce qu'il était difficile d'en taire le contenu à Sophie. Mais on en avait remis une à celle-ci, également anonyme. Après l'avoir lue elle la donne à son mari. Alors M. Delwins reprend celle qui lui était adressée, et la remet à sa femme. Dans ces deux lettres on excitait la jalousie de l'un des deux époux contre l'autre. A Sophie, on disait qu'elle ne possédait plus le cœur de son mari; à M. Delwins, qu'il avait eu un rival et qu'il n'était pas le père de sa fille. Sophie et la comtesse jetèrent spontanément les lettres au feu. M. Delwins fit un mouvement pour retirer la sienne, mais il s'arrêta, peut-être par respect humain. Chacun exprima son indignation. Il n'est pas besoin de dire qu'Hortense fit sentir la sienne avec le plus d'énergie.

Elle ne vit pas sans joie les deux lettres consumées. L'idée d'en confronter l'écriture vint quand il n'était plus temps. Hortense examinait avec beaucoup d'attention l'effet que produisait chaque lettre sur la personne à qui elle était adressée. Elle ne put se méprendre sur celui qu'éprouvait Sophie ; c'était le mépris le plus absolu et l'indifférence la plus complète. Mais M. Delwins avait rougi sensiblement à la lecture de sa lettre. Avec l'intention de l'observer, on aurait vu qu'il faisait un effort pour dissimuler son agitation. Hortense vit avec joie qu'il était vulnérable et se consola de son peu de succès, se promettant de mieux prendre ses mesures, et se contentant d'une victime, sachant bien qu'une seule en ferait deux.

Quelque temps après elle fit écrire une seconde lettre à M. Delwins, calculant l'heure à laquelle elle lui serait probablement remise sans témoins. Elle passa la journée chez lui. Elle vit qu'il n'était point question du contenu de cette lettre. Elle en conclut ou que son parent ne l'avait communiquée à personne, ou qu'on lui en faisait un mystère. Pour éclaircir le fait elle en fit arriver une troisième à l'heure où l'on était réuni. M. Delwins la prit, et, y jetant un coup-d'œil, la mit rapidement dans sa poche, en disant que cette lettre était de son fermier de Beauregard. Hortense triompha à ce mensonge connu d'elle seule.

Dans ces deux lettres on revenait à la charge sur la conduite de Sophie. On donnait des détails d'une exactitude accablante sur l'appartement et la porte dont nous avons parlé. La coupable Hortense exposait son frère aux soupçons de la jalousie. Cette horrible passion raviva dans l'esprit de M. Delwins le souvenir de toutes les circonstances du séjour de Charles, en les lui faisant interpréter d'une manière aussi odieuse qu'injuste pour Sophie. Tour-à-tour attiré, repoussé par sa fille, suivant qu'il la croyait de lui ou de Charles, il revenait toujours à des sentiments tendres que le doute empoisonnait aussitôt. Ce doute cruel prit le dessus, domina toute autre idée et fit le tourment de M. Delwins.

Dès ce moment, son cœur fut en proie à la plus horrible de toutes les passions. Un ver rongeur le déchirait; alors une sueur froide ruisselait de tous ses pores; ses cheveux se dressaient sur sa tête; son œil, naturellement doux, devenait hagard, étincelant ; sa poitrine se soulevait ; des soupirs convulsifs s'en échappaient ; il prononçait quelques sons inarticulés, restait immobile, ou se promenait à grands pas. La crise se terminait par un torrent de larmes. Alors, entièrement soulagé, il revenait à lui-même, à la douceur, à la bonté naturelle de son caractère. Mais quand les larmes n'avaient pas coulé, il restait long-temps sombre, triste, et ne prenait part à rien de ce qui se passait autour de lui. Si son oncle, (celui à qui il avait tant d'obligation, et de qui je tiens ces détails) le surprenait dans ces moments, il fuyait, et, d'un ton imposant, lui défendait de le suivre. Un jour il provoque sa confiance, il le presse au nom de leur ancienne amitié. «Je n'ai, lui répondit Delwins, que ce secret pour vous ; mais vous ne le connaîtrez jamais.» L'air qui accompagnait ces paroles, la sécheresse, le regard, l'accent, tout imposait silence ; l'oncle se tut en soupirant : il plaignit Delwins d'avoir un secret qu'il était condamné à garder et qui faisait son supplice. Aurait-il donc commis quelque crime ? se disait-il, épouvanté. Hélas ! il était tourmenté par la plus horrible des passions. Elle empoisonnait son existence, elle troublait sa raison, et quand celle-ci reprenait son empire, un sentiment de honte s'emparait de lui et le mettait mal à l'aise avec lui-même. Il avait l'air coupable ; il l'était sans avoir commis de crime.

C'est assez de peindre son état : il serait trop pénible de parler de celui de Sophie et de sa sœur, de leurs larmes, de leur douleur, de leurs alarmes, ne pouvant s'expliquer la situation de M. Delwins qui se disait malade, cherchait la solitude et y trouvait toujours un redoublement de son mal.

Les visites d'Hortense devinrent plus rares. Son rôle était embarrassant. Il y avait quelque chose de contraint et de grimacé dans la part qu'elle feignait de prendre aux chagrins de la famille. Il est difficile de paraître triste quand on triomphe. Madame de Camarina fit une partie de ces remarques; mais comme elle ignorait entièrement la cause du mal de son beau-frère, elle ne pouvait tirer aucune lumière de ces observations fugitives.

L'altération de la santé de M. Delwins fut bientôt visible. Pâle, défait, agité, privé de sommeil, il était étranger à tout : le repos et le mouvement lui étaient également odieux, et les efforts que la honte lui faisait faire pour cacher son mal, n'aboutissaient qu'à l'augmenter. Ce fut ainsi que, pendant cinq ou six mois, il dévora son noir chagrin et sa jalousie. Une dernière lettre y vint mettre le comble. On lui disait qu'il fallait qu'il fût bien aveugle, s'il n'apercevait pas, entre sa fille et Saint-Just, une ressemblance qui devait l'éclairer. Le malheureux en convint avec lui-même. Comme cette ressemblance existait entre Saint-Just et Sophie, il n'était pas étonnant qu'elle se retrouvât encore dans Flavie. Mais elle était affaiblie au point qu'on ne l'apercevait qu'avec l'intention de l'y voir.

Un jour, on entre dans l'appartement de M. Delwins, à l'heure où l'on avait coutume de l'éveiller. On ne l'y trouve pas. Son lit n'était point défait. Deux bougies allumées et plusieurs lettres laissées sur son bureau, faisaient voir qu'il avait passé la nuit à écrire. L'une de ces lettres était adressée à madame de Camarina, l'autre à Sophie, une troisième au banquier de la maison. Sur un paquet cacheté se lisaient ces mots : *Mon testament ; je désire qu'il ne soit ouvert que dans un mois.*

On prévient la comtesse de la disparition

de M. Delwins. Elle est saisie d'effroi : la régularité de la conduite de son beau-frère ne permettait de faire aucune conjecture défavorable. Elle ouvre la lettre. Les larmes répandues en l'écrivant la rendaient presque illisible. « Je pars, lui disait son infortuné beau-frère, peut-être ne nous reverrons nous plus. Sophie!.... son bonheur, le vôtre, tout notre avenir sont attachés à ma fuite : je n'ai pas dû hésiter. Il fallait, pour prendre un autre parti, une fermeté de caractère que je n'ai point; une confiance que je n'ai plus... Cruelle Sophie! je n'étais capable que d'un grand sacrifice; je le fais. Adieu; un mot de plus, et je m'attendrirais..... »

La comtesse se lève à la hâte; prend les lettres et le paquet, les met sous clef, défend de rien dire à sa sœur, et passe dans l'appartement de M. Dulude. Surprise d'en trouver la porte ouverte, elle entre : il était sorti. Elle suppose qu'il accompagne son neveu. Cette idée calme un moment son agitation. Elle est bientôt tirée de son erreur par un billet à son adresse qu'elle aperçoit sur la cheminée. Elle y lit ce qui suit : « Mon valet de chambre, instruit par celui de M. Delwins, m'a prévenu au milieu de la nuit qu'il se préparait quelque chose d'extraordinaire, je me suis tenu sur mes gardes. Je veille. Il serait inutile de vous recommander de n'avoir pas d'inquiétudes; mais elles ne troubleront pas votre raison, je l'espère, vous qui avez fait tant de fois preuve de courage. Je crains pour la trop sensible Sophie.... Mon neveu part, je le suis, adieu : je vous écrirai. »

Il était en effet sur les traces de M. Delwins sorti de l'hôtel à pied, accompagné de son valet de chambre. Ne voulant point en être aperçu, M. Dulude se tenait à quelque distance, suivi du sien. Il vit son neveu s'arrêter dans la rue de l'Université, monter dans une voiture qu'il reconnut pour être de la maison. Il entend donner l'ordre de prendre par la barrière de Fontainebleau. Il rentre en toute hâte, prend l'argent nécessaire pour un voyage; se rend à la poste, y lève toutes les difficultés qu'on lui fait d'abord, monte dans une chaise, et bientôt est sur la même route que M. Delwins.

Le jour commençait à poindre, et dans quelques minutes il fut possible de distinguer tous les objets. Le postillon bien payé d'avance fait voler ses chevaux. Tout-à-coup on lui crie de ralentir sa marche. M. Dulude avait aperçu la voiture de M. Delwins. Il ne voulait ni la devancer ni la suivre de trop près.

A la Cour de France, M. Delwins prend des chevaux de poste et renvoie les siens. M. Dulude interroge le cocher qui ne peut lui donner aucun éclaircissement. Tout ce qu'il peut dire, c'est que d'après l'ordre de son maître, il l'avait attendu pendant la nuit dans la rue de l'Université près celle des Saints-Pères. Après avoir payé son postillon, M. Dulude donne ses instructions au nouveau. C'était de suivre la voiture qui venait de partir, de manière à éviter la présence des voyageurs qui s'y trouvaient, sans cependant les perdre de vue. On prit M. Dulude pour un inspecteur de police chargé de surveiller un personnage d'importance. Cette erreur lui fut utile, parce qu'on était au fait de pareilles expéditions. On le trouvait seulement plus généreux que ses prétendus confrères.

M. Delwins s'arrête à Moret dans une auberge et fait remiser la voiture. Le postillon de M. Dulude entre de lui-même, pendant que son voyageur ne savait quel parti prendre, dans une autre auberge située presque vis-à-vis celle de M. Delwins. Ce fut alors que M. Dulude sut pour quel personnage on l'avait pris. Le postillon, pour se faire valoir, lui dit qu'il pouvait se confier au maître de la maison qui lui donnerait main forte, s'il en était besoin, et mettrait à sa disposition un agent plein d'intelligence. Après quelques explications, M. Dulude, fort content de cette erreur qui le secondait dans l'exécution de son projet, résolut d'en profiter. Bien sûr que son prisonnier ne lui échappera point, il se repose un peu, et met son valet de chambre en sentinelle.

Il ne se passa rien de nouveau jusqu'au lendemain matin. Delwins reste enfermé dans sa chambre et ne prend que peu de nourriture. Aux tourments de son ame se joignait un nouveau supplice dont il n'avait point encore l'idée, le remords! Sa femme, sa fille, la comtesse et M. Dulude ses bienfaiteurs se présentent à son imagination. Il les abandonne, il les plonge dans la douleur, et pour une cause peut-être imaginaire! Ces réflexions l'accablent. Il éprouve un moment de désespoir auquel le point d'honneur l'empêche de résister.

Sans ce motif, il aurait mis fin à ses jours. Pour rafraîchir un peu ses sens il ouvre la fenêtre et s'appuie sur le balcon. M. Dulude le voit sans en être vu : il est frappé de sa pâleur et de l'altération de ses traits. Dans ce moment une chaise de poste s'arrête à l'auberge de M. Delwins. Celui-ci referme sa fenêtre. Le voyageur qui venait d'arriver demande s'il n'est point attendu. On le conduit à la chambre qu'occupait M. Delwins. C'était Charles de Saint-Just. A cette vue la fureur s'empare du mari de Sophie, et lui rend toutes ses forces. Partons, monsieur, lui dit-il d'un air menaçant. Tous deux sortent par une porte de derrière et s'acheminent vers la forêt.

M. Dulude était loin de se douter qu'il pût y avoir le moindre rapport entre son neveu et ce voyageur. On vint l'avertir que tous deux étaient sortis. Il s'habille à la hâte et se fait indiquer le chemin qu'ils ont pris; mais à l'entrée de la forêt, il perd leurs traces et ne sait de quel côté diriger ses pas. Il est tiré de son incertitude par une double explosion qui se fait entendre à quelque distance. Il se précipite de ce côté. Il voit Charles étendu par terre et son neveu ayant le bras traversé

d'une balle. Charles en tombant s'était écrié :
Je meurs *innocent!* M. Delwins oublie sa blessure pour ne s'occuper que de celle de son rival. Mais il était évanoui. Il le croit mort, et prend un second pistolet. M. Dulude l'arrête, s'en saisit en lui disant : Que vas tu faire malheureux! Il envoie son valet de chambre chercher un chirurgien à Moret. On prodigue des secours à Charles qui donnait encore quelques signes de vie et on le transporte à l'auberge où il était descendu. On panse le bras de M. Delwins : mais le chirurgien déclare qu'il ne peut que dans vingt-quatre heures donner de décision sur l'état de M. de Saint-Just. M. Dulude laisse pour son traitement une somme d'argent plus que suffisante, fait mettre les chevaux à la voiture de Delwins, et prend avec lui la route de Paris, après avoir annoncé qu'il reviendrait dans quelques jours.

Les circonstances donnaient à M. Dulude une supériorité dont il ne voulait user que pour l'avantage de Delwins rendu docile par la confusion et le remords. Il était silencieux et souffrant : plus on approchait de Paris, plus il témoignait de l'inquiétude par son agitation ; son oncle en devine le motif : il provoque sa confiance de manière à l'obtenir : il n'avait pu s'expliquer la cause de ce duel ; Delwins lui avoue tout ce qui s'était passé, et se sentant soulagé par cet aveu, ne lui laisse rien ignorer.

On arrive. Je ne peindrai point l'état dans lequel étaient les deux sœurs. La présence de Delwins les rend à la vie ; sans sa blessure, elles seraient passées de l'excès de l'abattement à celui de la joie.

M. Dulude, qui voyait sans trop s'émouvoir tous les événemens de la vie, et qui connaissait le cœur humain, devinait l'état de celui de son neveu. La jalousie est méfiante : il faut des preuves claires, évidentes pour la faire cesser. M. Dulude craint, non sans raison, que Delwins ne conserve et ses doutes sur sa femme et le poids d'un assassinat ; il calcule qu'il valait mieux laisser le remords que les soupçons, et entreprend de détruire ceux-ci. Il se rend à l'hôtel qu'avaient occupé la comtesse et sa sœur dans les premières années du mariage de Sophie. Si la porte condamnée, se dit-il, est dans le même état, la preuve matérielle de l'impossibilité du crime supposé sera palpable. Ce n'est pas sans un saisissement inexprimable qu'il entre dans l'hôtel, non qu'il ait le moindre doute sur la vertu de Sophie, mais il craint de n'avoir plus les moyens de la prouver.

Le propriétaire de cet hôtel était dans les pays conquis, en qualité d'intendant. M. Dulude ne trouve qu'un concierge : il lui explique l'objet de sa démarche; on lui permet de visiter la porte donnant sur l'escalier dérobé, et il s'assure qu'elle est dans le même état où on l'avait mise sous ses yeux, sept années auparavant.

Il rentre plein de joie, voit son neveu, et le trouve levé, toujours triste et honteux. « Vous me devez bien, lui dit-il, d'un air sérieux, un dédommagement de toutes mes peines : donnez-moi votre parole de faire tout ce que je vais vous prescrire. » Cette parole donnée, et avec l'effusion de la reconnaissance, M. Dulude le prend par le bras et l'emmène à l'hôtel qu'il vient de visiter lui-même. M. Delwins, surpris, entre, sans savoir le motif de cette démarche : la vue de la porte le lui fait deviner. Il rougit, son œil s'anime ; une expression mêlée de joie et de honte se peint sur sa physionomie. Il veut se contenter de cette inspection ; mais son oncle lui rappelle sa promesse. « Il faut que tu sois puni lui dit-il, que tu lèves le papier, et que tu tires de la fente, où nous l'avons mis sous tes yeux, ce fragment du Moniteur dont tu te souviens. » Delwins obéit : quand il eut achevé : « Que de peines, lui dit son oncle, tu nous aurais épargnées à tous, si tu avais fait toi-même une vérification qui te démontre l'impossibilité du crime de Sophie : sache mieux apprécier cette femme adorable, qui ne vit que pour toi : rougis de ta faiblesse ; j'en serai le seul témoin, le seul confident. Il est nécessaire que les deux sœurs l'ignorent. » A ces mots, Delwins se jeta dans ses bras, les yeux mouillés de larmes.

Ce moyen eut un succès complet. De retour auprès de Sophie, il devint caressant, reprit toute sa confiance, et semblait vouloir la dédommager du chagrin qu'il lui avait causé.

Le jour suivant, M. Dulude, inquiet de Charles, partit pour Moret : il resta près de lui tant qu'il fut en danger. Enfin il put rendre à son neveu toute sa tranquillité, en lui annonçant le rétablissement de M. de Saint-Just. Mais si la vie de Charles était en sûreté, sa blessure le mettait dans l'impossibilité de continuer de servir, et pour un militaire, jeune encore, l'idée de renoncer au métier qu'il aimait, à une carrière brillante, était insupportable : heureusement on pouvait dédommager Charles de ce sacrifice cruel. M. Dulude, qui avait obtenu sa confiance, apprit de lui qu'il aimait une jeune personne de Besançon, à laquelle il n'était pas indifférent; mais que ses parents la lui refusaient, parce qu'il n'avait pas assez de fortune. Delwins fut au comble de la joie en voyant la possibilité de réparer une partie de ses torts; les obstacles furent bientôt levés, et M. de Saint-Just jouit d'un bonheur sur lequel il ne comptait plus.

Je suppose qu'on a deviné, sans qu'il ait été besoin de le dire, que M. Delwins, parvenu au dernier degré de la jalousie, avait provoqué Charles de Saint-Just; que celui-ci, après avoir obtenu, pour concilier son devoir et le point d'honneur, un congé de son général, s'était rendu en poste à Moret, lieu désigné par Delwins. Nous allons maintenant entrer dans le salon des deux sœurs pour n'en plus sortir.

CHAPITRE III.

SALONS DE PARIS.

Après quelques orages et plusieurs révolutions que je n'ai fait qu'indiquer, les deux sœurs étaient *presque* parvenues à établir la solution du problème d'une société où l'union régnait entre tous ses membres : je dis *presque*, et l'on saura par la suite le motif de cette restriction.

Le train de la maison est celui de l'opulence, mais sans faste, sans luxe. Tout y est élégant et commode plutôt que riche. Il y règne un ordre admirable, et qu'on remarque à peine, tant il est naturel. Les scènes auxquelles nous assisterons suffiront pour donner une idée de cette réunion, et des plaisirs qu'on y goûte.

Il est plus aisé de sentir le charme que de le décrire. Ce charme se compose de l'harmonie des rapports entre tous les habitués, et de ceux-ci avec les maîtres de la maison ; de l'indépendance de chacun, conciliée avec le sentiment des convenances ; d'une tolérance absolue pour les opinions, tolérance ennemie de toute dispute, et non des discussions vives, animées, quelquefois même opiniâtres, mais toujours sans aigreur, et terminées par des plaisanteries ; de conversations variées et philosophiques ; de ces doux épanchements, où l'esprit et le cœur à l'unisson laissent sentiments et pensées s'échapper sans souci, sans inquiétude, sans regrets ; de mots fugitifs ; de mille riens qu'on ne peut saisir, mais qui ont leur prix, parce que chacun sait en mettre dans une réunion où tous peuvent compter les uns sur les autres.

Quoique les principaux personnages doivent se faire connaître d'eux-mêmes, il convient de dire un mot de quelques-uns, ainsi que du local.

Le plus âgé, oncle des deux sœurs, est un ancien président au parlement de Pau. Il attend encore aujourd'hui le rétablissement des parlements : c'en est assez pour signaler son opinion ; mais comme elle est modifiée par un caractère indulgent et doux, il s'est fait à celle de ses nièces, comme on s'est fait à la sienne.

M. d'Alguerbe, ancien chevalier de Malte, qui, après avoir servi avec distinction sur les galères de l'ordre, se livrant à son goût pour les voyages, avait parcouru les deux mondes. Depuis plusieurs années il passe sa vie chez M. Delwins; mais sans aliéner son indépendance, qu'il reprend quelquefois subitement, soit pour visiter la Suisse, soit pour s'enfermer tout seul dans une terre qu'il possède près de Nemours.

M. d'Hermange, homme instruit, d'un caractère aimable, d'un esprit orné, mais sujet à de comiques distractions.

M. Désormes, franc, brusque, frondeur, caustique, allant au fait, et n'ayant que juste ce qu'il faut d'usage pour n'en pas manquer entièrement.

Quelques jeunes gens, parmi lesquels il faut distinguer Almire de Livraic, qu'on verra résister à de fortes séductions; mais à l'exception de celui-là, les autres paraissaient peu les mardi, jour spécialement affecté au comité des douze, nombre qu'on ne dépassait jamais, et qui rarement même était complet. On doit connaître madame de Camarina : parlons de sa sœur. Madame Delwins ne cache point son âge : elle a trente-deux ans, et paraîtrait beaucoup plus jeune sans une expression de mélancolie qui se répand de temps en temps sur sa figure. L'élégance de sa taille, la mobilité de sa physionomie, tour à tour, ou tout à la fois vive, douce, spirituelle, bienveillante; l'éclat de son teint; la noblesse et les grâces de ses manières; le son touchant de sa voix, font d'elle un de ces êtres privilégiés vers lesquels on se sent irrésistiblement entraîné. Son caractère est angélique; l'égalité de son humeur, parfaite; sa conversation variée. Comme sa sœur, elle excelle dans le talent de faire valoir les autres, et l'on commence par la trouver charmante, avant de s'apercevoir qu'elle est jolie : elle n'a qu'une fille, à qui la fortune des deux familles est destinée. Objet de tendresse et d'inquiétude, Flavie trouble à son insu le bonheur de ses parents.

L'hôtel habité par les deux sœurs est vaste, situé entre cour et jardin; il y a deux entrées, dont la principale est par la rue, l'autre par le quai. La partie réservée pour les douze est séparée des autres; à côté du salon où l'on se tient, en est un autre moins grand pour les joueurs d'échecs et une partie de piquet, assez régulièrement faite par le président, qu'on aime, qu'on vénère, à qui il faut ce qu'il appelle lui-même une *victime*. Il s'en présente toujours, parce que ce vieillard est gai et grand conteur d'anecdotes : je l'ai vu plus d'une fois interrompre sa partie pour rentrer au salon quand on y faisait quelque récit propre à exciter sa curiosité. Alors, il disait avec un dépit plaisant : « On ne peut pas jouer chez mes nièces. »

De l'autre côté du grand salon est une bibliothèque bien meublée, et dont les portes sont ouvertes pendant la réunion. Au milieu, sur une table, sont tous les journaux périodiques et les ouvrages nouveaux qui méritent quelque attention : on les renouvelle tous les mois; plusieurs ne font que paraître et disparaître ; quelques-uns dépassent l'époque et restent, mais ce n'est point par oubli.

Les habitués peuvent se réunir quand ils veulent : ils y sont tenus le mardi, d'après une convention faite entre eux. Le samedi, les deux sœurs reçoivent grande société pour donner, disent-elles, plus de prix à la petite. D'ailleurs, Flavie a quinze ans, il faut qu'elle entre dans le monde; qu'elle le connaisse, qu'elle l'apprécie, qu'elle le juge, qu'elle en voie les dangers. C'est un cours pratique qu'on lui fait faire sans qu'elle s'en doute et sans qu'elle soit un instant perdue de vue par quatre personnes dont elle est l'idole, car M. Dulude est de la famille.

Les contrastes ressemblent aux ombres d'un tableau qui contribuent à faire mieux ressortir l'objet sur lequel on veut attirer les regards. C'est en jetant un coup-d'œil sur les autres salons qu'on peut se faire une idée plus juste de celui des deux sœurs. Je vais rapporter un entretien dont je fus témoin. Diverses réunions en étaient l'objet.

LE PRÉSIDENT. Jadis les conversations françaises étaient renommées à juste titre, et l'on venait de loin pour y prendre part; elles étaient instructives, amusantes; on y faisait un échange affectueux de sentiments et de pensées; et quand le cœur se mettait de la partie, il n'y gâtait rien. Plusieurs cercles eurent de la célébrité. Cet état de choses s'altéra d'abord et disparut bientôt aux premiers jours de la révolution. Lorsqu'après une longue interruption les salons se peuplèrent de nouveau, la politique occupa tous les esprits; mais ce sujet était plutôt un sujet de discussion que d'entretien. On songeait moins à prêter l'oreille à celui qui parlait qu'à se pré-

parer à parler à son tour. Souvent l'aigreur
s'en mêlait et la politique était une pomme de
discorde. Cet inconvénient et plusieurs autres
raisons la firent bannir. Mais il a fallu la
remplacer; il n'était plus possible d'occuper
les esprits, du moment où l'on se croyait
obligé de leur refuser le seul aliment qui leur
convient. Alors on frappa les yeux de tout
ce que le luxe peut offrir de plus éblouissant,
et l'on donna une nouvelle direction à la vanité. Une des singularités que présente la société et qui mérite le plus d'attention, c'est
qu'on y trouve presque toujours l'opposé de
ce qui existe réellement; c'est à dire, qu'en
tirant une conclusion contraire aux données,
on approchera de la vérité. C'est comme une
cause où les preuves seraient en contradiction
avec les faits.

Tous les salons varient, diffèrent entre eux,
et cependant ont un côté par lequel ils se ressemblent, un point de contact, enfin un mobile qui met tout en action. Ce mobile, c'est
la vanité. Mais cette vanité, par un travers
de l'esprit, est le plus souvent mal entendue,
et fait de faux calculs, parce que nous atta-
chons moins de prix à ce que nous possédons

qu'à ce qui nous manque. Un but commun à tous est de paraître opulent quand on n'est que riche ; riche, lorsqu'on n'a que de l'aisance ; aisé, quand on ne l'est pas ; instruit enfin de ce qu'on sait le moins.

M. Désormes. Vous avez bien raison, mais vous oubliez un travers qui revient à grand pas, et qui mérite d'être signalé. Tel homme met un prix infini à des avantages qu'il possède, mais qu'il ne s'est pas donnés, et pour lesquels, n'ayant pris aucune peine, il n'a et ne peut avoir aucun mérite; la naissance, par exemple. Tel autre à qui cet avantage fut refusé, l'usurpe effrontément.

Il y a, dans un certain faubourg, un salon fort remarquable, non par le luxe de l'ameublement, mais par le caractère du maître de la maison. Il porte un titre qu'il a pris en 1814, à l'époque où, pour la seconde fois, les titres étaient au pillage. C'est celui de baron, parce qu'il pense que c'est le plus ancien parmi les modernes. A force de le répéter, il s'est, à lui-même, persuadé qu'il descendait de l'un des premiers barons chrétiens. Défense est faite à ses gens de répondre, lorsqu'on leur parlera de leur maître sans mettre le titre devant son nom :

ordre leur est donné de ne le désigner que par ce titre. De manière qu'on croirait, lorsqu'on est chez lui, qu'il n'y a qu'un baron au monde. Pour soutenir ce ton, il a fallu faire des sacrifices. Plusieurs valets étaient nécessaires ; des livrées indispensables. Il n'y a point de noblesse sans livrée. Pour avoir livrée et valets, monsieur le baron fait maigre chère ; n'a pas de linge, pas de chemises, ou si peu que ce n'est pas la peine d'en parler ; mais il a des jabots de dentelles. Il reçoit une fois la semaine; les autres jours, l'obscurité la plus profonde règne dans le petit hôtel. On le croirait inhabité. Le jour de réception on est presque aveuglé par l'éclat des lumières. Dans ce sanctuaire, on n'admet que les *personnes de qualité*. Un soir, arrive de province un cousin inattendu, il se fait annoncer. Le baron s'élance vers lui, l'entraîne dans l'antichambre, et, s'adressant à son laquais, lui dit d'un ton sec : « Annonce M. le comte de***, et jamais au-« trement chez moi, faquin. » Le cousin, tout honteux, fit une seconde entrée. En me racontant ce fait, il se nommait comte de la création du baron. Curieux de savoir si mes soupçons étaient fondés, j'ai pris des informations sur l'origine de ce glorieux, et je me suis assuré que son père, fort chanceux dans ses calculs, avait acheté la noblesse quelques années avant qu'on ne la supprimât. Ainsi celle du baron est de la plus fraîche date; et cet homme, qui pourrait vivre dans une certaine aisance, meurt de faim, vit de privations, pour se faire donner un titre usurpé; ce que savent tous ceux qui le connaissent et qui n'en font point un mystère. Est-il sottise mieux conditionnée que celle-là? Encore si l'on goûtait quelque plaisir chez lui! mais de tous les salons de Paris c'est le plus insipide et le plus ennuyeux.

Le Chevalier. Vous décidez bien lestement.

M. Désormes. Ah! chevalier, vous seriez un ingrat, si vous prétendiez que les grandes assemblées de madame***, où vous alliez jadis, peuvent le disputer à celle du baron.

Le chevalier. Il en est d'autres; mais vous parliez, le président et vous, de la vanité comme étant le mobile principal de ces assemblées; d'une pareille cause il ne peut jamais résulter que l'ennui. C'est à l'opinion qu'on fait la cour, on aime mieux *paraître* heureux que *l'être* réellement et se passer des suffrages d'autrui.

Du moment où l'on recherche ces suffrages, adieu bonheur et repos. Pour réduire à sa juste valeur cette opinion que l'on courtise, entrez avec moi chez madame*** dont vous venez de prononcer le nom. Dès la grille dorée qui remplace la porte cochère, on s'aperçoit qu'on est dans le séjour d'un des favoris de la fortune. La cour est ornée, et les côtés correspondent avec la façade de l'hôtel. Un perron de marbre introduit dans un vestibule où d'un côté est un escalier d'une forme nouvelle. On le croirait suspendu dans l'air tant il est léger. La rampe, d'acajou massif, circule autour d'un lustre magnifique, soutenu par une chaîne dont le dernier anneau tient aux griffes d'un aigle enveloppé de nuages qui forment le plafond. De l'autre côté du vestibule sont deux vastes salons où l'on voit répandu avec profusion, quoiqu'avec goût, tout ce que l'art et l'industrie produisent de plus parfait. Tous les ans on les interroge, pour remplacer leurs chefs-d'œuvre par des chefs-d'œuvre nouveaux. Laissant les candelabres, les girandoles, les garnitures, les pendules, pénétrons jusqu'à l'appartement de madame. Une riche tenture d'étoffe de soie est drappée tout autour, et par des cannelures, forme des colonnes à distances égales les unes des autres. Une glace immense, placée derrière le lit, agrandit l'espace, en répétant et les meubles et la société. Quant à cette société n'en disons mot et pour cause. Occupons-nous de madame***. Belle encore, elle dédaigne les ornements. Les diamants ne sont point à son usage : à l'exception d'un superbe cachemire, rien de riche ne s'aperçoit dans sa toilette. Les diamants feraient tort à sa beauté, s'ils étaient remarqués : s'ils ne l'étaient pas, ils sont inutiles. Ses rivales en sont surchargées et n'en éprouvent que plus de dépit, en voyant qu'elle attire toujours les regards, parce qu'elle est d'une taille svelte, moëlleuse, rempliede graces, et qu'elle reçut de la nature ce que l'art ne parvient jamais à remplacer. Critiquée pour la simplicité, madame*** s'avise un jour de mettre un collier de perles. Mais ce fut bien pis! Comme elle avait trois cent mille livres de rente, on estima cette parure cinq cent mille francs, et l'on trouva que c'était mettre à son cou des *valeurs beaucoup trop considérables.* Apprenant qu'une des femmes qui lui portaient le plus d'envie jetait les hauts cris, elle lui fit passer collier et facture : c'étaient des perles fausses, et cette parure coûtait... le dirai-je? quarante-deux francs ! mais *pour en valoir* cinq cent mille il fallait qu'elle *serpentât* sur les épaules de madame*** : sur d'autres que les siennes elle n'eût point été remarquée, et vous voyez ce que fait l'opinion. Madame*** ne manque jamais une première représentation, et sa loge est toujours celle où l'on est le plus en vue. Elle y triomphe de ses rivales ; elle les écrase : toutes sont jalouses de son sort. Est-elle heureuse? Les larmes qu'elle répand en secret, les soupirs qu'elle étouffe, un vieux mari qui gronde, répondent à cette question. Les ennemies de madame ***, ses envieuses, ne sont que trop vengées. Mais elles n'en savent rien, et c'est tout ce qu'il faut pour une femme accablée de bonheur sans pouvoir être heureuse.

Dans tous ces salons brillants, fastueux, la vanité paraît sous toutes les formes et lutte contre elle-même. M. B***, que vous avez vu chez ces dames, semblait avoir fixé la fortune ; mais au nombre des choses qu'elle ne donne point, qu'elle ne saurait donner, est l'éducation, et M. B*** n'en reçut point. Il est d'un

5.

profonde ignorance, veut paraître instruit, et rien n'est plus comique que les preuves de son érudition. Sa femme est enfin parvenue à le faire taire, en lui persuadant que plus on sait, plus on garde le silence. Pour s'en dédommager il se jette dans des spéculations hasardeuses. Bientôt son luxe augmente : on voit chez lui repas somptueux, jeu effrené prolongé dans la nuit, bals parés. C'étaient les symptômes d'une opulence au déclin. Un sot s'y laissa prendre. Il épousa la fille du prétendu millionnaire, et, peu de jours après la noce, le gendre apprit que le père de sa femme avait pris des moyens pour se séparer, sans retour, de ses créanciers.

M. Désormes. J'ai connu, ainsi que vous probablement, et je dirais presque ainsi que tout le monde, une maison où les réunions sont nombreuses et renommées; mais le faste et la lésine s'y donnent la main, et l'on sent que la dernière est naturelle aux maîtres. Tout y est calculé, et sur les deux ou trois cents invités, il n'en est aucun qui n'ait un rôle à jouer pour les *Patrons de la case*, les plus francs égoïstes que ce siècle ait créés. Jamais l'idée d'une bonne action ne *troubla* leur repos, n'occupa leur pensée, et, quand ils rendent un service, c'est toujours dans leur intérêt. S'ils ont besoin de vous, ils vous font l'accueil le plus affable, et les démonstrations les plus affectueuses vous sont prodiguées. Ce motif cessant, vous leur devenez d'une indifférence parfaite; le froid glacial succède aux serrements de main, aux étreintes, et le silence aux doux accents d'une voix flûtée. Ils vous reconnaissent à peine, et vous êtes sur le point de regarder comme un rêve fantastique la série de rapports que vous eûtes avec eux, tant est absolu l'oubli total qu'ils en ont, ou qu'ils affectent d'en avoir : car, je le répète, tout est calcul dans cette maison.

Il en existe une autre où le faste et l'orgueil triomphent de la lésine. Des meubles magnifiques, des dorures massives, des *Befrois* qu'on ne manque pas de vous faire admirer ; des toilettes, où la richesse brille aux dépens de l'élégance et du goût : tels sont à la fois, et les objets qui frappent les yeux, et les sujets de la conversation, quand elle triomphe des baillements étouffés, de l'impériale et de l'écarté. Dans la maison précédente, on élude l'ennui, mais la bienfaisance n'y est pas même connue de nom, tandis que, grace à l'orgueil, on en entend parler dans la seconde. C'est après avoir largement baillé dans ces deux cercles, que je fus introduit chez madame Delwins, où j'ai bientôt perdu l'envie d'aller ailleurs. Vous en devinerez bien les raisons, sans qu'il soit besoin de vous les dire. Je ne suis point complimenteur, et, de plus, je ne veux pas, aujourd'hui, me faire mettre à l'*amende*.

Pour comprendre ce mot, il faut qu'on sache qu'un des articles de la loi fondamentale de l'association était que celui qui se permettrait une médisance, ou qui louerait les maîtres de la maison, serait passible d'une amende. Quand on commettait l'un de ces deux *délits*, on inscrivait son nom sur le *registre des amendes*. Ces comptes se réglaient tous les deux mois; quelquefois plus tôt, et la somme était destinée à une bonne action. On venait au secours d'une famille victime de quelque catastrophe; d'un enfant dont on faisait achever l'éducation, etc. Quelquefois les deux sœurs provoquaient la malice, pour alimenter le fonds des secours; mais plus souvent elles payaient volontairement une contribu-

tion, sans avoir rempli la condition nécessaire.
Elles réglaient l'amende de concert avec le
coupable, et suivant la fortune de ce dernier.
On les a même *accusées*, plus d'une fois, d'avoir soldé son compte; mais leurs précautions
étaient si bien prises, dans ce cas, que l'on
n'a jamais pu en acquérir la moindre preuve.

Si quelques-uns étaient malins par générosité, il y en avait qui l'étaient naturellement.
Ceux-ci se sauvaient par la question *intentionnelle*, et l'on pouvait croire qu'ils n'avaient
voulu que remplir la caisse; mais M. Désormes
était si bien connu par ses malices, qu'on avait
fini par ne plus croire au motif. Un jour il se
mit en guerre avec tous les habitués, et prétendit que ce n'était point par indulgence que
l'on ne disait mot sur le prochain, mais par
avarice. Là dessus il fit un discours, moitié
sérieux, moitié bouffon, pour prouver que
sans la crainte des amendes on ne serait pas
meilleur que lui.

Il reste peu de choses à dire sur cette société, que nous allons d'ailleurs connaître en
assistant à quelques-unes de ses réunions. Nous
la verrons passer tout en revue. La politique,

les mœurs, l'opinion publique, la littérature, l'esprit du siècle, la marche de la civilisation, tout est de son domaine. Quelquefois la comtesse donne un mot d'ordre et désigne un sujet d'entretien pour la réunion suivante, de manière que lorsqu'il n'y a pas de nouvelles, ni de contes à débiter, on est obligé de s'occuper du sujet donné. Mais ordinairement cette précaution est superflue et le sujet est oublié. Pendant un espace de six mois on n'a eu qu'une fois recours à ce moyen. Il est sans doute inutile d'avertir que les deux sœurs ne faisaient pas toujours partie de la réunion : si l'on trouve par hasard quelque aventure qu'on ne pouvait guère raconter devant elles, il en faut conclure que ce récit se faisait en leur absence. Quant à Flavie, elle se retirait toujours de bonne heure.

M. Dulude amenait quelquefois un Anglais, avec lequel il avait eu des relations assez intimes. Tous les ans il venait passer trois mois d'hiver à Paris. Pendant son séjour dans cette ville, il paraissait quelquefois chez la comtesse. Il aimait l'indépendance et les lieux où l'on en pouvait jouir. Il était admis dans la réunion où sa présence n'imposait aucune espèce de gêne, présenté par l'un de ceux qui exerçaient une grande influence sur cette société. Sir Cooper en aurait fait partie plus souvent, si, dans ses habitudes ou ses goûts, le spectacle n'avait pas occupé la première place.

CHAPITRE IV.

L'ALLÉE DES VEUVES.

Il m'est arrivé, dit M. Désormes, quand on fut rassemblé, il m'est arrivé une aventure que j'ai grande envie de vous raconter, mais je veux auparavant faire mes conditions.

La Comtesse. D'abord puis-je l'entendre?

M. Désormes (en hésitant un peu). Oui, certes, mais vous seule.

La Comtesse. Est-ce un compliment ou une épigramme?

M. Désormes. Ni l'un ni l'autre; écoutez, madame, puis vous jugerez. Je vais commencer mon histoire par la fin.

La Comtesse. De grace par le commencement.

M. Désormes. J'y consens : mais elle ne peut être dite devant la femme et le mari.

La Comtesse. Ma sœur et sa fille ne viendront point ce soir.

M. Delwins. Faut-il que je m'en aille?

M. Désormes. Non : mais vous conviendrez

qu'il n'y avait, ici, que madame de Camarina qui pût entendre.....

La Comtesse (en se levant). Je ne suis pas curieuse.

M. Désormes. Non, non : il importe que vous restiez, parce que tous ces messieurs vont m'accuser, et je ne compte que sur vous pour me défendre.

La Comtesse. Je vous avertis que je ne serai rien moins qu'indulgente.

M. Désormes. C'est ce que je demande. Pour n'oublier aucune des particularités de l'aventure, je les ai mises par écrit. Le chevalier s'en est emparé, et comme il s'occupe de lithographie, il s'est, n'ayant sans doute rien de mieux à faire, servi de ce moyen pour reproduire ce récit, qu'il a d'ailleurs corrigé. Je vais donc le lire.

Rien n'est si nécessaire à Paris qu'un médecin, car il s'agit toujours de conserver sa santé, ou de la recouvrer quand on l'a perdue. Il n'y a point de tiers-parti, et, dans ma profonde politique, j'ai divisé notre espèce en deux classes : l'une tâche de conserver, et l'autre cherche..... la santé. Un honnête homme ne saurait donc se passer de médecin.

Le mien n'a que deux moyens à l'usage des premiers; c'est le bain ou la promenade. J'ignore sa méthode à l'égard des seconds, car je n'ai point encore été de leur nombre.

C'est en vertu de son ordonnance que j'errais jeudi dernier, dans les Champs-Élysées [1] : promenade délicieuse, le matin, au lever du soleil, au réveil de la nature, mais qui, vers le milieu du jour, change d'aspect et prend celui d'un champ de foire. Neuf heures venaient de sonner : le bruit d'un fiacre au galop me tire de ma rêverie. Il s'arrête tout-à-coup; je me détourne : j'aperçois une dame qui descend rapidement; recommande au cocher de l'attendre; s'élance de mon côté; et, m'effleurant, en passant près de moi, entre

---

[1] C'était anciennement le *Cours-la-Reine*, à l'usage de Marie de Médicis, qui, en 1616, fit planter sur ce terrain trois allées d'arbres, fermées aux extrémités et réservées pour cette princesse. En 1670, cette promenade fut agrandie et reçut le nom de *Champs-Elysées*. En 1723, le duc d'Antin remplaça la plantation de Marie de Médicis par une autre que M. de Marigny détruisit à son tour en 1764, pour y mettre celle qu'on y voit aujourd'hui. La portion qu'on appelle encore le *Cours-la-Reine* a conservé la symétrie que lui donna le duc d'Antin en 1723. La *ville de François I*er, que l'on *commence* à construire *depuis* plusieurs années, occasionera nécessairement dans les Champs-Élysées des changements qui ne pourront être indiqués d'une manière précise que lorsque cette *ville* sera finie.

dans l'*Allée des Veuves*. Elle était visiblement émue : son sein agité, sa respiration suspendue, sa marche inégale, ses pas précipités, sa tête légèrement inclinée, me firent présumer qu'au désir d'arriver promptement se joignait la crainte d'être aperçue ; le vent drapait autour d'elle un tissu des Indes, dessinait les contours de sa taille, gonflait un schal jeté négligemment sur ses épaules, agitait des boucles d'un blond cendré, et modelait, à travers un voile de gaze, des traits qu'un grand chapeau de paille me permit à peine d'entrevoir. Elle était grande, bien faite, et me parut jeune et jolie. Je m'arrange de manière à pouvoir me trouver bientôt près d'elle, sans avoir eu l'air de la suivre. Je la vois s'arrêter, consulter sa montre, jeter un regard inquiet, faire un geste d'impatience, tourner sa tête de mon côté, fixer les yeux sur moi. Je baisse les miens sur le livre que je tenais et continue d'avancer, mais lentement, et sans perdre de vue un seul de ses mouvements. L'étonnement, la curiosité, l'intérêt, tenaient mon attention éveillée. Je bénissais le docteur et son ordonnance. J'ai honte en songeant avec quelle facilité l'espérance vient dans les *Champs-Ély-*

sées, avec quelle promptitude on y fait des projets! Les miens s'évanouirent à l'arrivée d'un élégant *phaéton*, d'où saute un jeune homme qui ouvre la petite porte d'un jardin, prend la dame par le bras et disparaît avec elle, après avoir renvoyé sa voiture. Je reviens machinalement vers celle qui avait ordre d'attendre l'héroïne du lieu. J'allais me livrer à des conjectures, lorsque je fus mis au fait par une scène plus animée que celle dont je venais d'être témoin. Les acteurs étaient un homme gros, court, fort, tout chauve, haut en couleur, tout essoufflé, criant à tue-tête; et le cocher qui paraissait conserver tout son sang-froid. Voici leur colloque :

Le Mari. Je te répète que c'est ma femme, entends-tu?

Le Cocher. Je ne dis pas le contraire; mais ça ne me regarde pas.

Le Mari, avec colère : J'exige que tu me dises où elle est allée.

Le Cocher. Est-ce que j'en sais quelque chose! Elle est loin, ma foi, si elle court toujours.

Le Mari. Maraud! la police....

Le Cocher. Vous êtes bon, avec votre police! est-ce qu'elle se mêle de ça? elle a bien autre chose à faire! quand je lui aurai dit: *Une dame m'a loué pour toute la journée....*

Le Mari. Pour toute la journée?

Le Cocher. Oui, monsieur, pour toute la journée; elle me désigne la place où je dois l'attendre: on y est bien, comme vous voyez! de beaux arbres, point de soleil; je n'en bougerais pas pour tout l'or du monde.. et la police me dira: Tu fais bien, mon ami! un cocher, c'est comme un militaire: il reçoit sa consigne, elle ne peut être levée que par la personne qui la lui a donnée.

Le Mari, se contenant. Mais si cette dame ne revient pas, ne te paie pas?

Le Cocher. Ah çà! monsieur le bourgeois, n'insultez pas mes pratiques, s'il vous plaît; car je n'entends pas raison sur l'article. Sachez que j'ai affaire à une honnête femme.

Le Mari, grommelant entre ses dents. Le bourreau! (puis se radoucissant) Eh bien! tu m'as l'air d'un brave homme; voyons laisse-moi monter dans ton fiacre, je te paierai bien.

Le Cocher. Quand vous me donneriez la caisse de Poissy, vous n'y monteriez pas, entendez-vous?

Ici le cocher enfile une demi-douzaine d'histoires, toutes à l'appui de son incorruptibilité. Il a refusé de l'un une gratification de vingt francs; trente d'un autre; quarante d'un troisième. Cette dernière somme paraissait être le *nec plus ultrà* de toutes celles qu'on lui avait offertes.

Le Mari, d'un ton caressant. Eh bien! je t'en donnerai cinquante pour me laisser entrer dans ta voiture.

Le Cocher. Ah bah! cinquante! vous ne courez pas de risque en me disant soixante! allez!

Le Mari. Eh bien! quatre-vingts.

Le Cocher, d'une voix mourante. Non.... non, monsieur.... non...

Le Mari, lui montrant cinq pièces d'or. Tiens, cent francs, morbleu, j'espère que c'est une bonne journée!

Le Cocher, ouvrant la portière. Quel diable d'homme! est-il obstiné! montez donc, puisqu'on ne peut se débarrasser de vous! En disant ces mots, il l'aide, en ayant bien soin de faire tomber le contenu de la main du mari dans la sienne.

Le gros homme se blottit dans le fond de la voiture. Bien certain qu'il ne s'y laissera pas prendre par le sommeil, je me dispose à m'éloigner, content d'avoir appris ce que je voulais savoir, et connaissant le tarif de la probité du cocher. Je me souvins que l'abbé Terrasson aurait cédé la sienne pour un million; et c'était le plus honnête homme de la cour! Je songeai au fameux Walpole, qui savait, à *sou, maille et denier*, ce que lui coûtait chaque *conscience parlementaire;* et je ne sais pourquoi j'aurais parié dans ce moment que M. De V....... aurait convenu, toute proportion gardée, que mon cocher était...... un honnête homme..... Pauvre cœur humain !.... Je regarde encore une fois le mari comme pour lui dire un dernier adieu. Je ne pus le voir, mais de temps en temps le balancement heurté de la voiture, causé par ses trépignements, attestait sa présence. Il rongeait son frein. Pauvre mari!.... Il y a vraiment des circonstances où l'on est heureux d'être garçon.

Malgré le rigorisme de mes principes, j'étais obligé de m'avouer à moi-même que le couple de l'allée des Veuves était mieux assorti.... Il devait y avoir plus de rapports, plus de sympathie.... Usage tyrannique des convenances! usage barbare, qui fait fuir l'amour, et *lie* d'un *lien* de fer deux êtres que la nature n'avait pas faits l'un pour l'autre!.... Cette réflexion est fort belle, sans doute : elle est dans le *genre* ; mais d'un autre côté cet amour est si bizarre! tant d'exemples prouvent sa fragilité!

Je ne quittais point le lieu de la scène : je parcourais l'allée des Veuves, sans rien voir, qu'une très-petite porte. Il me semblait que j'étais mu par autre chose que par la curiosité. Il se passait au dedans de moi un choc de sentiments que j'avais peine à démêler ; de mouvements contraires dont je ne pouvais me rendre compte. Je me croyais appelé à quelque grand événement : je pouvais peut-être prévenir quelque sanglante catastrophe, un duel, un éclat scandaleux : empêcher qu'une femme ne fût perdue, déshonorée, et n'expiât dans des larmes amères, pendant le reste de sa vie, une faiblesse d'un moment..... oui! mais considère sous un autre point de vue le rôle que tu vas jouer ; la morale blessée, la trahison impunie par tes soins, protégée par toi, conséquemment partagée.

Je terminai ce combat intérieur par me dire qu'entre deux maux il fallait choisir le moindre. Un mari trompé peut être très-heureux: mille attentions, mille prévenances, mille petits soins le dédommagent. On ne les lui rendrait pas si l'on ne le trompait point. C'est être barbare que de détruire sa sécurité : c'est être humain que de la lui rendre quand il l'a perdue. Bref, je laisse de côté mes grands principes de morale, et mon choix est fait. Je reste; j'attends : je me promène dans le voisinage de cette petite porte qui ne s'ouvrait point. Je dirigeais toujours mes pas vers le détour d'où je pouvais apercevoir le fiacre. Le cocher, étendu sur son siége, dormait en paix. Ses chevaux, étonnés d'une si longue immobilité, semblaient en goûter tous les charmes, la tête plongée dans un sac d'avoine. Quant au mari, il était en proie aux plus cruels tourments qu'on puisse éprouver, *celui de ne pouvoir agir quand on est le plus agité*, et d'être forcé d'attendre dans l'inaction ce qui peut arriver de plus funeste. A ce supplice se joignait celui de la jalousie : j'en eus pitié, et je m'affermis dans ma résolution. Que d'heures s'écoulèrent ! je n'osais quitter d'un instant le lieu de la scène. La faim me pressait : je résiste ; je me résigne.

Enfin, vers quatre heures, j'entends la petité porte tourner lentement sur ses gonds rouillés; j'aperçois la tête d'un jeune homme qui jette des regards inquiets. Je me précipite et j'entre, malgré l'étonnement que cause mon action. Par son effroi, madame*** fait voir qu'elle me reconnaît; elle se serre contre son amant et s'écrie douloureusement : *C'est ce monsieur qui, ce matin...* L'amant n'exprimait sa fureur que par le feu de ses regards, le jeu de sa physionomie et des mouvements que l'usage du monde, et peut-être une conscience mal assurée, retenaient à peine. « Vous n'êtes « point, monsieur, lui dis-je, le mari de ma- « dame ? » Cette question que je n'avais nulle- ment préparée fait éclater sa colère. « Que « voulez-vous dire, répond-il avec emporte- « ment; de quoi vous mêlez-vous ? Vous êtes « un insolent... vous me rendrez raison. — Je « n'ai qu'un mot.. — Pas un mot, monsieur, ce « soir, dans une heure je suis à vous. — Écou- « tez-moi, m'écriai-je d'un ton imposant, ou « madame est perdue. Son mari occupe le « fiacre dans lequel elle est arrivée, et l'y at- « tend. Voyez, maintenant, ce que vous avez « à faire. » Ces paroles produisirent un effet magique; la fureur disparut, on me fit entrer;

on me consulta avec cette sollicitude exprimée par un accent auquel on ne saurait se méprendre. La jeune femme changeait de couleur, était prête à s'évanouir. « Je suis per-
« due! disait-elle, d'une voix entrecoupée de
« sanglots. — Non, madame, du courage,
« de la présence d'esprit, et tout peut être ré-
« paré. Faites-vous promptement reconduire
« chez vous; monsieur et moi, nous nous
« chargerons du reste. — Il faut commencer,
« continuai-je en m'adressant au jeune homme,
« par trouver une femme à peu près de la
« taille de madame. Celle-ci lui prêtera son cha-
« peau, son voile et son schal, pour donner
« le change au cocher. » Nous traversons le jardin; l'amant nous quitte pour aller chercher une femme qui voulût bien jouer le rôle de la dame. Resté seul avec celle-ci, je pus la voir à mon aise; qu'elle était belle! que la douleur, l'inquiétude, la honte même la rendaïent intéressante! quel dommage!...

Un fiacre s'arrête; il en descend une femme qui est remplacée par madame***. Celle-ci monte plus morte que vive, après avoir détaché son voile et son schal, ce qui suffisait parce que les deux chapeaux étaient à peu près semblables. Je donne le bras à cette femme, nous traversons l'allée des Veuves; nous arrivons à la voiture. J'appelle le cocher d'un ton d'autorité en ouvrant la portière à ma *compagne*. Le gros homme furieux la fixe d'un œil menaçant que la rage faisait étinceler. « Vous voilà donc, madame? » lui dit-il d'une voix éclatante. La dame écarte son voile et demande au furibond ce qu'il y a pour son service et ce qu'il fait dans sa voiture. Non, la tête de Méduse ne produisit jamais d'effet plus prompt. Saisi de stupeur, la bouche béante, l'œil hagard, notre mari descend en balbutiant des excuses. Le cocher frappe ses chevaux en homme qui craignait d'être obligé à restitution.

La gaieté peu décente de la femme que j'accompagnais contrastait avec la position de ce mari, avec la mienne; me choquait, m'impatientait; j'aurais préféré la solitude. Elle m'importunait de ses questions; car ce qu'il y avait de singulier et de bizarre, c'est qu'ignorant le rôle qu'on lui faisait jouer, elle se croyait au commencement d'une aventure, au lieu d'en *dénouer* une à son insu. Son erreur ne fut pas de longue durée. Nous arrivons au lieu du rendez-vous. L'amant s'y trouvait, il vient à nous, parle à l'oreille de ma compagne que je vis s'éloigner bientôt beaucoup moins gaie, quoiqu'elle emportât une fiche de consolation.

Les amoureux sont accessibles à la reconnaissance : le nôtre exprimait la sienne avec transport. Nous dînâmes ensemble : il ne me dit point le nom de la jeune femme et je l'en estimai davantage. Il était triste, soucieux, attendait le lendemain avec une inquiète impatience. Nous nous séparâmes en nous promettant de nous revoir. J'allai me coucher, persuadé que j'avais fait une bonne action. Il serait aussi cruel de détruire cette illusion, si c'en est une, que de désabuser le mari, qui revint sans doute chez lui, heureux de croire s'être trompé, et plus heureux de l'être en effet.

Le président. Avec votre prétendue bonne action permettez-moi de vous dire, mon cher Désormes, que vous avez joué un bien singulier rôle.

La comtesse. Oh! mon oncle, vous savez que je ne gâte pas M. Désormes; eh bien, il n'y a rien à lui dire et je l'approuve en tout point...

mais dites-moi, vous, je vous prie, comment vous auriez fait pour commencer votre histoire par la fin.

M. Désormes. C'est qu'elle a une suite. Je vous ai dit que le chevalier l'avait écrite et lithographiée. Nous sommes allés tous les deux chez madame de...... on parle de nouvelles. Le chevalier lui remet sa feuille. Elle la lit. « Peut-on raconter ces choses-là, dit-elle avec vivacité. Sortez, madame et remontez dans votre appartement avec votre sœur. » Elle adressait ces mots à sa fille aînée, mariée depuis quelques mois. Un instant après elle donne une commission à son fils dont le contrat de mariage devait se signer le lendemain. Continuant ensuite de lire tout bas, elle s'écriait de temps en temps; c'est affreux! c'est inconcevable!

— Mais qu'avez-vous donc aujourd'hui, ma bonne amie? lui demande son mari en se penchant par-dessus son épaule, tenant en sa main une lorgnette et cherchant de l'œil ce que lisait sa femme.

— Ce que j'ai? ce que j'ai? vous allez bientôt le savoir.

— Il faut que ce soit bien grave, puisque

les jeunes personnes, les fiancées, ni même les femmes mariées ne peuvent en entendre la lecture!

Cette réflexion éveille la curiosité; on s'approche de la table, chacun exprime par ses regards le désir d'être au fait. Madame *** achève la lecture de la feuille et la jette ensuite. Le mari s'en empare, et lit l'anecdote à haute et intelligible voix.

— Si je tenais, dit-il, ce conteur, je lui apprendrais à se mêler de ses affaires; devenir complice d'une horrible trahison! empêcher un mari de s'assurer....

— C'est précisément, monsieur, tout ce qu'il y a de louable dans cette histoire : le reste est détestable. Voilà comme vous voyez les choses?

— Comment, ma femme, vous approuvez la conduite de cet impertinent?

— Je vous répète qu'il n'y a que cela de louable.

— Un parjure horrible!

— Aimez-vous mieux un assassinat, un scandale effroyable; le trouble dans une famille, des enfants abandonnés?....

— Je préfère tout à la perfidie.

— Vous raisonnez, mon cher, comme un mari.

— Et d'où venait donc votre colère?

— De l'indiscrétion de l'histoire, qui fait un récit que les femmes ne peuvent pas entendre.

— Ni les maris?

— Précisément, ni les maris, ni ceux qui ont le projet de le devenir bientôt.

— Autant vaudrait déclarer qu'aucun sexe ne doit lire cette anecdote.

— C'est à peu près mon opinion. Mais que pense monsieur, dit madame de....... à un jeune homme qui parcourait la feuille à son tour, et parlait tout bas?

— Je pense, madame, que voilà un opéra-comique tout fait, et de ce pas, je vais chercher un compositeur pour la musique.

— Peste du fou avec son opéra-comique! pourquoi pas une comédie de mœurs!

— C'est une excellente idée, madame, et vous me permettrez de m'en emparer, dit un personnage que je n'avais pas encore remarqué.

— Je crois en vérité que la tête tourne à tout le monde! et vous emprunterez à Shéridan le titre de sa comédie de *l'École du scandale.*

— Il n'y aura de scandale, ni dans le titre ni dans la pièce.

—Ce sera de votre part un vrai tour de force.

J'ai oublié de vous dire que le chevalier renchérissait sur madame de..., et, quand on avait lu le récit de l'aventure, l'interrompait de temps en temps par ces exclamations: *c'est abominable! c'est épouvantable! c'est horrible!* et d'autres de même nature, qui me donnaient une mortelle envie de rire. Je craignais que madame de....... ne me demandât mon avis, mais j'en fus quitte pour la peur. Que n'aurait-on pas dit si l'on avait su la fin de l'aventure!

La Comtesse. Comment! elle n'est pas achevée!

M. Désormes. Pas tout-à-fait; mais vous ne le saurez que si vous me promettez de ne pas me faire d'observations.

La Comtesse. Mais vous vous condamnez vous-même, en exigeant cette condition.

M. Désormes. Nullement; mon rôle est fini: je ne suis plus responsable des suites.

La Comtesse. Nous ne dirons mot: achevez.

M. Désormes, en baissant un peu la voix. Le

mari, enchanté de son erreur, a, pour la réparer, fait cadeau d'un cachemire à sa femme, et, de cette manière, obtenu son pardon.

Le Président. Il faut convenir que voilà une charmante journée pour lui : croquer le marmot pendant huit ou neuf heures d'horloge ; payer un fiacre cent francs pour ce doux plaisir, et donner un schal à sa femme !

M. Désormes. Aimeriez-vous mieux qu'il sût tout ? qu'il damnât sa vie ? qu'il plaidât ? qu'il se rendît la risée du public ? Au lieu de cela , il est content... sans être battu : et c'est le mortel le plus heureux qu'il y ait au monde.

Le Président. *Et sempre bene.* Moi, je le suis à moins de frais.

Sir Cooper. Cette question est délicate : vous me permettrez de le remarquer, et de ne pas l'examiner ; mais je ne puis m'empêcher de faire une réflexion.

Ici, l'Anglais s'arrêta, étonné peut-être du silence que le son de sa voix avait fait faire. Il ne se trouvait dans cette réunion que lorsqu'il venait à Paris, et jamais il n'y prenait la parole. On l'écoutait donc avec beaucoup d'attention lorsqu'il s'interrompit. On l'encouragea, croyant qu'il était intimidé : mais son

hésitation avait une autre cause : c'est qu'il pensait que ce qu'il allait dire pourrait déplaire. Il reprit tellement courage, qu'en comparant les mœurs de son pays avec celles du nôtre, il donnait toujours l'avantage aux premières, en faisant contre nous des observations épigrammatiques. Impatient de cette partialité, M. Dulude passa dans la bibliothèque et rentra aussitôt, tenant à la main un volume des œuvres d'Hamilton. Se tournant vers l'Anglais, il lit ce passage des *Mémoires de Grammont* (chap. VI.) : « Pendant que la satire
« s'exerçait aux dépens de la comtesse de
« Castelmaine, on se battait tous les jours pour
« les faveurs d'une beauté qui n'en était guère
« plus chiche qu'elle : c'était la comtesse de
« Schrewsbury qui accorda les siennes au duc
« de Buckingham le soir même où celui-ci ve-
« nait de tuer son mari en duel. Travestie en
« page, elle avait *tenu la bride du cheval de*
« *son amant pendant le combat.* » En prononçant ces derniers mots, M. Dulude donna plus de mordant à sa voix. L'Anglais, étourdi du coup, fut obligé de convenir que les fastes de la galanterie française n'offraient rien de comparable à la comtesse de Schrewsbury.

CHAPITRE IV.

LE SECRET DES MINISTRES, OU L'ART DE GOUVERNER.

Le mardi suivant, il fut question de politique. Ce sujet était délicat à traiter, à cause du président. « Que voulez-vous faire, disait M. Désormes, d'un bon-homme, qui depuis quarante ans ne recule ni n'avance d'une semelle? C'est bien le meilleur homme du monde, mais son *statu quo* me désespère. Avec sa formule chérie *de mon temps*, il regarde en pitié tout ce qui se fait dans le nôtre. — Il faut, répondait M. Dulude, ne pas oublier que les Français sont naturellement frondeurs : ils l'ont prouvé à toutes les époques. Ils ont essayé de toutes les formes inventées pour gouverner les hommes, et il n'en est aucune qui n'ait été l'objet de leurs plaisanteries. Eh! bien nous n'avons pas que des louanges à donner à notre gouvernement actuel, Dieu merci, car nous serions bien à plaindre. En le considérant sous l'un des nombreux rapports par lesquels il prête à la critique, nous plairons au président. — A la bonne heure, mais après l'avoir épuisée, cette critique, il serait agréable de pouvoir exprimer librement ses vœux. Ce n'est pas tout que de détruire, il faut remplacer; et quand nous voulons une chose, le président nous barre le chemin avec ses parlements. — On le laisse dire et l'on va son train. — Je ne prends pas si facilement mon parti, parce que j'ai peur de le contrarier. — Mais songez donc qu'il y a quarante ans qu'il est fait à la contrariété. Depuis la première assemblée des notables, rien ne s'est fait à son gré....

Dans ce moment entrèrent le président et ses deux nièces. « Ma chère amie, disait le premier, en s'adressant à madame de Camarina, vous aurez beau dire, mais de mon temps les choses allaient beaucoup mieux. Je crois que la tête tourne à la plupart des souverains. — Mais, mon oncle, de votre temps, ils laissaient faire leurs ministres. — D'accord. — Eh bien! c'est aujourd'hui comme alors. — Point du tout: ce ne sont point des ministres de la vieille roche. Voyons-en la liste : elle doit être ici; c'est, je crois, M. Désormes qui la tenait dernièrement...

M. Desormes. Elle est extraite d'un ouvrage récemment publié : mais depuis, un hasard heureux m'a fait découvrir le secret de tous ces messieurs.

Madame Delwins. Vous nous en ferez part?

M. Désormes. Volontiers.

La Comtesse. Je voudrais auparavant me faire une idée juste d'un ministre.

M. Désormes. Voici ce que je sais : un ministre en général est, suivant la définition donnée, un homme qui sert *Dieu, le public ou un particulier*, quand ce particulier est roi; c'est le genre de service le plus recherché. Le ministre d'état est celui que le roi admet pour l'expédition des affaires de l'État, dont il lui confie une portion plus ou moins étendue de son administration, en le rendant en même temps dépositaire d'une portion analogue de son autorité. Dans ce double partage, les ministres ont transmis presque toujours le premier, et ont *fait faire*. Quant au second (l'autorité) ils l'ont retenu fidèlement, en tâchant de faire augmenter le plus possible ce précieux dépôt, pour laisser dormir leur maître sur ses deux oreilles. Sous les deux premières races, les ministres prirent plusieurs titres, dont le plus remarquable est celui de *subrégulus*, qui convenait beaucoup mieux au Roi. Les *archi-notaires*, *référendaires*, *clercs du secret*, *chanceliers*, furent autant de *ministres de fait*. Ils se succédèrent sous diverses dénominations, jusqu'à Louis XI, qui divisant son conseil en quatre départements, *guerre*, *affaires-d'état*, *finances et justice*, établit une distinction entre ministres d'état et ministres du Roi....

Le Président. Passons donc aux nôtres, et commençons par cette liste que vous nous avez promise.

M. Desormes. Je vais vous en faire la lecture avec les observations de l'auteur, que je n'approuve ni ne blâme, me contentant du secret que j'ai appris. Il distingue huit ministères depuis la restauration, et les caractérise de la manière suivante :

1° « Ministère de la restauration, du 13
« mai 1814, dure dix mois :
« Tendance et marche rétrogrades ;
« Justice. Dambray, chancelier ;
« Affaires étrangères. Talleyrand ;
« Intérieur. Abbé de Montesquiou ;

Guerre. Dupont, Soult, Clarke;

« Marine. Malouet, Beugnot;

« Finances. Abbé Louis.

Actes. « Traité de Paris; la Charte (ici, le
« Président fit un grand soupir); restitution
« aux émigrés; démembrement de l'armée;
« observation du dimanche; censure; suppres-
« sion des orphelins de la Légion-d'honneur;
« rétablissement de l'école militaire; réha-
« bilitation de Pichegru; anoblissement de
« Georges; monument de Quiberon; 20 mars.

2° « Ministère du retour, 9 juillet 1815, dure
« deux mois et demi: recule et tombe devant
« la réaction.

« Justice. Pasquier, garde-des-sceaux.

« Affaires étrangères. Talleyrand, *prési-*
« *dent*;

« Intérieur. Vacant;

« Guerre. Gouvion Saint-Cyr;

« Marine. Jaucourt;

« Finances. Abbé Louis;

« Police. Fouché;

Actes. « Rapport de Fouché au Roi insistant
« sur la modération, la clémence et des ga-
« ranties : licenciement de l'armée; mise en
« jugement de dix-huit personnes marquantes;

« exil de trente-huit; assassinats dans le midi;
« agitation extrême; réactions locales univer-
« selles ; le ministère recule et se démet. »

3°—« Ministère de l'occupation et de l'éva-
cuation : 26 septembre 1815; dure trois ans,
renverse la réaction, lui revient.

« Justice. Barbé-Marbois, Pasquier;

« Affaires étrangères. Richelieu, *président;*

« Intérieur. Vaublanc, Lainé;

« Guerre. Clarke, Gouvion Saint-Cyr;

« Marine. Du Bouchage, Gouvion Saint-Cyr,
« Molé;

« Finances. Corvetto, Roy ;

« Police. Decazes.

Actes, etc. « Paix avec les alliés : exécution
« de Ney, etc. ; les trente-huit et les régicides
« bannis, cours prévotales; le ministère dis-
« sout *l'introuvable*, union et oubli; loi des
« élections; du recrutement; *note secrète*; Aix-
« la-Chapelle; la droite à l'instant de se re-
« lever par le ministère même, s'il n'était ren-
« versé. »

4°—« Ministère à lueur libérale : 29 dé-
« cembre 1818 : dure onze mois, pente vers
« la gauche aussitôt arrêtée.

« Justice. De Serres;

7.

« Affaires étrangères. Dessoles, *président*;

« Intérieur. Decazes;

« Guerre. Gouvion Saint-Cyr;

« Marine. Portal;

« Finances. Abbé Louis;

Actes etc. « Création de soixante pairs;
« censure abolie; délits de la presse au jury;
« excès réacteurs poursuivis; Minerve; Con-
« servateur; élections libérales toujours crois-
« santes; proposition Barthélemy; le ministère,
« revenu en arrière et divisé, tombe sous la
« pression des deux partis opposés. »

5°—« Ministère de bascule, 19 novembre 1819,
« dure quinze mois; louvoie à l'aide du centre.

« Justice. De Serres;

« Affaires étrangères. Pasquier;

« Intérieur. Decazes, *président*;

« Guerre. Latour-Maubourg;

« Marine. Portal;

« Finances. Roy;

Actes « Rappel de huit pairs de 1815;
« rappel des trente-huit bannis; exclusion de
« Grégoire; projet de nouvelle loi d'élection;
« de quinquennalité, etc.; embarras du nou-
« veau ministère louvoyant; les deux partis
« extrêmes réunis l'assaillent également, et la

« catastrophe du duc de Berry en précipite
« le chef. »

6°—« Ministère de la nouvelle loi d'élec-
« tion, 20 février 1820, dure vingt-deux mois,
« retourne à la droite qui le renverse.

« Justice. De Serres;

« Affaires étrangères. Pasquier;

« Intérieur. Siméon;

« Guerre. Latour-Maubourg;

« Marine. Portal;

« Finances. Roy;

« Maison du roi. Lauriston;

« Richelieu, *président*, sans département,
« du 21 décembre 1820, Lainé, Villèle et Cor-
« bière, ministres sans portefeuille.

Actes etc. « Lois d'exceptions ; censure ;
« nouvelle loi d'élection; troubles qu'elle
« cause; expulsion des doctrinaires; alliance
« avec la droite; deux de ses membres ad-
« joints au ministère; complot militaire; le
« pétard; cordon sanitaire; le ministère tombe
« sous les coups réunis des deux oppositions. »

7° — « Ministère de la droite, 14 dé-
« cembre 1821, dure plus de deux ans, prise
« de possession par la droite.

« Justice. Peyronnet ;

« Affaires étrangères. Montmorency, Châ-
« teaubriand ;

« Intérieur. Corbière ;

« Guerre. Victor, Damas ;

« Marine. Clermont-Tonnerre ;

« Finances. Villèle, *président* ;

« Maison du roi. Lauriston ;

Actes, etc. « Mécontents écrasés et punis à
« Béfort, Saumur, Toulon, La Rochelle ; écoles
« de droit et de médecine ; expédition d'Espa-
« gne fixe l'armée ; réformes et destitutions
« graduelles partout ; achat des journaux ; ré-
« gime des élections ; nouvelle chambre ; dis-
« parition de la gauche ; septennalité.

8° — « Ministère de simple mutation, ou
« *revirement*, août 1824 ; actuellement existant ;
« marche victorieuse de la droite.

« Justice. Peyronnet ;

« Affaires étrangères. Damas.

« Intérieur. Corbière ;

« Guerre. Clermont-Tonnerre ;

« Marine. Chabrol ;

« Finances. Villèle, *président ;*

« Maison du roi, Doudeauville ;

« Culte et Instruction. L'évêque d'Hermo-
« polis.

Actes, etc. — « Mort de Louis XVIII ; nou-
« veau règne ; assurance solennelle du régime
« constitutionnel ; levée de la censure ; recon-
« naissance, satisfactions universelles ; réforme
« des vieux généraux ; lois du sacrilége, de la
« piraterie, des communautés religieuses, de
« l'indemnité ; réduction des rentes.

Résumé : « Deux partis inconciliables peuvent
« être dominés par la force et le génie qui leur
« fait leur part et les astreint à s'en conten-
« ter : mais prétendre les régir l'un par l'autre,
« en les heurtant tous les deux et n'en satis-
« faisant aucun, serait une insigne folie. Un
« broyeur, mêlant sans cesse du blanc et du
« noir, s'épuiserait vainement pour complaire à
« ceux qui veulent et ne peuvent vouloir pour
« résultat que du blanc ou du noir, et pourtant
« voilà l'histoire fidèle de presque tous les mi-
« nistères qui nous ont gouvernés depuis la
« restauration [1]. »

Bravo ! s'écria le président, je parierais que
c'est un homme de la vieille roche qui raisonne

---

[1] Ce morceau remarquable est extrait de l'*Atlas* historique de M. Le Sage, c'est-à-dire de M. le comte de Las Cases.

de cette manière : il serait digne d'être membre du parlement de Pau. Et de quoi riez-vous donc, s'il vous plaît?

La Comtesse. De la conclusion que vous tirez, mon oncle, sur la liste qu'on vient de nous lire; il y a, surtout dans les premiers ministères, un certain nombre de noms de la vieille roche, et vous n'en voudriez pas dans votre parlement!

Le Président. Oh! c'est qu'ils étaient peut-être en minorité... Mais je trouve que les sept et huitième ministères n'en font qu'un. Êtes-vous de mon avis? Le bonhomme fut très-flatté d'avoir l'approbation générale : ce qui n'arrivait pas souvent.

La Comtesse. Je ne vois pas, en effet, de motifs suffisants pour en faire deux. M. Désormes prétend savoir le secret de tous ces messieurs : les femmes sont curieuses...

M. Désormes. Non-seulement le secret de ces messieurs, mais de tous les ministres du monde, à quelques exceptions près.

La Comtesse. Allez-vous nous faire, comme à l'ordinaire, quelques conditions pour nous les communiquer?

M. Désormes. Oh non! je vous assure, je vais

vous conter naïvement ce qui m'est arrivé, c'est une aventure toute simple. Il n'y a pas un mot de mon invention; ce qui ne vous empêchera pas de dire qu'elle est incroyable.

Il y a, dans l'un des hôtels qui embellissent la rive gauche de la Seine, à l'angle du jardin, sur le quai, un pavillon, et dans ce pavillon, un grand cabinet ou plutôt un petit salon construit, meublé, tapissé, éclairé avec une recherche et des soins remarquables. Tout est prévu, calculé, pour l'usage auquel il sert. La lumière y est graduée suivant les besoins, depuis le clair-obscur, jusqu'à l'éclat le plus éblouissant. Tantôt elle n'y pénètre que par en haut; alors, au moyen d'un ressort, le plafond se roule sur lui-même et laisse entrer un jour tendre et doux. Sur ce plafond, qui n'est qu'une toile peinte, on a représenté le Saint-Esprit, et pour cause. Les murs sont ouverts par quatre immenses croisées, masquées par des stores qui disparaissent au moindre attouchement, avec une rapidité merveilleuse. On peut se figurer aisément d'après cette description, qu'au moyen d'une manœuvre simple et facile, le jour peut être introduit et ménagé au degré convenable.

Ce salon ne sert que lorsque le ministère est renouvelé en partie ou dans sa totalité. Pendant une demi-douzaine d'années, depuis 1815, il a été ouvert *au moins une fois l'an.* À la fin de décembre 1818, il le fut trois fois en douze jours : pour le départ de M. Corvetto, l'arrivée de M. Roy et l'entrée de M. Louis. Alors le portefeuille des finances n'avait pas la stabilité qu'on lui voit aujourd'hui.

C'est un sanctuaire que ce salon : il a, quant à sa destination, quelque analogie avec ces souterrains où l'on initiait aux mystères d'Isis. Aucun profane n'y peut porter un œil indiscret. Il faut être ministre ou garçon de bureau, pour avoir droit d'y entrer : point d'intermédiaire. Encore ce garçon de bureau est-il toujours le même, et quatre-vingt-trois hivers ont passé sur sa tête. Le bonhomme a une fort jolie fille. Elle seule a le droit de remplacer son père. Celui-ci était malade, lorsqu'il reçut, le........ dernier, l'ordre de préparer le salon. Il en donne les clefs à Rosalie. Je me trouvais là, par hasard : je la suis, et nous sommes au milieu du boudoir ministériel. Dans chaque angle est une niche voilée par un rideau vert. Dans chaque niche, une statue; une table ronde, quelques fauteuils ; des glaces disposées de manière à ce qu'on se voie de la tête aux pieds, et qu'on puisse s'apercevoir dans son *intégralité*. Ni livres, ni papiers ne se trouvent dans ce boudoir. L'inventaire est bientôt fait : dans un clin d'œil j'ai tout vu. A l'entrée était la statue d'Harpocrate, continuant depuis trente siècles, sans se décourager, à prendre la peine inutile de tenir son doigt sur ses lèvres, pour recommander aux hommes la discrétion. Je remarque, au-dessus d'une glace moins élevée que les autres, un imposte couvert d'un store de taffetas très-épais et drapé. Il y a là-dessous quelque mystère qu'il me faut éclaircir. Je cherche, je palpe ; mais en vain. L'on ne doit rien négliger pour son instruction. Je fais connaissance avec le bonhomme Vincent, père de Rosalie. Il est un peu brusque, mais il doit être accessible à quelque chose. Quand on l'aurait trempé dans le Styx, comme ses dix-sept lustres le feraient présumer, il doit être vulnérable. Je l'aborde : son nez orné de protubérances ne m'intimide pas, malgré ses conquêtes et le volume qu'elles lui font occuper dans l'espace. Je m'étonne de la vigueur et de la jeunesse de ce vieillard : je touchais le côté faible. Les histoires arrivent ; j'écoute complaisamment : des histoires on passe aux confidences ; car le bonhomme avait peur que je n'attribuasse à la sagesse cette vigueur si bien conservée. Le store que je ne perdais pas de vue me donne une patience admirable. Enfin le père Vincent arrive au salon. Il ignorait que je le connusse, parce qu'il comptait sur sa fille. Je l'arrête et lui demande des renseignements sur ce salon. — Quant à cela, votre serviteur très-humble, me dit-il d'un air important. — Je sais ce que c'est, repris-je avec indifférence, il y a des salons pareils dans toutes les cours de l'Europe ; j'en connais deux : ceux de Vienne et de Berlin, ils sont entièrement semblables. — Alors je lui fais une exacte description du sien, sans oublier le store, objet de mon avide curiosité. A cet article, je fais le mystérieux à mon tour. Le père Vincent, me croyant instruit de tout, devient curieux et veut savoir si ce que l'on cache avec tant de soin à Paris, est aussi ce qu'à Vienne, à Berlin, on dérobe aux yeux des profanes. En conséquence, croyant bien ne rien m'apprendre, il va chercher dans son secrétaire une petite clef et me conduit au salon. Il touche un bouton qui pousse un ressort en spirale : une plaque inaperçue se glisse et laisse voir une serrure. Le père Vincent approche la clef, l'enfonce, ouvre, et le store se lève avec bruit. Je vois cette inscription écrite en caractères d'or très-lisibles :

« Celui qui ne sait pas calculer les non-va-
« leurs de la transgression des lois n'entend
« rien à l'art du gouvernement. »

— Je vous demande si ça vaut la peine..., dis-je au père Vincent. — Oh! c'est une véritable attrape. — Oui, une vraie mystification. — Comme si l'on ne savait pas cela! *transgression! transgression!* c'est du grimoire. — Oui, père Vincent, mais l'explication pourrait être donnée par l'un de ceux qui entrent ici. — Sans doute; demandez-la leur. Depuis plus de vingt ans que j'y suis et que je tiens cette clef, j'ai vu entrer bien des ministres ;... je n'ai jamais pu entendre un mot de ce qui se dit dans ce salon...

Pendant ce colloque une voiture s'arrête, et presque aussitôt des sonnettes se font entendre. — Je suis perdu, s'écrie le père Vincent, voilà des ministres qu'on fait, qu'on défait;.... sauvez-vous promptement ; et le bonhomme fait un signe à sa fille. Rosalie ouvre une porte dans le mur : j'entre dans une armoire. Je respire, dit le père Vincent, en descendant.— Et moi j'étouffe. Rosalie ouvre des bouches de chaleur. J'étais dans la cage d'un poêle. Je pouvais voir sans être vu. Je me trouvais vis-à-vis de cette statue d'Harpocrate dont j'ai parlé : il semblait me recommander le silence. J'avais trop d'intérêt à le garder !

On monte légèrement : le pied de l'ambitieux est si leste ! Le père Vincent suivait à pas lents et lourds. On se faisait des cérémonies. Les deux personnages qui accompagnaient le ministre voulaient le faire passer le premier ; mais il insiste et les oblige à le précéder. Pendant qu'ils montaient, j'entends ce colloque.

Le Ministre. Bon jour, père Vincent.

Le père Vincent. Il y a bien long-temps que je n'ai eu l'honneur de voir monseigneur.

Le Ministre. Comment long-temps ! mais il me semble que c'est d'hier !

Le père Vincent. Il y a plus de trois ans.

Le Ministre (avec étonnement). Vous croyez !

Le Père Vincent. Oui, monseigneur, deux ans, sept mois et seize jours [1] !

[1] Le 14 décembre 1821. C'est probablement le calcul du

Le Ministre. C'est singulier!

Le père Vincent. Le temps passe vîte quand on est ministre!

(—Comme il est long quand on veut le devenir, dit un des candidats qui croyait n'être pas entendu.)

Le Ministre. Ah! père Vincent..... vous en avez bien vu.....

Le père Vincent. Monseigneur, vous êtes le cinquante-troisième, sans compter ces messieurs; car, jusqu'à présent, on ne sort d'ici qu'avec un portefeuille.

Pendant ce colloque, les deux candidats étaient entrés. Le premier vint se placer debout devant mon œil de bœuf; ce qui m'aurait beaucoup contrarié s'il eût été plus grand; mais le haut de sa tête arrivait à peine à mon niveau. D'ailleurs il ne resta pas long-temps dans cette position.

Le ministre les fait asseoir autour de la table, le dos tourné de mon côté. Il se promène un moment avec gravité, prend la petite clef des mains du père Vincent, le congédie d'un geste

---

père Vincent, en supposant que la scène vue de la niche se soit passée en 1824, ce que ne nous dit point l'observateur.

ministériel, fait partir le store qui couvrait l'inscription et va se placer en face des deux candidats. Ceux-ci regardent attentivement et lisent ensemble, mais avec des nuances diverses dans le ton, la maxime que j'ai rapportée. Le ministre avait les yeux fixés sur eux : son air était riant. Il semblait leur dire: « Voilà tout notre secret. Cette manière de vous le confier évite des explications embarrassantes. Toute notre théorie est réduite à sa plus simple expression. » L'un des deux candidats comprit ce langage, l'approuva, ainsi que la maxime, et parla de manière à faire voir qu'il l'adoptait sans restriction.

Mais il n'en était pas de même de l'autre : ses sourcils s'étaient froncés depuis que le store, en s'écartant, avait mis la maxime au grand jour. Il gardait le silence, restait soucieux; la tête appuyée dans l'une de ses mains, ses deux lèvres fermées, l'inférieure saillante, et les yeux fixes. Le ministre s'en aperçut et sa physionomie riante devint sérieuse, puis sombre. — Eh bien, dit-il, M.***, vous seul gardez le silence; quel est donc le sujet de vos réflexions?— M. *** semble l'indiquer, en levant les yeux vers l'inscription.

Le Ministre, avec étonnement. Quoi! c'est cela! cela vous arrête!

M. ***. Votre excellence traite avec une inexplicable légèreté.....

Le Ministre, d'un air dédaigneux. Je n'en reviens pas!

M. ***. Ma surprise est égale à la vôtre : elle me paraît plus légitime, ou plutôt venir d'une cause....

Le Ministre, en l'interrompant, et se parlant à lui-même : Quel pas de clerc!

M. M..... (le candidat qui n'avait point encore pris la parole) montrant du doigt l'inscription qu'il lit à haute voix : « Celui qui ne sait
« pas calculer les non-valeurs de la transgres-
« sion des lois n'entend rien à l'art du gou-
« vernement. » Cette pensée est profonde, ajoute-t-il, en ce qu'elle en fait naître beaucoup d'autres. Elle reçoit son application dans tous les temps, dans tous les lieux, sous toutes les formes de gouvernement. Elle mérite une attention particulière.....

M. ***, avec vivacité. Elle laisse entendre que la transgression des lois est une chose naturelle, nécessaire, utile même, pourvu qu'elle ait un résultat avantageux *pour ceux qui gouvernent;* que l'important est d'en calculer les non-valeurs, et que celui qui néglige cet article, qu'on regarde comme essentiel, comme capital, n'entend rien à l'art de gouverner. Enfin elle autorise cette conclusion : l'art de gouverner est bien moins l'art de faire exécuter les lois que de les violer avec adresse, avec impunité, et surtout avec profit. Triste conclusion !

M. M..... Mais elle est vraie; mais elle est consacrée par l'expérience, c'est-à-dire par l'histoire, et les faits journaliers le confirment.

M. ***. Mais elle n'en est pas moins une erreur, parce qu'elle est produite par les passions les plus aveugles; l'ambition, l'amour du pouvoir, la cupidité. Or, à l'exception de la dernière, les deux autres arriveraient à leur but sans le secours de la désolante maxime sur laquelle on s'appuie. En veillant à l'exécution des lois, au lieu de les violer, après avoir calculé les chances, on fait chérir le prince dont on est ministre; on ajoute à sa puissance cet amour qui la rend inébranlable; on se fait aimer soi-même et l'on garde bien plus long-temps ce portefeuille auquel on met tant de prix. Ainsi l'ambition et l'amour du pouvoir sont satisfaits. Quant à la cupidité, je l'avoue, elle ne peut l'être par ces moyens : elle seule explique pourquoi l'on tient tant à cette odieuse maxime; mais comme elle est insatiable, elle se perd, parce que bientôt, se fiant à ses succès, à la bassesse des courtisans, elle néglige de *calculer les non-valeurs de la transgression des lois.* Si celui que dévore cette cupidité pouvait être capable un seul instant de raisonnement et d'observation, il verrait qu'en suivant le système contraire au principe qu'elle lui fait adopter, il gagnerait par la durée dans l'exercice de ses fonctions, ce que lui donnerait en moins de temps cette cupidité : il gagnerait encore, ce qui est sans prix, la considération, le suffrage des hommes, et laisserait une mémoire honorée.

Le ministre qui, pendant cet entretien, avait repoussé le store pour recouvrir l'inscription qu'on venait pour la première fois d'exposer à des yeux profanes, s'écria : « Messieurs, nous ne sommes pas venus ici pour faire de la morale, la séance est levée. » A ce signal de départ on décampa silencieusement. Son excellence dit, à l'oreille de celui qui partageait son opinion, un mot que je n'entendis pas.

A peine furent-ils sortis que Rosalie vint me délivrer de ma prison. Son père remonta tout essouflé. « Ah! dit-il, j'étais sur les épines! —Je serais plutôt mort à mon poste que de vous compromettre. D'ailleurs on n'est pas trop mal. — Vous n'auriez peut-être pas tenu ce langage si la séance eût été aussi longue qu'elle l'est ordinairement. » Je tâchai de persuader au père Vincent que rien n'égalait ma patience et mon impassibilité. Je voulais me ménager une autre *représentation;* mais le bonhomme avait l'oreille dure sur l'article; l'expérience le rendait prudent. Je n'osais l'avilir; je respectais ses cheveux blancs. Je m'entendis avec sa fille.

J'appris de Rosalie, quelques mois après cette rencontre, que les ministres étaient revenus dans le pavillon et qu'ils s'y réuniraient encore, parce qu'ils s'y trouvaient débarrassés des importuns; qu'ils y étaient plus libres, et qu'on ignorait s'ils se rassemblaient. Je m'entendis

avec la fille du père Vincent, pour être encore témoin d'une réunion. Elle vint un jour m'avertir que son père avait reçu l'ordre de tenir le salon prêt pour une heure désignée. Je me rends en toute hâte dans mon observatoire. Je n'y attendis pas long-temps. Je vis entrer d'abord M. C..., ensuite M. V...; le premier resta debout, appuyé sur l'espagnolette d'une des croisées; le second se promène, les mains derrière le dos, paraissant entièrement absorbé dans ses réflexions. M. C... le suit furtivement de l'œil; la couleur de son teint, ordinairement jaune souci, ressemble à celle de ces feuilles d'automne desséchées et prêtes à se détacher de la tige. Il attend avec anxiété la fin de ce long silence. M. V... ne l'interrompt que par des phrases entrecoupées. Il se parle à lui-même. « Après tant de sacrifices, se dit-il, échouer au port!... Comment tenir mes engagements?... J'ai bien le fournisseur; mais il faut pour cela qu'il soit payé! Maudit Ch..., je suis toujours débarrassé de toi! Tu seras un exemple de ma vengeance! »
A ces mots, M. C.... fait un mouvement de frayeur; il a l'air de dire : Monseigneur, je veux

tout ce que vous voulez, tout ce que voudrez; faites un signe et vous serez obéi; parlez et pour vous, pour vous seul, je laisse là tous les Elzevires du monde. Il semble que M. V... le devine, et que, touché de l'étendue et de l'importance du sacrifice, il lui en sache gré. Il s'approche de lui.

V. Au moins je puis compter sur vous?

C. Ah! monseigneur! à la vie, à la mort.

V. Je n'en doute pas... mais il faut que je reste, que je mène, que je triomphe, que je gouverne.....

C. Sans doute, sans doute.

V. Et avez-vous quelques moyens à me donner?....

C. Ah! monseigneur! vous avez laissé dire dans les journaux que *j'étais rembourré de médiocrité*.....

V. Qui diable a donc trahi tous nos secrets?.. Vous verrez que c'est encore ce Ch.... Que je hais ce breton!

C. Je suis étonné que vous l'ayez laissé, ainsi que ses confrères, s'évertuer à nos dépens....

V. Eh! qu'auriez-vous fait à ma place?

C. J'aurais employé le vert et le sec pour empêcher la publication de tous ces journaux.

V. (avec l'accent du pays) Comment? j'en sais autant que vous.

C. Et beaucoup plus, monseigneur, beaucoup plus; mais dans les grandes affaires : les petites ne sont pas de votre ressort... et... quelquefois les petites sauvent les grandes.

V. Toujours des maximes!

C. Monseigneur! dans la Hollande..... (ici M. V..., tout étonné, s'arrête, se détourne, regarde M. C..., et paraît l'écouter avec attention) dans la Hollande, il y a des Hollandais.....

V. C'est une particularité digne de remarque.

C. Je veux dire, monseigneur, des ouvriers..... Votre excellence a tant de vivacité dans l'esprit!... Il y a donc des ouvriers chargés de visiter tous les jours chaque digue, et de réparer aussitôt le plus petit dommage fait par les eaux de la mer. Sans cette sage précaution, les digues seraient bientôt minées, enlevées, les provinces submergées...

V. Et les Hollandais noyés; car il y a des Hollandais.....

C. *Principiis obsta*, monseigneur.

V. Vous avez toujours quelque vieil adage de droit ou de médecine. Vous deviez être, de toute nécessité, procureur, avocat, ou médecin. (Ici M. C. se rappetisse et serre les épaules). L'adage que vous venez de citer, les vrais hommes d'état le traduisent autrement que vous.

C., prenant un air d'admiration. Faites-moi part, monseigneur.....

V. *Principiis obsta!*... Vous ne devinez pas? Il faut s'opposer aux principes.

C. J'entends, et la charte est un principe; mais, monseigneur, vous avez manqué au vôtre, en n'adoptant point la mesure que nous vous proposions, P..... et moi.

V. Pour les journaux?

C. Oui, monseigneur, nous les rendions muets, ou nous les détruisions. Ah! monseigneur! si vous l'aviez voulu, je ne serais point *rembourré de médiocrité*[1], ou du moins on ne l'aurait ni prouvé, ni dit d'une manière aussi positive. Votre excellence n'aurait point été taxée de.... (ici M. de V. lance un regard, compris aussitôt). Enfin, monseigneur, je puis me

[1] *Journal des Débats.*

tromper; mais je demande la permission d'avouer à votre excellence que j'aime mieux ne point recevoir de blessures, que de les guérir avec le meilleur onguent possible... Vous avez vu avec quel empressement j'ai supprimé, par des actes administratifs, les nouvelles feuilles à mesure qu'elles paraissaient. Sans moi vous auriez des *Boussoles*, *des Némésis*, *des Lunes*, etc. Malheureusement vous n'avez pas voulu me laisser faire, et vous avez des *Pandores*, des *Corsaires*, des *Diables boiteux*...

V. Mais les journaux politiques?

C. Je les aurais mis au même régime de suppression.

V. On nous aurait dénoncé aux chambres!

C. Et nos amis de la majorité!

V. On nous aurait traduits devant les tribunaux!

C. Et notre ami, notre collègue, le digne P.....?

V. Vous avez bien vu que son influence n'a pas eu tous les résultats que vous en attendiez. Vous n'y entendez rien : il faut voir les choses de plus haut. Avec votre système, j'aurais rendu intéressants des personnages qui ne le sont guères, qui ne le sont pas, qui ne doivent jamais l'être. Il fallait commencer par les avilir : j'y parvenais en les achetant. De l'argent et le mépris public : beaucoup d'argent, beaucoup de mépris, telle est la part que je leur faisais. Deux seuls ont résité ; mais c'est peut-être parce que nous avons été parcimonieux. L'un comptait sur un autre ministère et sur un ample dédommagement; l'autre sur l'estime publique, et le public est las d'avoir accordé ce sentiment à des gens qui ne le méritaient pas; d'ailleurs le public se fait aux fripons. Je suis à peu près parvenu à mon but; mais je n'ai pas tardé à m'apercevoir que le mépris n'était plus une pillule de mauvais goût avec de l'argent, et que, par ce moyen, on l'avalait sans faire la grimace. Une fois avalée, le passage est frayé pour une seconde pillule qui rend la route de la troisième plus facile encore.

La seule arme si vantée par l'opposition est la liberté de la presse ; je la lui donne et m'en empare, car elle est à tout le monde. La licence de la presse, par la multitude des résultats contradictoires auxquels elle donne lieu, finira par avoir moins de danger qu'on ne l'avait craint. Le droit de tout dire rendra nul le droit de tout lire, en en faisant perdre l'envie, en rassasiant la curiosité. On se dégoûtera bientôt, parce qu'on s'apercevra que toute certitude est ébranlée. On ne saura plus que croire.

Un ministre qui laisse cette licence, et qui, comme Mazarin, se moque de ce qu'on peut écrire et dire contre lui, pourvu qu'on paye (pagarono), est, *par le temps qui court*, et sous un gouvernement représentatif, où l'on regarde l'opinion comme le principal ressort, un phénomène assez remarquable. Ce ministre lutte contre cette opinion, fort de la faveur du prince, et reste envers et contre tous. Une fois cet orage passé, il n'y a plus moyen de l'atteindre. Que peut-on dire? tout est épuisé. La louange et le mépris sont, pour lui, dans la même balance. En ayant soin de s'assurer de la majorité, *per fas et nefas*, il est inébranlable, tant que son maître lui reste fidèle. Un pareil ministre a vu que le vice dominant était la cupidité; c'est à peu près le vice de tous les temps, avec les nuances suivantes. Tantôt elle se déguise et préfère les honneurs, avec quelques profits, aux richesses : le mobile principal qui la met en action et la modifie, est alors la vanité. Tantôt (et nous y sommes) elle ne prend aucun masque. Alors la corruption n'a plus de pas à faire. Telle est l'idée qu'on doit avoir des hommes et des choses dans le dix-neuvième siècle. Voilà mon secret : je marche avec mon siècle.

C. Il me semblait cependant, monseigneur, d'après quelques mots échappés à votre excellence, que tout n'allait pas comme elle le désirait.....

Le bruit d'une voiture interrompit les deux interlocuteurs. Ils virent paraître leur collègue qui venait compléter le triumvirat. Ce dernier était suivi de trois bustes, dont il avait fait l'emplette pour décorer le salon. Les porteurs placèrent chacun de ces bustes sur le piédestal qui lui était destiné. Machiavel fut mis à la droite de l'imposte dont nous avons parlé, Ximenès à la gauche, et, vis-à-vis, l'ignoble figure du chancelier Maupeou. M. de V. fit quelques plaisanteries à son collègue sur cette acquisition. Il les termina en disant qu'il n'avait pas besoin de voir le portrait de ces hommes, moins célèbres que fameux, pour se rappeler leurs maximes. « Quant au dernier, ajouta-t-il, on doit, en l'imitant, se garder d'en convenir.

P. Il était exempt de préjugés; et.....

V. Et même de principes, étranger à toute sensibilité; on n'a cité de lui aucun trait généreux, aucun attachement de cœur; jamais on ne lui a connu d'amis. Il eut quelques liaisons qu'il rompit sans scrupule, des serviteurs qu'il abandonna sans récompense, et des bienfaiteurs qu'il trahit sans honte [1]. Vous m'avouerez qu'on ne peut s'honorer d'un pareil patron.

P. Tant que vous voudrez; mais vous conviendrez à votre tour que personne n'entendit mieux que lui le *maniement* de l'autorité royale, ni l'administration de la justice. Avec quelle admirable tenacité n'a-t-il pas travaillé à la dissolution du parlement! Avec quel imperturbable sangfroid n'en poursuivit-il pas tous les membres! Que de calculs et de soins ne mit-il pas dans ses vengeances! Il envoyait au

---

[1] Article MAUPEOU, *Biographie universelle*, t. XXVII, p. 516 : « La nature lui avait refusé les avantages extérieurs de son « père ; sa taille était petite, un œil perçant, mais dur, un « sourcil épais et très-noir, un teint bilieux, donnaient à sa « physionomie un air de malveillance; il n'avait que la capa-« cité d'un juge ordinaire ; beaucoup de manége et de talent « d'intrigue. Sa morale et ses moyens étaient en harmonie par-« faite avec une ambition démesurée. »

nord les conseillers, dont les familles habitaient le midi de la France. Il choisit, pour son ennemi (le président de Lamoignon), le rocher de Tisi, au haut duquel on a de la peine à parvenir sur le dos d'un mulet; pour Clément de Feuillet, Crocq en Combrailles[1], où l'on ne mange que du pain d'avoine, et dont il fit ainsi connaître l'existence oubliée jusqu'alors de tous les géographes. *Crocq en Combrailles!* Il fallait du génie pour révéler ce pays et le choisir pour lieu d'exil. On retrouve le grand homme jusques dans les plus petites choses... Du reste personne ne pénètre ici, et l'on ignore si nous prenons Meaupeou pour patron.

V. Et Ximenès?

C. Ah! Ximenès? quel homme!

P. C'est ce cardinal qui entendait l'art de gouverner les hommes : il lui suffisait, pour le peuple, de ses *sandales* et de son *cordon*; il prétendait avec raison que les hommes se jouent des lois, et conséquemment qu'il ne faut pas leur en donner. « Une de ses maximes, « dit son historien [2], était que les hommes ne

---

[1] Dans le département de la Creuse.

[2] Fléchier, *Histoire du cardinal de Ximenès*, tome 1, livre 3, page 342.

« s'assujétissent aux autres hommes que par
« contrainte : et il avait accoutumé de dire que
« jamais prince ne s'était fait craindre des
« étrangers, ou respecter de ses sujets que
« lorsqu'il avait eu la force en main. »

Mais il usait d'adresse dans beaucoup d'occasions. « Pensant qu'encore qu'on ne voulût
« point faire de violence, il fallait avoir de
« *l'empressement*, et que lorsqu'on avait com-
« mencé d'affaiblir une secte, il était *néces-*
« *saire* de la *détruire entièrement*, parce que,
« et remarquez bien ces paroles, parce que
« les partis affaiblis se réunissaient plus étroi-
« tement pour se maintenir. »

Sachant que plusieurs seigneurs puissants
se disposaient à lui désobéir, il les réunit, et
faisant tirer le canon en leur présence : « Voilà,
« dit-il, voilà, messieurs, les pouvoirs que le
« roi catholique m'a donnés et avec lesquels
« je gouverne en Espagne. » Ils profitèrent de
l'avertissement et respectèrent de pareils pouvoirs. Une autrefois, il demande à l'un de ces
seigneurs redoutable par son influence et ses
richesses, s'il croyait qu'il fût sage de résister
« à celui qui avait souvent le roi à ses pieds
« et tous les jours Dieu entre ses mains ? »

Il se félicitait de ranger les grands à leur devoir *avec son cordon*, et d'écraser toute leur fierté sous *ses sandales*.

V., en soupirant. Il n'y avait pas de charte dans cet heureux temps !

P. Quand il y en aurait eu, il en serait venu à bout avec son cordon, ses sandales et ses canons. Il sentait qu'avec une volonté ferme on parvient toujours à ses fins. Il voulut dominer ; il domina. Dénoncé pour abus d'autorité, il y répondit en demandant une autorité plus illimitée ; il l'obtint.

C. Exemple unique de la réunion du pouvoir théocratique et royal !...

P. Réunion à laquelle vous résistez vainement, et qui finira par triompher de votre obstination et nous culbuter.....

V. Si j'étais cardinal et prince de l'Église, ou si vous l'étiez, je concevrais et pourrais m'expliquer cet amour de la congrégation ; mais vous et moi ne pouvons être qu'un de ses instruments ; rôle honteux pour un ministre.

C... P..., à mi-voix. Encore vaut-il mieux l'être ainsi que d'abandonner le portefeuille.

V. Mais il n'en est pas mieux garanti.

P. C'est ce qui vous trompe. Que veut ce gouvernement occulte? disposer de tout. Il y réussit malgré vous, malgré nous. Quand vos choix ne sont pas les siens, ils le deviennent en grande partie. Loin de vous, loin de nous l'influence secrète se fait sentir : on en subit le joug, sans en convenir. On part avec son indépendance : elle échappe à l'arrivée. Vous-même ne faites pas tout ce que vous voulez. C'est une lutte de tous les instants, une lutte dans laquelle les forces ennemies, loin de s'épuiser, se renouvellent avec plus de vigueur. Mieux vaudrait cent fois faire un traité par lequel les deux puissances, nécessaires l'une à l'autre, se soutiendraient mutuellement et finiraient par n'en faire qu'une.....

V. C'est précisément ce que je ne veux point, parce que celle dont nous jouissons serait nulle alors. Ce ne serait plus qu'une parcelle de carmin fondue dans un verre d'eau.

P. Eh bien! cette eau reçoit de ce grain une couleur qui la fait distinguer.

V. Nous sommes tous les trois du même avis sur la possession du pouvoir : nous ne différons que sur les moyens de rendre cette possession plus complète et plus stable. Elle réunit ces deux caractères, suivant vous, en faisant intervenir l'action théocratique. J'en conviens; mais c'est au profit des directeurs de cette action. Or nous ne le sommes ni vous ni moi, et nous ne pouvons pas le devenir.

En faisant l'amalgame que vous provoquez nous introduisons au milieu de nous un principe de dissolution. Nous ne pouvons, ni avoir la confiance de ceux que vous craignez, ni en éprouver pour eux.

P. C.— Mais s'ils triomphent malgré vous, malgré nous?

V. Impossible!

C. P.— C'est cependant en bon chemin, si nous en devons croire M. de Montlosier qui, dernièrement, (Drapeau blanc, 8 oct. 1825.) a fait entendre ces paroles remarquables : « Ici
« se revèle l'existence, auprès du ministère et
« *au-dessus* du ministère, d'une puissance mys-
« térieuse qui, agissant toujours en ne se montrant que quand elle veut, prend un corps,
« ou devient seulement une ombre, selon que
« cela convient à ses desseins. En présence de
« cette puissance, que quelques personnes assurent ne pas exister, et qui cependant est
« signalée à toute la France, le ministère qui

« lui paraît soumis ne peut avoir qu'une atti-
« tude subalterne. Dominé par un astre supé-
« rieur, ce qu'on lui voit de lumière et de cha-
« leur paraît emprunté. De cette manière il
« n'attire aucune considération ; il perd peu à
« peu le respect, la confiance, tous ses avan-
« tages. »

V. Le même ajoute que le ministère n'est pas ultramontain. Si cette puissance mystérieuse était plus forte que nous, elle nous culbuterait.

C. P. — Patience ! patience !

V. Il en faut beaucoup dans certaines occasions... Le mystère dont s'enveloppe cette prétendue puissance prouve sa faiblesse.

P. Peut-être fait-il au contraire sa force. Si elle se montrait à découvert, on saurait où la frapper. Mais il faut agir à tâtons contre *elle*. Elle nous enveloppe : il vaut donc mieux s'entendre. Sans *elle* nous marchons sur un terrain mobile qu'*elle* mine sans cesse, et qui menace toujours de s'enfoncer sous nos pas ; ce qui rend notre marche incertaine, et les efforts qu'elle exige, ridicules. Avec *elle* ce terrain s'affermit et nous défions tous les orages.

V. C'est de l'exagération. J'avoue que cette puissance occulte n'est pas sans danger. Mais faisons une supposition que je regarde comme très-probable. D'abord voyons les choses comme elles sont. Le règne de la puissance dont vous parlez ne peut s'établir que sur la religion. C'est une affaire de sentiment. Un dévouement pareil à celui que cette puissance exige n'a, ne peut avoir pour base stable que la persuasion....

P. Et l'intérêt donc? et l'hypocrisie qui vient à son secours?

V. Alors le dévouement n'est plus réel, puisque, dans votre hypothèse, on agit contre le sentiment intérieur, la conscience...

P. Ne dirait-on pas qu'il n'y a que dans le parti de cette puissance occulte qu'on agisse contre sa conscience?

V. Je ne prétends pas cela, à beaucoup près; mais écoutez-moi jusqu'au bout. Parlons clairement : Il est question des prêtres. Je suppose qu'on finisse par les renfermer dans l'exercice de leurs fonctions. Vous ne pouvez pas nier que ce ne soit à ce but que tend la masse des esprits éclairés; qu'on n'en sente la nécessité, vous tout le premier, qui ne plaidez pour eux que parce que vous n'êtes pas sûr de les combattre avec avantage. Eh bien! moi, je suis intimement persuadé qu'on parviendra à ce but : j'en suis certain, sans savoir si cette époque est prochaine. Mais elle peut l'être plus que vous ne pensez : et vous voulez que, dans cette intime persuasion, j'aille m'appuyer sur une puissance qui, dans cette supposition, s'évanouit, abandonnée de ceux-là même qui auront fait le plus de bruit par leur dévouement envers elle!

P. En admettant vos conjectures comme des réalités, et même comme prochaine l'époque dont vous parlez, vous êtes forcé de convenir que cette puissance est dans une période de progression, d'accroissement; qu'elle envahit, qu'elle pénètre partout; qu'avant peu vous n'aurez d'autre chance que de l'accueillir ou de quitter la partie.

V. Vous êtes, à votre tour, forcé de convenir que d'autres dangers nous menacent, et que le portefeuille, quelque effort que nous fassions pour le retenir, peut nous échapper, en mettant de côté l'influence de la puissance occulte. Eh bien! il vaut cent fois mieux qu'on attribue notre chute à notre résistance, qu'à tout autre cause. Celle-là nous fera honneur; nous serons regrettés. Encore si vous pouviez me persuader que cette puissance nous conserverait; mais elle acceptera toutes nos propositions, avec l'intention formelle de ne tenir aucun des engagements qu'elle aura contractés; elle arrivera avec son ministère tout fait et nommé *in petto*. Enfin elle ne peut triompher qu'avec un *ministère à elle*. Il m'est démontré que nous ne pouvons pas être ce ministère. Elle a besoin de nous pour régner: elle nous culbute le lendemain du jour où nous l'aurons assise à côté de nous. Elle ne nous embrassera que pour nous étouffer.

P. Je ne partage point votre opinion. Arrangeons les choses de manière à ce que son intérêt soit de nous conserver...

V. C'est en effet le problème à résoudre.

P. Il ne me paraît pas insoluble.

V. Voyons donc cette solution si facile?...

P. Comme c'est la première fois que vous permettez de discuter sur ce chapitre, je ne me suis point préparé; mais j'ai assez de données pour vous proposer un plan qui me paraît devoir tout concilier; et je ne vous le ferai point attendre, parce que le temps presse.

V. A la bonne heure; mais je doute que vos raisons soient sans réplique.

Ici finit l'entretien. Ces trois messieurs se levèrent. En se retournant M. de V. aperçoit la figure de Maupeou. « En vérité, dit-il, je ne conçois pas qu'un roi, le plus bel homme de son royaume, ait pu se faire à ce vilain visage [1].

P. C'est qu'il le voyait avec les yeux de la Dubarry à qui le président avait eu l'adresse de plaire pour arriver aux sceaux. Mais quel homme que celui qui fit marcher son maître, lui dicta le langage qu'il tint à la première cour souveraine, et lui fit prononcer avec une mâle énergie ces mots : *Je ne changerai jamais :* mots qui retentirent dans toute la France étonnée de voir une volonté dans un prince accusé de n'en point avoir! Quel homme que celui qui prend un arrêt du parlement et le

---

[1] Il fallait en effet qu'il fût bien laid d'après cette anecdote. « Le 17 avril 1777, l'empereur Joseph alla au palais et à la chambre des comptes. Comme il était à la première présidence, dans une galerie où sont les portraits de tous les chefs de la compagnie, il pria qu'on lui montrât celui de M. De Maupeou le chancelier. Après l'avoir considéré attentivement et demandé s'il était ressemblant, on lui a dit qu'oui. Il s'est écrié avec indignation : « Il fait bien de n'être pas ici ! » (Mémoires secrets à la date indiquée.) Le prince avait probablement assez de la copie.

déchire[1]. Ah! quel heureux temps que celui-là!

V. Oui, pour un chancelier. Mais ce même homme qui avait fait dire à son roi qu'il ne tenait la couronne que de Dieu, au lieu de défendre cette couronne quand elle fut menacée, envoya huit cent mille francs en 1792 à ceux qui voulaient le faire tomber. *Sempre bene.* N'est-ce pas? En disant ces mots il sortit, suivi de ses collègues; et je m'élançai avec empressement de ma cage, où je commençais à me trouver très-mal à l'aise. J'examinai le portrait de Meaupou, que je ne connaissais point. Il aurait dû prendre pour lui le conseil que donne le singe à l'ours : « Jamais, s'il me veut croire, il ne se fera peindre[2] ». Le père Vincent, que sa fille n'avait pas mis dans le secret, et dont je ne pus éviter la présence, eut en me voyant autant de surprise que d'humeur. Il gronda sa fille : j'obtins son pardon avec quelques bouteilles du vin de l'Ermitage, qui avait la propriété de désarmer sa colère. Mais le bonhomme fut inexorable quand je le priai de me permettre de revenir encore à

---

[1] Séance du 3 septembre 1770. C'était l'arrêt contre le duc d'Aiguillon.

[2] La *Besace*, liv. I, fable VII.

mon observatoire. Il me déclara qu'il allait faire venir un maçon pour rendre la cage inhabitable, et j'ai su peu de jours après qu'il avait tenu parole.

Le Chevalier. Il me semble, mon cher Désormes, que vous n'avez pas bien observé les costumes. M. de C..., dont vous venez de nous parler, ne ressemble pas à M. de C... avocat à Rennes et député, que j'ai connu.

M. Désormes. Vous l'avez connu? à quelle époque?

Le Chevalier. Dans le courant de l'hiver qui précéda l'octroi du portefeuille qu'il appétait avec tant d'ardeur. J'allais alors chez madame la comtesse de Desnanatz, bretonne, qui demeurait rue de Verneuil, donnait un dîner tous les dimanches et recevait le soir chez elle nombreuse société. M. de C... était toujours de ces dîners d'élite. Ordinairement, après le café, il s'établissait au milieu de la cheminée, le dos au feu, ramenant par devant lui les basques de son habit, se chauffant très à l'aise, et nous racontant avec une gaîté, peu croyable aujourd'hui, des choses de l'autre monde.....

M. Désormes. Vous avez sûrement entendu

dire comme moi, que M. C... ne *se* ressemble plus. Je pense, comme vous savez, qu'il n'est pas d'homme un peu marquant qui n'ait deux réputations; et les ministres en ont plus de deux. Rien ne métamorphose comme un portefeuille..... Aujourd'hui c'est une administration de *l'autre monde* que celle de M. C...

La Comtesse. A-t-il conservé la manière de se chauffer?

Le Chevalier. Je le suppose; elle peut très-bien se concilier avec les grandeurs. Elle en est en quelque sorte un avant-goût, et même un de ces connaisseurs qui prétendent, quand un événement est arrivé, l'avoir prévu, m'assurait dernièrement qu'en voyant le Breton se chauffer, il avait prédit sa prochaine élévation.

CHAPITRE VI.

LA ROTONDE ET LE COUPÉ.

La réunion était presque complète : il n'y manquait qu'Almire et le président. La timidité du premier le rendait inexact, en lui faisant craindre d'être indiscret, et d'autres causes qu'on saura bientôt l'empêchaient de venir là où il avait le plus envie de se trouver. Quant au second, une incommodité le retenait chez lui. Il commençait à être attaqué de cette maladie grave, incurable, que Rabelais dans ses *prognostics* a comprise en ces termes : « Vieillesse sera maladie mortelle cette an-
« née à cause des années antécédentes. »

Vous nous devez, dit la comtesse au chevalier, le récit du voyage que vous avez fait à Chartres, cette automne. — Ah ! madame, je vous supplie de me dispenser de tenir ma promesse. — Et pourquoi ? — Parce que ce récit vous fera une peur du diable. — Tant mieux, nous autres femmes, nous sommes comme les enfants, nous aimons à avoir peur. D'abord est-ce un conte? — Il y est question de revenants. — C'est tout dire. — Point du tout. — Quoi! ils existent? — Oui, madame, et vous ne pourrez le nier. — Comment! votre conte de revenants contient des vérités! — Beaucoup; mais peut-être ne doit-on pas les dire. — Sont-elles générales ou satiriques? — Ah! générales. Jamais je ne me permets de satire. — Eh bien! commencez donc. — Le cadre me déplaît; il choque toutes les vraisemblances. — Nous n'en aurons que plus de sujets de critique. — Vous êtes trop bonne : tout est vrai dans mon conte, excepté le lieu de la scène que j'ai cru devoir changer. — Allons, nous écoutons. — Un petit moment de répit.

Ici le chevalier se lève, fait le tour de l'assemblée, comme s'il cherchait quelqu'un. « Je « tremble d'avance, » lui dit M. Désormes, lorsqu'il passe devant lui. En se remettant à sa place, le chevalier dit que la petite revue qu'il venait de faire était pour s'assurer de l'absence d'un personnage devant lequel il n'aurait pu conter son histoire : on crut que c'était le président; et, pour éviter les questions, il se dépêcha de commencer.

Nous avons vu, depuis trente-cinq ans, tant de formes nouvelles, qu'il est permis de douter qu'aucun objet existant encore aujourd'hui ait conservé celle qu'il avait alors, c'est-à-dire en 1790. Rien n'est immuable; mais la mobilité est ce qui caractérise cette période. Ceci n'est point une épigramme; je ne parle que des *inventions*. Parmi celles qui ont subi le plus de changements et qui certainement ont fait le plus de progrès, est ce qu'on appelait vulgairement, quoiqu'avec peu d'exactitude, *la diligence*. Faite pour contenir six voyageurs, elle fut agrandie et l'on construisit sur le devant un banc où l'on plaçait trois personnes, qu'un cuir dur, sale et puant, ne garantissait ni du vent, ni de la pluie, ni de la poussière, et qui rendait le soleil plus insupportable. Maintenant cette voiture est divisée en trois grands compartiments bien aérés; le premier s'appelle *coupé*, parce qu'il a la forme des voitures connues sous ce nom; le troisième porte celui de rotonde : il est séparé de l'autre par l'ancienne caisse qui a subi peu d'altération. C'est dans celle-ci que je pris ma place, le *coupé* étant occupé par trois jeunes gens.

Deux voyageurs montèrent dans la rotonde. Le plus âgé des deux témoigna de l'humeur en voyant quelqu'un dans la caisse, et voulant être seul avec celui qui l'accompagnait, il retint et paya les autres places.

J'ai l'habitude de faire l'inspection du lieu dans lequel je me trouve. Je vis bientôt que, soit de la rotonde, soit du coupé, l'on pouvait communiquer par une ouverture que masquait un coussinet mobile.

Les croisées de la rotonde étaient larges, et les glaces baissées d'un côté. La lune répandait dans l'intérieur une clarté douce et brillante. Un jeune homme éclairé de ses rayons était placé de manière à ce qu'il me fut possible de distinguer parfaitement ses traits, de suivre tous ses mouvements et de lire sur sa physionomie. J'ai su depuis qu'il s'appelait Almire de Xivrac, que son père et lui se rendaient à une terre située entre Dourdan et Chartres, que le père venait d'acheter. Ce dernier, occupant l'angle de mon côté, était dans l'obscurité. Je fis de vains efforts pour l'apercevoir, mais j'entendais tout ce qu'il disait, lorsque la voiture était arrêtée. Je désirais qu'elle le fût quelque temps, pour recueillir une conversation qui me parut fort animée au sortir de Palayseau.

Mes vœux furent exaucés, entre ce village et celui d'Orsay, au fond d'un ravin que l'on passe sur un mauvais petit pont. Pour y arriver la pente est rapide. On oublia d'enrayer. Une des petites roues se détache, et bientôt est écrasée par la roue de derrière qui passe par dessus. Les jeunes gens descendent et préviennent le conducteur qu'ils vont attendre la voiture à Orsay. Il fallait faire venir un charron de ce village : ainsi j'étais servi à souhait. J'eus un moment la crainte de l'être trop bien quant à l'accident, mais fort mal pour ce que je désirais, car le père et le fils gardèrent quelque temps le silence. Enfin ils le rompirent, et voici l'entretien qu'ils eurent. J'eus soin de l'écrire en arrivant à Chartres.

Le Marquis. « La vie nous est donnée, mon fils, dans la classe où vous êtes né, pour *exploiter les hommes et les choses*. Il faut donc se mettre dans l'*atelier* où l'on manœuvre le mieux pour arriver à ce but.

Almire (avec étonnement). « Quel est cet atelier, mon père, où se trouve-t-il ?

Le Marquis. « Partout, quand on est initié : je vous indiquerai ce que vous devrez faire, quand je vous verrai plus disposé à m'écouter, à suivre mes avis.....

Almire. « Mon père! demandez-moi ce qui ne répugne point à ma conscience, et vous ne trouverez personne de plus soumis que moi.....

Le Marquis. « Ingrat! c'est ma faute. Pourquoi vous ai-je donné une éducation aussi soignée.....

Almire. « C'est au contraire un bienfait dont je sens tout le prix; pour lequel je ne saurais trop vous exprimer ma reconnaissance, et.....

Le Marquis (brusquement). « Et qui me fera mourir de chagrin.....

Almire (avec attendrissement). « Mon père!...

Le Marquis. « Taisez-vous, monsieur. »

Il y eut ici un moment de silence, après lequel le père reprit la parole.

Le Marquis. « Du reste, tout se réduit à cette alternative : voulez-vous le bonheur de votre famille, l'élévation de votre père, ou sa ruine, sa honte?.....

Almire. « Quelle question, grand Dieu!

Le Marquis. « Les mesures sont prises avec

une telle habileté, que nous n'avons pas d'autre choix. Je suis trop avancé pour m'arrêter, pour vous laisser même en chemin, à moins que je ne vous livre à leur cruelle justice. Il faut que je sois victime avec vous, ou que je devienne le bourreau de mon fils. Malheureux ! »

Le son de sa voix, en prononçant ces mots, avait quelque chose d'énergique et de touchant. Il ne semblait point en harmonie avec le reste. C'était comme un cri de la nature; mais il fut aussitôt étouffé. « Écoutez-moi : Je n'ai pas besoin de vous demander le secret : votre intérêt me le garantit.

« Une association occulte et patente à la fois s'est formée depuis long-temps : elle ne se propose qu'un but. Tous les membres qui la composent tendent sans cesse à ce but. Chacun y songe isolément. C'est la pensée du jour, c'est le rêve de la nuit. Cette association s'étend partout comme un réseau. Le monde est divisé par elle en trois classes : en agents, en instruments, en victimes ; la première fait sentir son influence à la seconde, qui la transmet ou plutôt l'exerce à son tour ; mais sans connaissance de cause, parce qu'elle n'est pas dans le secret. Ce qui fait qu'agissant en sûreté de conscience, étant de bonne foi et moins corrompue que l'autre, elle est plus dangereuse, en ce que persuadée, elle a le don de persuasion. La première exploite *directement* la seconde, et, par celle-ci, la troisième. »

Ici, par un mouvement involontaire, Almire se rapprocha du marquis. Son œil ouvert et fixe, sa pâleur, décelaient un sentiment d'effroi. Il paraît que cette impression n'échappa point au père qui se tut un moment, comme s'il avait voulu jouir de l'inquiétude de son fils.

Le Marquis. « Figure-toi un filet étendu sur les habitants de ton pays : lâche et flottant ici ; là, plus rapproché, plus serré ; enfin de ce côté, lourd et pesant, de manière que les têtes sont ou libres et élevées, ou gênées dans leurs mouvements, ou tout-à-fait courbées, suivant le plus ou moins de pression du filet. Mais aucune n'échappe à son action, et plus on s'y soumet, moins on la sent. Tel est le travail des chefs. Chaque jour de nombreuses mailles s'ajoutent à ce filet. On n'en peut pas plus nier l'existence qu'en éviter la pression. A ceux qui le fabriquent sont réservés les honneurs, les richesses, tous les biens de la terre. »

Almire écoutait : morne, silencieux, abattu,

il paraissait avoir la respiration pénible, être tourmenté du cauchemar.

« Malheureux ! reprit le père, veux-tu donc incliner ton front sous ce joug ; ne plus jouir des facultés auxquelles tu mets tant de prix, de l'indépendance de ta pensée?

Almire (avec action). « C'est au contraire pour la conserver que je veux rester libre ; que je refuse tout engagement.....

Le Marquis. « Tu seras esclave si tu n'entres pas dans l'association. Elle permet à ses membres toute liberté de pensée et d'action. Le crime même, commis dans son intérêt, est sûr de l'impunité... Que dis-je? reçoit des récompenses !

Almire. « Ah! mon père! Et vous... et je serais.....

Le Marquis (d'un ton de voix plus doux). « Mon enfant, les honnêtes gens n'ont pas besoin de cette exception. Ce que je te dis est uniquement pour te donner une idée de *notre* puissance... Tu sens bien que ces cas sont rares ; mais enfin il vaut mieux être dans une classe où l'on commande, que dans celle où l'on obéit; mieux encore riche que pauvre, et libre qu'asservi.

Almire. « Quoi! mon père, si l'on n'est pas dans votre association, on perd sa fortune.....

Le Marquis. « A quoi sert-elle alors, puisqu'on n'en peut faire l'usage qu'on voudrait en faire puisqu'elle rend celui qui la possède l'objet d'une surveillance particulière; puisque, quelque considérable qu'elle soit, il ne peut être admis à la cour, approcher du roi?...

Almire. « Mais, mon père, avec un prince loyal et franc, ami des lois, comment fait votre association ?

Le Marquis. « Elle l'enveloppe de ses vétérans et de ses dupes. Leur tâche est de lui faire croire que les mesures qu'on lui propose ne blessent ni sa justice ni sa volonté; de mettre entre le prince et la vérité un mur d'airain, quand cette vérité pourrait nuire à nos intérêts.

Almire. « Mais si ce prince veut absolument la connaître ?

Le Marquis. « On en produit à ses yeux une infidèle image, en prenant d'infaillibles moyens pour que les différences échappent à son examen : c'est alors le triomphe de la cause; car une fois qu'il aura pris pour la vérité ce qui n'est point elle, il la repousserait comme une illusion, si elle parvenait à s'offrir à sa vue : ce qui me paraît presque hors de toute possibilité.

Almire. « Mais un prince qui crie : *Point de hallebardes !*

Le Marquis. « Elles disparaissent, et dans leur *volte-face*, mettent à découvert ce qu'elles cachaient.....

Almire. « Ce sont ?

Le Marquis. « Les nôtres; ils suivent le prince comme son ombre. Il en a sur ses pas, à ses côtés, devant lui..... Et quand par hasard il est seul, ils lui ont laissé une impression qui fait *qu'à son insu* il est encore avec nous. La plupart sont de la seconde classe, *les persuadés*, parce qu'étant sincères, leur bonne foi les met à l'abri du soupçon ; mais eux-mêmes ne sont jamais sans quelqu'un de la première classe; un observateur, un directeur invisible qui répare sur-le-champ les maladresses et les gaucheries que la bonne foi peut faire commettre. Il résulte donc que le prince vivra dans une atmosphère *d'exception*, mais qu'il croira de même nature que l'atmosphère générale.

« Sans cesse entouré de nous et de gens *à nous*,

il ne s'en doutera nullement, parce qu'eux-mêmes ne se doutent pas qu'ils sont à nous. De manière que, si nous sommes dénoncés, il se vante, à nous-mêmes qui l'enveloppons, de nous tenir à une grande distance de lui. Eh! qui donc, excepté Dieu qui voit tout, pourrait échapper à de pareils moyens? — La patience est la vertu qui nous caractérise et qui nous fait triompher de tout. Elle rend la dissimulation plus complète, plus impénétrable : elle lui donne tout ce qui peut la faire ressembler le plus à la bonne foi.

« Je crois que c'est saint Augustin qui a dit de Dieu, *patiens quia œternus*. C'est pour être éternelle que notre association est patiente; et c'est parce qu'elle ne le fut pas qu'elle cessa d'être ou plutôt de paraître, car elle n'a jamais cessé d'être; c'est à sa patience qu'elle devra l'empire du monde. L'impassibilité, dans les outrages qu'elle est obligée de dissimuler, fait sa grande vertu, lui tient lieu de toutes les autres, est pour elle la vertu triomphante. *Frapper à temps* est sa maxime [1]. Songe, je

---

[1] M. de Bésenval raconte dans ses Mémoires (t. 1, p. 243, édit. de 1821), que les jésuites inscrivirent le duc de Choiseul sur *le livre de mort*, pour un propos qu'il avait tenu contre un

te le répète, qu'il faut que tu sois son instrument ou sa victime ; que tu ne peux échapper à son empire, à son action, à son influence, et que dès-lors ton intérêt exige que tu sois un de ses agents volontaires, ce qui te mènera...

Almire. « Ah ! mon père, je n'ai pas d'ambition..... Le repos.....

Le Marquis (avec dédain). « Lâche ! le repos à ton âge !.....

Almire. « Le repos de la conscience, l'activité de la vie.

Le Marquis. « Tu n'as pas d'ambition ! qu'en sais-tu ? Cette passion n'est pas de ton âge. Elle vient à trente ans, elle naît tout à coup, et si l'on n'est pas préparé à la recevoir, elle est accompagnée de regrets amers, de remords, elle empoisonne la vie ; elle montre ce qu'il aurait fallu faire pour posséder ce dont elle inspire l'envie, et qui fuit à mesure qu'on en approche. Elle emprunte le langage de l'amour, des affections de familles ; elle fera parler ta femme, tes enfants, l'honneur même..... soins inutiles ! il ne sera plus temps.

des leurs. « Ce livre était un registre de proscription que te-
« naient les jésuites, et sur lequel on inscrivait le nom de tous
« ceux qui leur étaient opposés, et à la perte desquels ils
« travaillaient sans cesse. »

Mais tu ne le sentiras point. L'espérance t'abusera : tu poursuivras des chimères, tu passeras de l'une à l'autre avec dépit, avec le souvenir qui ne te quittera point, de tout ce que tu aurais *pu* et *dû* faire dans le passé, pour assurer le succès de ce que tu désires; et tu arriveras à la vieillesse avec un cœur flétri, avec un cortége d'enfants, de petits enfants qui te devront l'obscurité.

Almire. « Dites l'honneur!.....

Le Marquis (d'un ton ironique). « L'honneur est bon dans un siècle où l'or fait tout, où l'on fait tout pour en avoir. L'honneur! pauvre sot, l'honneur!.....

Almire. « Oui, l'honneur! et ce nom me ramène au prince loyal.....

Le Marquis. « Vous en revenez toujours au prince loyal et franc. Eh bien! il ne cessera point de l'être, en faisant ce que nous voudrons. Il suffira de lui cacher les motifs et les résultats; de lui persuader qu'il fait le bien. Mille moyens sont à notre disposition..... Je dis *notre* : apprenez que je suis dans la première des trois classes dont je vous ai parlé, et que dans cette classe on n'a ni femme, ni enfants, ni amis...... je vous l'ai dit : il est impossible que le prince nous échappe.....

Almire. « Mais ses premiers pas.....

Le Marquis. « Nous le savons. Il était nécessaire qu'il agît ainsi : qu'il donnât des gages; que le parfum de la popularité lui parût délicieux. Cela entre dans nos vues. Il doit d'abord se faire aimer, il se fera craindre quand nous le voudrons.

Almire. « Mais il marche, lui, il vérifie par lui-même.

Le Marquis. « Quand il en sera temps, nos créatures encombreront sa route.

Almire. « Et son fils ?.....

Le Marquis. « Nous le tiendrons quand nous voudrons. Quelque actif que soit un prince, il est toujours obligé de voir par les yeux d'autrui, et nous mettrons les nôtres devant les siens..... Me comprends-tu? Nous sommes là, debout, toujours debout, près de lui, près de son père. Quand la popularité qu'ils acquièrent tous les deux nous paraîtra dangereuse, nous les en dégoûterons; d'abord, par des rapports où nous présenterons des propos qui n'auront point été tenus; ensuite, par des libelles que nous attribuerons à nos ennemis, et nous serons crus. On les accusera;

on les poursuivra juridiquement. Si les preuves paraissent douteuses aux tribunaux, elles seront certaines pour le prince. Nous aurons le double avantage de lui inspirer des défiances contre les magistrats qui ne nous conviennent pas, et de l'écarter d'un parti qui nous est odieux. Nous calomnierons le peuple quand nous le voudrons, quand il en sera temps. Rien n'est si facile. Si quelqu'un profère un mot injurieux, nous disons que c'est tout le monde. Combien faut-il de sots pour faire un public, disait Champfort? Combien faut-il de voix pour former celle du peuple? C'est notre affaire, et comme nous sommes toujours entre lui et le prince, il ne dira que ce que nous aurons voulu. Et s'il est nécessaire qu'il parle, il aurait beau se taire, nous le ferons parler.

« Épuisons ce sujet afin que tu n'y reviennes plus. Nous voulons bien que le monarque plaise. La popularité même entre dans nos vues comme moyen, pourvu que nous disposions de ce qu'elle procure. Ainsi, quand, avant de monter sur le trône, un prince est connu par sa franchise, son affabilité, ses manières nobles, gracieuses, prévenantes, nous ne nous opposons point à ce qu'il porte sur le trône tous ces avantages; c'est une *variété :* nous tirons au moins autant de profit de cette circonstance que d'une toute contraire, c'est-à-dire d'un prince faux, concentré, de mauvaise humeur.

« Le trône est un nid que nous couvons toujours. C'est l'aire d'un aigle, et nous dirigeons le vol des aiglons aussitôt qu'ils en sortent. Aucune des actions d'un prince enfant ne nous échappe : nous connaissons ses bonnes comme ses mauvaises qualités, son caractère, et nous dressons nos batteries en conséquence.

« Il faut moins faire attention à ce que dit un prince qu'à ce qu'il fait..... Ce ministère contre lequel on déclame tant, a-t-il été renvoyé? Non : il ne le sera pas. Mazarin essuya bien d'autres bordées. Il est mort ministre. Plus habile que le premier ministre d'aujourd'hui, parce qu'il avait à faire à des hommes d'une autre étoffe que ceux contre lesquels *guerroie* le ministre actuel, il se maintint, et celui-ci se maintiendra, parce que les mêmes proportions sont gardées. L'Italien, d'un esprit supérieur, avait des hommes de sa trempe, mais à qui il manquait ce degré de finesse dans lequel il excella. Le Gascon a la même supériorité *dans les médiocrités de nos jours.* Bien que les hommes d'état négligent les détails, on n'oublie point que de même qu'en morale les petites précautions sauvent les grandes vertus, de même, en politique, la plus légère omission peut détruire les combinaisons les plus habiles par un accident imprévu. *Tout prévoir* est donc la devise de l'association qui se souviendra éternellement que c'est pour l'avoir perdue de vue *une fois* qu'elle a été ruinée... Mais ce n'est point pour elle que les leçons de l'expérience sont perdues.

Almire. « La presse périodique étant libre, ont peut éclairer le prince.....

Le Marquis. « Jamais ! (Ce mot fut dit avec une vivacité remarquable et de ce ton que l'on prend quand on veut éluder une question, quand on craint la vérité, quand on voit arriver l'objection qui tourmente et qu'on se sent plus en état de l'écarter que de la combattre et de la résoudre.)

« Jamais ! répéta le marquis posément.

Almire. « Je suppose un article mis dans un des journaux de l'opposition.....

Le Marquis. « Le prince en lit un autre.

Almire. « Eh ! comment cela ?

Le Marquis. « On a fait composer une autre feuille du même journal, dans laquelle l'article est, ou changé, ou modifié, ou remplacé totalement. A cela près la feuille est parfaitement semblable à celle qui court le monde. De là deux résultats également avantageux pour nous. Le premier est que le prince ignore ce que nous ne voulons pas qu'il sache ; et le second, que le public, croyant qu'il sait ce que nous voulons qu'il ignore, en conclut qu'il n'y fait nulle attention, ou même qu'il le blâme et qu'il nous approuve tacitement. Un autre effet qui se produit à la longue et que nous cherchons, que nous désirons, que nous provoquons, que nous appelons de tous nos vœux, est le refroidissement du peuple, dont l'enthousiasme passe, et qui, d'après cette conduite, croit que le prince est comme ceux qui l'ont trompé, et qu'il veut le tromper à son tour...... Car si nous tirons parti de la popularité, la tyrannie d'un *prince à nous* nous convient bien mieux, demande moins d'habileté de notre part, moins de soins. C'est alors que notre règne est complet.....

Almire. « Vous m'expliquez bien comment

il est possible d'abuser le prince pour un journal, une fois, quatre fois.....

Le Marquis. « Ah! tu crois que les déclamations quotidiennes de tous les journaux des deux partis contre le ministère nous causaient quelqu'inquiétude! Apprends que leur silence nous eût nui : leurs injures nous servent. C'est presque sous notre dictée qu'ils les ont écrites. Je vois encore une espèce de démagogue qui se croit de l'importance, parce qu'il cause, dans une très-petite sphère, un ébranlement semblable à celui qu'imprime une mouche à la toile d'araignée, dans laquelle elle vient de se prendre. Ce démagogue avait consulté l'un des nôtres qui lui dit de frapper fort, d'être le plus personnel possible. Il n'y a pas manqué; et nous avons eu soin d'arrêter l'attention du prince sur cet article; d'y faire voir, à l'aide de quelques rapprochements entre plusieurs autres articles de même fabrique, qu'on voulait prescrire au prince ce qu'il avait à faire; lui dicter sa conduite, lui donner des injonctions. Cela suffisait. Le prince s'est aperçu du danger : il a vu qu'à l'avenir, quand on voudrait changer le ministère, on n'aurait qu'à remplir les journaux de déclamations. Il n'en a plus été question.

ALMIRE. « Mais on peut supposer auprès de l'un des deux princes un homme incorruptible..... »

LE MARQUIS. « As-tu donc oublié la réponse du plus honnête homme de la cour de Louis XV à Marie Leczinska [1] ? Eh bien! quand la personne qui a la confiance du prince serait à un plus haut prix que l'abbé Terrasson..... »

ALMIRE. « Mais enfin supposez avec moi qu'il existe un homme *probe*..... un seul! inaccessible!.... »

LE MARQUIS. « Je le veux : il sera *instrument* sans le savoir, et conséquemment des nôtres. Quelque hypothèse que vous fassiez, mon fils, il faut qu'elle soit dans l'ordre des choses possibles. L'homme vertueux a un faible ; son cœur est accessible par quelque côté. C'est aux *nôtres* à en étudier, à en connaître toutes les issues, et rien n'échappe à leur œil scrutateur... La vertu

---

[1] L'abbé Terrasson criait bien haut, à propos d'un jugement inique prétendant qu'on avait payé les juges. La reine s'amusa à lui dire qu'il aurait fait comme ceux qu'il accusait, et mit la voix de l'abbé qu'elle supposait juge, à cinq cent mille francs. Il repoussa *cette somme* avec indignation. La princesse augmente. Arrivée au million, l'abbé lui dit : *Votre majesté m'en dira tant, que je ne saurai plus que lui répondre.*

ne saurait deviner leurs intentions, ni leurs projets; elle ne serait plus la vertu..... En mettant tout au pis contre nous; en cumulant toutes les chances contraires, la cause ne serait rien moins que désespérée. Peux-tu calculer ce que fait la patience qui ne se lasse point! C'est le poids d'une masse qui agit toujours imperceptiblement, sans autre moteur que ce poids : c'est la goutte d'eau qui succède à une autre et creuse lentement, mais creuse. As-tu calculé encore les effets de cette force, et ceux bien plus puissants d'un langage toujours le même, qui revient toujours sous toutes les formes, qui frappe quand il cesse à propos; qui se fait remplacer par une réticence, par un geste, par un maintien, par un doute..... Eh! qui résisterait à ce concert unanime?....

Almire (avec douleur). « Ah! malheureux prince!

Le Marquis. « Et pourquoi, je te prie? Que lui faut-il? Le pouvoir? Nous le rendons absolu, n'est-il pas bien à plaindre?

Almire. « Mais si, par l'obéissance aux lois, ce pouvoir devient aussi absolu : si, comme il n'est pas douteux, l'autorité illimitée peut se concilier avec cette obéissance.....

Le Marquis (d'un ton solennel). « Arrête, profane! C'est ce que nous ne voulons pas. Que le prince ait ce pouvoir, c'est bien; mais il faut que nous y participions, que nous en soyons dépositaires : c'est le rayon de lumière qui traverse sans s'affaiblir un intervalle immense.... Il est une base infaillible d'après laquelle on établit des calculs avec certitude : c'est *l'intérêt*. Que veut celui qui jouit du pouvoir? que ce pouvoir soit aussi étendu que possible : conséquemment absolu.....

Almire. « Eh bien! avec la charte, il peut l'être de fait; et le prince alors sait allier à cet intérêt dont vous parlez une gloire éclatante : sa puissance repose sur une base inébranlable, sur l'amour de ses peuples.....

Le Marquis (avec mépris). « Philosophie! vieilles idées, bonnes dans les livres. Tu fais les hommes ce qu'ils devraient être; ce qu'ils ne furent dans aucun temps; ce qu'ils ne sont ni ne peuvent être. L'association dans laquelle *je veux* te faire entrer les prend comme ils sont. Écoute et laisse parler ton père : comprends donc enfin que le pouvoir de cette association est au-dessus de tout autre pouvoir. Elle sait que le prince qui gouverne, en général, se défie plutôt de ceux qui l'approchent quand ils ne sont pas dans son intimité, que de ceux qui vivent loin de lui ; que lorsque ces derniers parviennent à avoir de l'influence, cette influence est d'autant plus efficace qu'elle est moins prévue, moins soupçonnée, qu'elle est arrivée lentement, et conséquemment bien solidement établie. Elle la protège, après s'être assurée du dévouement sans bornes pour elle, de celui qui exerce cette influence.

« L'étude et l'expérience *lui* ont fait approfondir le chapitre des *grands événements dus à de petites causes*. Elle ne néglige donc rien, comme je te l'ai déjà dit. *Elle* n'oublie pas qu'un homme fameux dans l'antiquité fit couper la queue de son chien pour donner le change à l'attention publique.

« L'esprit humain aime les mystères, le merveilleux : c'est un tribut que paya sa faiblesse dans les temps les plus éclairés : plus on est élevé en grade, plus cette faiblesse a de force. Pour en tirer parti, *elle* attache à l'existence des grands du siècle quelque chose de merveilleux qui leur plaît. C'est ainsi que la flatterie déifia les empereurs romains et leur persuada de se faire adorer. Dans des temps et avec une religion comme les nôtres, ces moyens sont impossibles. Mais il reste à notre disposition cette même religion pour une grande partie de la masse qui n'est pas éclairée, et pour l'autre les mystères, les séductions, la terreur, l'ambition, les passions.

« Le *carbonarisme*, mot générique qui comprend tout ce qui n'est pas défini, est une mine féconde qu'on a exploitée, qu'avec de l'habileté l'on pourra toujours exploiter : après une révolution qui menaça tous les trônes, il est facile de persuader à tous les possesseurs de ces trônes qu'ils ont toujours des ennemis ; que ces ennemis se cachent ; qu'ils conspirent sans cesse. Moins on en découvre, plus ils sont adroits, mieux ils se dérobent à la surveillance, plus ils sont à craindre. *Elle* tient ainsi les rois qui ne peuvent savoir si on les abuse ou non, parce qu'*elle* a, pour entretenir leurs alarmes, des moyens qu'*elle* fabrique elle-même. Les preuves de l'existence d'une classe d'hommes dangereux, secrètement unis, sont toujours prêtes.....

ALMIRE. « Mais comment frapper cette classe imaginaire ? A quoi sert cette fiction ?

LE MARQUIS. « A faire voir au prince l'inconvénient d'un système où l'on voudrait le règne des lois, puisqu'elles ne peuvent l'atteindre. D'ailleurs on fait des essais..... Maintenant tu vas apprendre comment, grace à nous, le vice reçoit les honneurs de la vertu. Tu es allé chez madame *** ? Qu'en penses-tu ?

Almire. « Elle est aimable : elle fait bien les honneurs de chez elle : bon repas, société charmante : bal magnifique.

Le Marquis. « Tu conviens donc qu'elle est honorée ?

Almire. « Et surtout honorable.

Le Marquis. « Sais-tu d'où lui vient sa fortune ?

Almire. « Mais je la suppose bien acquise...

Le Marquis. « Certainement. Sa réputation actuelle est due à son zèle pour nous; sa fortune, aux services qu'elle nous a rendus par de salutaires avertissements, par des rapports, de nombreuses recrues. Mais auparavant elle avait commencé par tenir une maison de jeu. Elle y gagna, perdit, regagna, et reperdit tout. Nous apprîmes qu'elle avait beaucoup d'esprit et surtout cet esprit d'intrigue qui sait attendre avec prudence, agir quand il le faut. Nous nous dîmes que c'était une excellente acquisition à faire. Mais sa réputation était perdue. Nous lui fîmes envisager sa position : nous lui présentâmes la fortune, le crédit, les honneurs..... Elle se rendit : elle est riche, bien famée.

Almire. « Vous n'êtes pas sûrs de la conserver.

Le Marquis. «·Son intérêt nous répond de sa fidélité : d'ailleurs elle sait qu'on ne nous abandonne pas impunément..... Nous avons des moyens de connaître jusqu'à ses plus secrètes pensées : tous ses gens sont à nous. Il en est de même dans toutes les maisons qu'il nous importe d'avoir. Toute personne ayant de l'influence, soit par sa fortune, soit par son rang, soit par la considération dont elle jouit, nous appartient de *droit*. Nous l'enveloppons comme le prince : nous savons ce qu'elle fait, ce qu'elle dit, ce qu'elle projette : nous connaissons tous ceux qui l'approchent ; l'objet de ses affections..... ce sont autant de moyens d'arriver à notre but....

Almire. « Vous me faites frémir !.....

Le Marquis (avec un extrême dédain). « Et toi pitié ! Rampe donc, puisque..... »

Ici un mouvement imprimé à la voiture,

causé par les ouvriers qui venaient mettre une autre roue; le bruit qu'ils firent mit fin à l'entretien..... Le père et le fils s'enfoncèrent chacun dans un angle et se turent. J'ai oublié de dire qu'avant l'accident, le conducteur était plusieurs fois descendu de son siége pour aller parler au marquis tout bas et mystérieusement. J'avais remarqué qu'on faisait arrêter la voiture à chaque embranchement de route et que le conducteur allait faire sa petite visite. Je ne pouvais me rendre compte de cette manœuvre; je me perdais dans mes conjectures. Poussé à bout par mon indiscrète curiosité, je profitai de la première occasion qui se présenta de la satisfaire. Ce fut au-delà d'Orsay. A deux lieues environ de ce village est celui de Saint-Claire, situé sur une colline. La pente étant très-rapide, ce n'est qu'avec peine que les chevaux montent et traînent une diligence. Pour les soulager les voyageurs sont invités à descendre. Le conducteur fait arrêter sa voiture et vient ouvrir la portière. Il n'alla point à la rotonde. Je fis semblant de croire qu'il l'oubliait et, l'indiquant du doigt, j'eus l'air d'attendre ceux qui étaient dans cette rotonde. Il me comprit et il me dit : Oh ! ils ne descendront pas. Je me repentais de n'être pas resté à ma place; mais il n'était plus temps. Alors je pris le parti de causer avec le conducteur, et pour exciter sa confiance, je le plaignis, je lui parlai de ses intérêts ; je trouvai ses *pourboire* beaucoup trop modiques, ajoutant que sans doute les voyageurs ne s'en tenaient pas *à la lettre*. Oh! presque toujours, me dit-il en hochant la tête. Je répondis que ce n'était pas juste. C'était lui faire assez entendre que j'irais au-delà de mes obligations. Toute cette causerie n'était de ma part qu'un moyen d'arriver à la rotonde. Pourquoi ne sont-ils donc pas descendus, dis-je au conducteur dans le moment où les chevaux paraissaient fatigués de leurs efforts et dans l'endroit où le tertre semblait le plus rapide? — Oh! monsieur, c'est qu'ils sont les maîtres. — Quoi! seraient-ils de vos entrepreneurs ou administrateurs ? — Bien mieux que cela.—Expliquez-vous?—Monsieur, je n'en sais pas plus que vous : tout ce que je sais, c'est que j'ai ordre de leur obéir et de faire tout ce qu'ils me commandent, sous peine d'être *mis à pied* et de perdre ma place. Dieu veuille qu'il ne m'en arrive rien! Mais il est toujours bien désagréable de marcher à gauche, quand on veut aller à droite, et de ne pas faire son métier rondement. Moi, mon métier, c'est d'avoir soin de ma voiture, de mes chevaux, de mes voyageurs, sans m'embarrasser de quel pays sont ces derniers, s'ils ont été baptisés, s'ils vont à la messe..... — Vous avez raison, pourvu qu'ils paient bien. — C'est cela, monsieur. Eh! qu'est-ce que ça me fait à moi que vous soyez garçon ou marié, pour une nuit que nous allons passer ensemble. Il y a vingt ans que je roule. J'ai toujours été l'ami de mes voyageurs. — Vous devez avoir beaucoup d'amis? — Oh! certainement! si notre amitié ne dure pas plus de deux jours, du moins elle est sincère. Ils ont besoin de moi, j'ai besoin de leur argent. Croyez-vous que chez vous autres, *vos amitiés* ne sont pas comme ça? — Sans doute, et vos amis de la rotonde? — Oh! ce sont des maîtres! Je suis obligé de leur donner ma feuille de route : ils prennent les noms, qualités, destinations des voyageurs, et non contents de cela, ils me font mille questions sur eux; me recommandent d'écouter ce qu'ils disent, de les faire parler..... que sais-je moi? comme si les affaires des autres me regardaient! — Et s'ils vous interrogent sur ce que nous disons. — Oh! monsieur, ils ne nous voient point causer. Je leur dirais d'ailleurs que vous êtes muet comme un poisson. N'allez pas me trahir au moins, monsieur..... — N'ayez pas peur, brave homme, je pense comme vous, je n'aime point les *tracassiers* : mais dites-moi pourquoi vous descendez de votre siége, après avoir fait arrêter la voiture, pour aller ouvrir la rotonde et dire un mot à ces voyageurs? — Ah! c'est là, monsieur, ce qui me chiffonne le plus; figurez-vous qu'il m'est expressément ordonné, à chaque embranchement de route, de les consulter sur celle qu'il faut prendre, comme si je ne la connaissais pas, moi qui ai fait ce chemin mille fois au moins. — D'ailleurs ils sont bien mal placés pour vous l'indiquer. — C'est cela, monsieur, ils n'y voient goutte de leur rotonde; encore s'ils étaient dans le coupé, pourraient-ils donner leur avis. Je leur dirais mes raisons. Mais il m'est défendu de faire la moindre observation. Monsieur, séparons-nous, la voiture arrive : elle va nous rejoindre, il ne faut pas qu'ils nous voient causer. En achevant ces mots, le conducteur passa de l'autre côté de la route. Tous les voyageurs remontèrent.

Les habitants de la rotonde dormaient tous les deux, ou du moins se taisaient. Il n'en était pas de même dans le coupé; j'entendis le dialogue suivant :

A. « Il me paraît que vous avez de l'humeur, « et beaucoup.....

B. « On en aurait à moins.

A. « Et quel est le sujet de la vôtre ?

B. « Oh! le sujet! il y en a mille.....

A « Encore ? je n'en demande qu'un seul, « bien motivé.

B (avec vivacité). « Eh bien! la censure ?.... « vous baissez le nez, vous ne dites mot.

A. « Ce n'est peut-être point parce qu'il n'y « aurait rien à dire; mais je passe condamna- « tion.

B. « Et qu'auriez-vous à dire ?

A (hésitant). « Que... que des circonstances « graves.....

B. « N'allez-vous pas répéter ce qu'ont dit « les trois ministres qui signèrent l'ordon- « nance l'an dernier, MM. de V......, C....... « et P........? Ce n'était pas assez pour ces « messieurs d'avoir un roi qui ne voyait que « par leurs yeux, qui n'entendait que par « leurs oreilles; qui n'avait d'autres moyens

« de connaître la vérité que de s'adresser aux
« gens les plus intéressés à la lui cacher? Un
« roi malade et souffrant, que des infirmités
« mettaient dans l'impossibilité de rien vérifier;
« il fallait encore empêcher cette vérité ban-
« nie des cours de circuler dans le monde.....
« Vous devriez *rougir de pure honte;* quant à
« moi, le seul mot *censure* me donne des cris-
« pations.

A. « Mais elle n'est pas rétablie.....

B. « Mais vous savez bien qu'à notre départ
« le bruit courait qu'elle ne tarderait pas à
« l'être.

A. « Ce bruit a déjà couru plus d'une fois.... Il
« ne faut pas se rendre malade de peur de le
« devenir..... D'ailleurs cette censure qui vous
« cause tant d'effroi, ne peut-on pas la confier
« à d'honnêtes gens?

B. « Ces honnêtes gens deviendraient aussi-
« tôt des fripons.....

A. « Pourquoi cela?

B. « Parce qu'on devient fripon quand on se
« place dans une situation où l'intérêt est en
« opposition avec le devoir. Des honnêtes gens
« se sont-ils jamais chargés du soin d'arrêter
« les diligences et de détrousser les passants?

A. « Cela s'est peut-être vu.

B. « J'aime cent fois mieux des voleurs de
« grand chemin que des censeurs tels que
« ceux de l'an dernier. Des voleurs partagent
« quelquefois, tuent rarement, ne mutilent
« jamais, et le voyageur entièrement dévalisé
« peut continuer sa route et trouver des res-
« sources pour l'achever. Mais vos censeurs !
« ils estropient, ils déshonorent, ils tuent, et
« vous n'avez jamais l'espoir d'échapper de
« leurs inévitables griffes : ce soir, demain,
« toujours, vous les trouverez sur votre pas-
« sage. Les voleurs ne sont point partout : ils
« craignent les gendarmes, tandis que l'impu-
« nité est assurée à vos censeurs. Un espion
« de police me semble encore moins odieux,
« moins vil : il n'a pas d'action sur la pensée :
« on peut supposer qu'il est institué pour dé-
« noncer des actions répréhensibles ; mais le
« censeur l'est pour empêcher la vérité d'ar-
« river jusqu'au prince. On devrait marquer
« au front ceux qui acceptèrent ces odieuses
« fonctions, et l'injure la plus outrageante se-
« rait, *il fut censeur en* 1824. Quatre ou cinq
« sont déjà connus et signalés à l'opinion pu-
« blique ; et ce qui fait honte à l'espèce hu-

« maine, c'est que le genre de leur travaux de-
« vait faire croire, malgré leur médiocrité, qu'ils
« avaient de la noblesse dans les sentiments.
« Un sixième est frère de l'un des membres du
« fameux tribunal révolutionnaire : à la bonne
« heure! c'est un choix convenable. On désigne
« aussi des savants; à l'exception du *frère et ami*,
« il fallait laisser les uns à leur manufacture de
« vers, les autres à leur prose, et courir après
« le mouvement perpétuel ou la quadrature
« du cercle..... »

Ici le dialogue fut brusquement interrompu par une querelle entre les postillons et le marquis régulateur placé dans la rotonde. Pendant que l'un des voyageurs faisait le procès à la censure, voici ce qui s'était passé :

Le conducteur était venu consulter le marquis sur l'embranchement de routes à la sortie de Saint-Arnould. — A gauche, à gauche, avait-il répondu avec aigreur. — Mais c'est le chemin de Dourdan. — Le silence fit croire qu'on se rendait à cette observation. Nous continuâmes. Le jour commençait à poindre, mais il était décidé que nous ne verrions pas de la voiture le lever du soleil. Deux routes se présentent, et quoiqu'il sût laquelle il fallait prendre, le conducteur fidèle à sa consigne vient à la rotonde. — L'ancien chemin, dit le marquis d'un ton sec. — Mais il est mauvais, nous ne nous en retirerons pas. — Faites ce que je vous dis.

Les postillons se récrient, c'est impossible, nous y resterons : une dispute s'engage, le conducteur leur ordonne d'obéir. Alors en colère et faisant claquer leur fouet, ils enfilent *l'ancien chemin* en jurant, et nous versent à quelque distance. Heureusement la caisse de la voiture fut retenue dans sa chute par un gros arbre, et les roues étant emboitées dans une ornière profonde, les chevaux, malgré tous leurs efforts, ne purent imprimer le moindre mouvement à la masse qu'ils traînaient.

Nous descendons. Le marquis disparaît. Son fils offre de se joindre à nous pour relever la voiture. Le père l'appelle impérieusement; le fils obéit. Le conducteur déclare que tous nos efforts seraient impuissants, et qu'il fallait aller chercher du secours à Dourdan. Il se désole. Avec son *ancien chemin*, s'écriait-il, voilà où nous en sommes! Nous ne pouvions lui être d'aucune utilité. Il faisait froid, nous résolûmes, les trois voyageurs et moi, de marcher. Nous rentrâmes dans la grande route, nous y trouvâmes la voiture du marquis qu'on avait envoyée au-devant de lui. A peine avions-nous fait une lieue que nous vîmes paraître *l'hirondelle*, voiture qui n'avait pas pris *l'ancien chemin*. Il n'y avait qu'une place; je la pris, et j'arrivai sans autre accident à Chartres.

La Comtesse. Savez-vous, chevalier, que votre vilain conte est plus effrayant qu'une histoire de revenants?

Le Chevalier. Je le crois bien, madame; mais ce sont de véritables *revenants* qui prennent tous les moyens de ne pas se mettre dans le cas de *revenir* une autre fois.

La Comtesse. Ce sont comme des sylphes dont on est entouré, qu'on ne peut éviter.....

Le Chevalier. Et qui pénètrent partout.

Madame Delwins. Est-ce que vous craignez qu'il y en ait dans nos réunions?

Le Chevalier. Je n'en fais aucun doute : non dans celles du mardi, mais dans les autres, et bien certainement dans les gens de votre maison; car vous savez que lorsque nos revenants échouent avec les maîtres, ils s'adressent aux valets. Il me reste à vous raconter un trait qui m'est personnel et que je puis attester. Il va vous donner une idée de l'aveugle docilité avec laquelle on obéit dans cette société, et de l'étendue des sacrifices que l'on est disposé à faire.

J'ai passé trois années de ma vie au collége avec un Franc-Comtois devenu depuis membre de cette association. Un caractère aimable, doux, une grande franchise, des qualités précieuses, le rendaient cher à tous ses camarades. Il les a conservées, je n'en fais aucun doute : il était pieux au milieu de nous qui ne l'étions guère et ne l'en aimions pas moins, parce que nous connaissions sa tolérance et la sûreté de son commerce. Je n'ai pas été surpris d'apprendre qu'il faisait partie de la société, et que les chefs l'estimaient et l'aimaient. Ces messieurs s'y connaissent, et j'ose assurer qu'ils possèdent dans M. de St.-M. l'homme le plus heureusement doué de tous les avantages propres à faire des prosélytes. Je le rencontre un jour, à la fin de l'été dernier : sa figure était épanouie, sa bouche riante; il m'apprit qu'il avait obtenu un congé de quinze jours pour aller voir un vieux père âgé de quatre-vingt-dix années, qui rassemblait avant de mourir ses enfants et ses petits-enfants. Déjà l'un d'eux, établi à Bordeaux, se rendait de cette ville dans les environs de Lons-le-Saulnier, à la campagne du patriarche où la réunion devait avoir lieu. C'était la première fois que toute la famille se trouvait rassemblée. On n'attendait plus que l'abbé. Il devait partir dans la nuit, et songeait avec ivresse au plaisir qu'il allait goûter. Il attachait beaucoup de prix à recevoir la bénédiction de son père. Je pris part à son bonheur; nous nous séparâmes. Trois mois après environ, je le rencontre encore, je lui parle de ses parents, des jouissances qu'il a dû goûter. Il me raconte qu'il arrive de Rome, que le soir du jour où nous nous étions vus, le père provincial, ou visiteur, enfin l'un des matadors, lui avait dit qu'il partait sur-le-champ pour l'Italie, qu'il l'emmenait avec lui, et qu'il fallait en conséquence qu'il renonçât au voyage de Franche-Comté. L'abbé s'était résigné à faire ce sacrifice, qui fut d'autant plus pénible qu'il avait conservé dans toute leur vivacité les douces affections de famille, et qui devenait d'autant plus douloureux que son père avait cessé de vivre.

Dans son récit, qui fut très-laconique, je vis un mélange de douleur et de résignation. Il s'en aperçut et passa bien vite à l'affaire de mon salut, dont il me disait toujours un petit mot quand il me voyait. Je ne pus m'empêcher de lui dire que pour le faire je ne me sentais nullement disposé à d'aussi *héroïques* sacrifices, parce que je croyais à des devoirs envers ceux qui nous ont donné le jour; devoirs dont rien ne peut dispenser, et c'est faire injure à la religion que de supposer qu'elle puisse en exiger le sacrifice. Il me fit *grise mine* et je ne l'ai plus revu.

Madame Delwins. Me permettrez-vous, chevalier, de vous demander pourquoi vous avez fait une petite revue de vos auditeurs, avant de nous raconter votre histoire?

Le Chevalier. Parce que je ne pouvais vous la dire devant le jeune de Xivrac, puisqu'il était question de son père.

Madame Delwins. Comment! Votre histoire n'est donc pas un conte?

Le Chevalier. Non, en vérité, il n'y a que les lieux de changés. Almire est réellement celui dont il est question; et cet honnête jeune homme a résisté jusqu'ici à toutes les tentations de son père. Remarquez bien que c'est contre son propre intérêt, car le marquis est homme à le déshériter. Je le connais et je n'en fais aucun doute.

Ici Flavie rougit beaucoup. Elle écoutait avec attention, ayant suspendu sa broderie, tenant sa main posée sur le métier, la tête penchée pour faire croire qu'elle travaillait, mais regardant du coin de l'œil le chevalier pendant qu'il parlait d'Almire : la comtesse et M. Dulude remarquèrent ces mouvements ; l'une avec surprise, et l'autre en homme à qui rien n'échappait, et qui n'en était pas à sa première observation. Il avait cru s'apercevoir de quelque différence dans le maintien de Flavie, quand Almire assistait à la réunion du mardi, ou quand il n'y était pas, et soupçonnait que la présence de ce jeune homme n'était pas sans influence sur elle.

CHAPITRE VII.

MOEURS GALANTES DU DIX-HUITIÈME SIÈCLE, D'APRÈS LES MÉMOIRES COMPARÉS[1].

Savez-vous, dit la comtesse, en s'adressant au chevalier, que vous êtes un peu gascon. —Non certainement, je n'en sais rien, madame, et je ne m'en doute même pas. — Promettre et ne pas tenir..... — Ce serait plutôt d'un normand que d'un gascon; mais qu'ai-je donc promis? —D'abord vos aventures d'outre-mer.—Ah! nous avons le temps.—Les mémoires d'un aide-de-camp du grand Condé. — C'est une de ces promesses imprudentes qu'il vaut mieux oublier.—Et comment est-elle imprudente? — Parce qu'il y a des passages qu'on ne peut pas lire.—Oh! vous avez un talent tout particulier pour les omettre sans qu'on s'en aperçoive. Une certaine toux de commande

---

[1] Mémoires ou Correspondances de mademoiselle Aïssé, Du Deffand, Bachaumont, Saint-Simon, la princesse Élisabeth Charlotte, mère du régent, d'Argenson, Duclos, Collé, Grimm, Marmontel, Lauzun, Bezenval, Genlis, Ségur, madame d'Épinay.

vous prend toujours au moment critique. Pendant la durée de la quinte, vous préparez habilement une transition qui lie ce que vous avez lu avec ce que vous allez lire.— Vous voyez bien que je ne suis pas aussi habile que vous le prétendez, puisque cette circonstance, qui ne m'est arrivée qu'une fois, ne vous a pas échappé ; et c'est mademoiselle Flavie qui causait mon embarras. — Aussi, sa mère et moi, vous avons-nous su beaucoup de gré de la manière dont vous en êtes sorti ; mais elle ne viendra pas ce soir, ainsi voyons les mémoires ou le récit de vos caravanes. — Ni l'un ni l'autre, je vous en prie : je n'ai point apporté les premiers, l'à-propos seul peut rendre le second tolérable. Si je vous donne ce que je ne vous ai point promis, me tiendrez-vous quitte ? — Non pas ; seulement je vous ferai crédit. — Vous êtes une créancière impitoyable. — Qu'allez-vous donc nous raconter aujourd'hui ? — Vous vous souvenez bien de l'aventure de la dame de l'allée aux Veuves ? Le bruit qu'elle a fait et les mercuriales du président m'ont donné l'idée de faire une revue des mœurs galantes du dernier siècle, afin de faire voir à votre oncle que *de son temps* on n'était pas, à beaucoup près, plus scrupuleux que de celui-ci : *ains au contraire.* — J'en suis si persuadée que je crains qu'il ne vous prenne un gros rhume pendant cette lecture.—Est-ce que mademoiselle Flavie va venir?— Non, ni même sa maman : elles ont été obligées d'aller chez madame de Saint-Just. — En ce cas je puis bien ne pas me gêner. — Me comptez-vous pour rien ? — Ah! vous êtes une femme charmante... —Chevalier, vous voyez bien ce registre là-bas; vous allez, s'il vous plaît, vous y inscrire. Vous savez que les compliments se paient ici au poids de l'or... Il y a long-temps que ce registre se repose, et nous avons du nouveau... Je vous confierai cela. Allez bien vite. Messieurs, dit-elle à voix haute, le chevalier se propose de nous promener dans les boudoirs du 18e siècle.

Le Président. Il ne faut pas le souffrir, ma nièce ; le chevalier est un détracteur du temps passé : il voudrait bien en avoir joui.....

M. Désormes. Vous avez bien raison ; il n'en parle que par envie. Il m'en a fait l'aveu dans un moment de distraction.

Le Président. Ah!... j'en étais sûr!

La Comtesse. Il faut le punir en l'écoutant.

Le Président. Oui ; mais il va nous faire des contes.

Le Chevalier. Il n'y aura pas un mot de moi, M. le président, quant aux faits, quant aux circonstances. Je vais marcher avec des autorités que vous ne recuserez pas. Ce sont des ducs, des marquis, des vicomtes, des barons, des comtesses, des princesses. Il n'y a que deux ou trois petits roturiers, hommes de rien, tels que Duclos et J. J. Rousseau, que nous écouterons pour la forme, et que nous ne croirons qu'autant qu'ils seront d'accord avec nos gens de qualité. Je commence:

Un des meilleurs moyens d'approcher de la vérité historique est de comparer entre eux tous les mémoires écrits sur une époque. Les auteurs de ces différents mémoires se font quelquefois mutuellement connaître : puis, avec leur secours, on peut ôter les masques, parce que, en vertu de considérations particulières, l'un ne met que la lettre initiale d'un nom, tandis que l'autre, à qui ces considérations sont étrangères, met le nom tout entier. Ainsi, à l'aide du baron de Bezenval et de madame de Genlis, on découvre les secrets du duc de Lauzun, qui nous rend, à son tour, le service de nous expliquer les réticences de la comtesse. Je vous ai dit qu'ils se faisaient mutuellement connaître. C'est ainsi que Lauzun, en parlant de Bezenval, le peint d'un mot : « Le baron voulut me persifler, dit-il, mais un mauvais ton, et peu de mœurs, sont un grand désavantage à la cour. » Le comte de Ségur traite le même personnage avec plus d'indulgence. « Le baron de Bezenval, dit-il, dont la légèreté toute française faisait oublier qu'il était suisse. » Enfin madame de Genlis s'exprime en ces termes : « Le baron avait encore une figure charmante et de grands succès auprès des femmes. D'une ignorance extrême et hors d'état d'écrire passablement un billet, il avait précisément que l'esprit qu'il faut pour dire des riens avec légèreté. On l'accusait d'être méchant, il avait de la bonhomie dans la société avec les gens auxquels on ne pouvait donner de ridicule. » Comme les Mémoires du baron prouvent que leur auteur *savait écrire* et dire autre chose que des riens, madame de Genlis va au-devant de l'objection, prétend que ces *Mémoires* sont du vicomte de Ségur, s'engage à le prouver dans la suite des siens, et, dans les quatre volumes qu'elle a publiés depuis, elle a perdu de vue sa promesse ; peut-être la tiendra-t-elle dans les 7 et 8ᵉ volumes¹. Je dois revenir sur ces Mémoires, quand il faudra déterminer le degré de confiance auquel madame la comtesse a droit, et quand il sera question de l'époque qu'ils embrassent. Il est nécessaire de remonter au commencement du siècle, sans discuter sur la valeur de nos guides, puisque leur véracité n'a jamais été révoquée en doute. Ce sont principalement mademoiselle Aïssé, Saint-

---

¹ Elle vient en effet de remplir cet engagement dans le septième volume de ses Mémoires, pag. 354. « L'homme le plus « digne de foi à tous égards, dit l'auteur, m'a écrit que je me suis « trompée en assurant que les Mémoires du baron de Bezen- « val ne sont pas de lui. Il ajoute qu'il laissa à M. le vicomte « de Ségur, par testament, un carton rempli de *notices* que « M. de Ségur mit en ordre... Mais des notices ne sont pas des « Mémoires ; ainsi il est toujours évident que M. de Ségur les « a plus que rédigés. » Le lecteur choisira entre *l'homme le plus digne de foi à tous égards*, et la dame qui est probablement aussi la plus digne de foi. Cela ne touche en rien la véracité du vicomte ou du baron qui ont été tous les deux à même de bien observer.

Simon, Duclos, d'Argenson et la mère du régent.

C'est de la mort de Louis XIV qu'il faut dater cette licence qui, en accoutumant à braver le respect humain, rendit comme naturelles les actions les plus révoltantes. C'est ainsi que nous verrons conclure le mariage de la veuve d'un prince sur le corps inanimé de ce prince, au moment même qu'il vient d'expirer, et ce mariage fait par un archevêque-cardinal ; madame de Boufflers épouser M. de Luxembourg, avec lequel elle avait publiquement vécu et quoiqu'il l'eût protégée dans des amours dont il n'était pas l'objet; un ministre, pour donner un haut rang à sa sœur, chanoinesse, faire sortir d'une maison de santé un seigneur interdit comme imbécille, le marier à cette sœur, et réintégrer le duc dans son hospice, etc. Certes, on n'aurait osé se permettre de pareils actes, si l'on n'eût pas franchi les bornes de tout respect humain.

Je commence par la cour (elle donne toujours le ton). Voyons sous quelles couleurs elle est peinte par un homme essentiellement courtisan.

« La licence de la régence avait fait dégénérer la galanterie de la cour de Louis XIV en libertinage effréné. Au commencement du règne de Louis XV, les hommes n'étaient occupés qu'à augmenter authentiquement la liste de leurs maîtresses, et les femmes, à s'enlever leurs amants avec publicité. Les maris ne vivaient point avec leurs femmes. Logeant ensemble, jamais ils ne se voyaient, jamais on ne les rencontrait dans la même voiture, jamais on ne les trouvait dans la même maison [1]. »

Le baron de Bezenval, de qui nous empruntons ce tableau, prétend que si les *mœurs y perdaient* [2], « la société y gagnait infiniment, parce qu'étant débarrassée des maris, la liberté y était extrême. »

On voit que le baron était digne d'être l'un des roués de la régence. Étant né en 1722, il ne connut cependant que ceux qui survivaient à leur rôle ou qui se donnaient le ridicule de vouloir le continuer quand tout les forçait de battre en retraite. Comme ce courtisan est un

[1] Mémoires de Bezenval, tom. 1, pag. 137.
[2] L'expression et le doute sont également remarquables. Les *mœurs*, dans le sens qu'on donne à ce mot pris isolément, ne pouvaient y *perdre*, puisqu'il n'y en avait pas; le baron s'en console en trouvant la société plus agréable.

peintre fidèle, écoutons-le encore un moment.
« On croira facilement, dit-il, que ce n'était point la passion, encore moins l'estime, qui faisait les inclinations. *Avoir* pour les hommes, *enlever* pour les femmes, étaient les vrais motifs qui faisaient attaquer et se rendre. Aussi l'on se quittait avec autant de facilité qu'on s'était pris. Souvent il n'était question que d'une passade d'un ou de plusieurs jours, sans que des deux côtés on abandonnât ce qu'on avait en titre, et sans autre point de vue que de se vanter pour les hommes, et de se livrer aux plaisirs, à l'occasion, pour les femmes. Quelquefois, mais la chose était rare, le goût succédait à la jouissance, et l'on continuait de vivre ensemble avec des ménagements mutuels : alors on qualifiait une telle inclination du titre de *respectable*, et l'on était craint dans la société par la contrainte et l'ennui que ne pouvaient manquer d'y causer deux personnes qui n'y étaient plus occupées que des sentiments réciproques qu'elles s'inspiraient. »

Ici, M. d'Harmage partit d'un éclat de rire qui, n'étant point en rapport avec ce que lisait le chevalier, parut étrange et rendit M. d'Harmage l'objet de l'attention générale.

Faites-nous donc part de vos idées? lui dit le chevalier.

Vous m'avez représenté, répondit M. d'Harmage, tous ces maris séparés de leurs femmes, et ne se rencontrant ni jour ni nuit. Je suis resté sur cette partie du tableau : comme je sais qu'il n'a rien d'exagéré, j'en ai conclu que, dans le premier tiers et peut-être la moitié du dernier siècle, il y avait eu, soit à la cour, soit dans l'élite des sociétés de Paris, un croisement total de races, *un état de nature* précisément à l'époque où la civilisation était le plus raffinée, et à la tête de cette civilisation, une position qui avait quelque analogie avec le colin-maillard du Grand-Turc (je ne sais plus lequel), de manière que ni vous ni moi.... Ici, le distrait s'arrête tout court, et de tous côtés on entend répéter d'un ton interrogatif, *de manière que?*....

M. d'Harmage. De manière que ni vous ni moi.... Vous le voulez? — Oui! Oui! — Eh bien! Ni vous ni moi ne sommes probablement les petits-fils de nos grands-pères.

Le Chevalier. Cela ne me regarde pas, le mien n'a jamais mis le pied à Paris. — Le mien n'a jamais quitté la Guadeloupe, dit

M. Delwins.—Ni le mien la Provence. Le président, qui parlait rarement, prononça d'un ton sentencieux ces paroles : *pater est quem nuptiæ demonstrant ;* elles arrêtèrent les recherches que chacun faisait pour prouver qu'il était petit-fils de son grand-père.

La Comtesse. M. d'Harmage aurait bien dû conter son affaire en latin. Je crains que l'histoire de son colin-maillard n'ait besoin du secours de cette langue.

M. d'Harmage (en hésitant). Pas précisément.

Madame Delwins. En ce cas, nous nous en passerons.

M. d'Harmage. Elle est si courte !...

La Comtesse. Ce n'est cependant pas l'occasion de dire que les plus courtes sottises sont les meilleures.

M. d'Harmage. Vous allez en juger.

La Comtesse. Non, non, point de distraction.

M. d'Harmage. Je paierai l'amende si mon histoire ne peut s'entendre que d'une oreille. Vous savez tous que le sultan a toujours un sérail : il n'y a rien de choquant à rappeler cette circonstance. Eh bien ! mon Grand-Turc, rassasié de jouissances, se plaignait à son favori du dégoût qu'il éprouvait, ne trouvant plus ses odalisques ni belles ni jolies. Le confident imagina de faire jouer son maître à colin-maillard. Vous devinez le reste, et si vous ne vous en doutez pas, comme je ne me pique pas de parler latin, je ne dirai pas un mot de plus.

La Comtesse (au chevalier). Revenons à votre tableau.

Le Chevalier. Il ne reste plus que les détails : c'est-à-dire les preuves ou les faits. Tous sont choquants et ne pourraient pas être racontés. Avant de passer rapidement en revue les principaux, remarquons que les mêmes personnages sont nommés dans les mémoires ou correspondances des contemporains, qui s'accordent non-seulement sur les noms, mais sur les autres circonstances ; ajoutons que les auteurs ne se sont point connus, et qu'ils n'ont point eu l'intention de publier leurs observations. Ces faits réunissent donc toutes les conditions exigées pour ce qu'on appelle *certitude historique*.

La Comtesse. Combien de temps croyez-vous que les mœurs furent dans cet état pendant le 18ᵉ siècle?

Le Chevalier. Depuis la régence inclusivement, jusqu'à 1756; à cette époque elles commencèrent à *décliner* ou plutôt à *s'améliorer* et changèrent vers 1760. Mais, dans la première moitié du siècle, un libertinage hideux et choquant infecta la cour et *la ville* : il faut entendre par ce mot la haute société, celle qui prenait la cour pour modèle, et recevait d'elle l'impulsion.

Ce qui me fait dater de 1756 l'affaiblissement de ce libertinage, c'est l'exemple de la femme la plus dissolue dont les déréglements commencèrent alors à être moins nombreux et moins publics : il est question de la maréchale de Luxembourg. Elle donnait le ton, ou plutôt surpassait par ses débordements les femmes les plus tarées à qui peut-être elle aurait pu servir d'excuse si l'on en admettait. Avant d'arriver à son histoire, il faut passer rapidement en revue celles qui, dans la même période, se donnèrent comme elle en spectacle; mais pas aussi long-temps qu'elle [1],

[1] Dans le dernier siècle, les époques de la vie étaient aussi

parce que, moins effrontées ou calculant mieux, elles s'arrêtèrent où toutes les femmes de ce genre ont coutume de s'arrêter, tandis que madame de Luxembourg dépassa toutes les bornes, bravant les outrages du temps et le mépris des hommes.

Une des premières en scène c'est la duchesse de Phalaris, dont nous ne parlerions pas si elle se fût contentée d'être la maîtresse du régent.

La Comtesse. Je voudrais bien savoir dans quel pays est situé le duché de Phalaris.

Le Chevalier. Je serais fort embarrassé de vous le dire : je pense que ce prétendu duché n'est qu'un titre qui fut octroyé par le pape au sieur Gorge, père de la duchesse de Phalaris. L'aïeul, *chef* de la famille, ne serait pas connu sans Boileau qui lui a donné, dans sa première satire, une espèce de célébrité peu digne d'envie. Il l'a placé non loin de *Rolet*, dont le nom

« exactement déterminées chez les dames de la cour et de la
« ville, et observées avec autant de rigueur que le changement
« d'habits à un jour marqué des différentes saisons de l'année.
« Une femme qui aurait cherché à se faire des amants après
« avoir passé l'âge de la galanterie, aurait paru aussi ridicule
« que si elle s'était vêtue de velours quand tout le monde
« avait quitté les demi-saisons. » Arrivée à cet âge, une femme se faisait dévote ou bel-esprit.

est synonyme de fripon, et près de Jacquier, fournisseur renommé par des bénéfices illégitimes.

Le poète a dit :

« Que Gorge vive ici, puisque Gorge y sait vivre,
« Qu'un million comptant, par ses fourbes acquis,
« De clerc, jadis laquais, a fait comte et marquis. »

Il paraît que Boileau crut pouvoir se permettre de plaisanter impunément un traitant qui, après avoir porté la livrée, eut la sottise d'acheter des titres. Mais le nom de Gorge ne se trouve que dans les premières éditions. Il a été remplacé par celui de *George*, et Jacquier est devenu *Jacquin*.

Le fils de ce traitant s'appela George d'Antragues, métamorphosant son véritable nom en un prénom. Quand il fut fait par sa sainteté, (l'on ne sait à quel propos) *duc de Phalaris*, on n'eut garde, en réimprimant les œuvres de Boileau, de rétablir le nom de Gorge ; mais, dès 1747, M. De Saint-Marc mit une note qui rappelait l'origine du traitant. Elle a été conservée dans les éditions suivantes, quoique la duchesse de Phalaris ne soit morte qu'en 1782.

Cette femme, entre les bras de laquelle mourut le régent, entretint publiquement l'officier *La Figarode*, renommé pour ses formes herculiennes ; ensuite le marquis de Beringhen, premier écuyer, l'un des plus beaux hommes de la cour.

La comtesse. Celui qui fut pris entre Sèvres et Versailles par un parti hollandais qui, venu sans coup férir, de la frontière jusques là, voulait enlever le dauphin et qu'on délivra aussitôt ?

Le chevalier. Le fils de celui-là même : il descendait d'un brabançon, valet d'un gentilhomme de Normandie. Hénri IV, logeant chez ce gentilhomme, admira la belle tenue de ses armes. C'était Beringhen qui en avait soin. Henri le prit à son service et le fit par la suite son premier valet de chambre. Le petit-fils de cet homme eut l'audace de demander et le bonheur d'obtenir, d'Anne d'Autriche, la charge de premier écuyer, l'une des premières de la cour ; ainsi la fortune de cette maison (comme celle de beaucoup d'autres) fut due au hasard ; mais si le régent eût vécu, la charge eût peut-être passé dans une autre famille, parce que le prince trouva celui dont il est question sur son chemin. Beringhen lui enleva la comtesse de Parabère[1].

Celle-ci figure ensuite d'une manière *brillante* sur la scène mise sous nos yeux. « Madame de Parabère, écrivait une de ses amies[2], a quitté M. le Premier (Beringhen), et M. d'Alincourt[3] ne la quitte pas, quoique je sois persuadée qu'il ne sera jamais son amant. Elle dit qu'elle n'a pas le dessein de se faire enterrer; que si elle refuse sa porte à M. d'Alincourt, il faudra qu'elle la refuse à un autre; que tour-à-tour elle chasserait tout le monde, et qu'on dirait qu'elle ne congédie que pour que le public en soit instruit. » Ainsi c'était alors une espèce de déshonneur pour une femme d'être sans amant, un ridicule : on la montrait au doigt. Aussi l'on s'arrangeait pour en avoir, comme pour avoir une loge à l'Opéra. L'on n'était pas fort délicat, en ce temps, et sous plus d'un rapport, car ce *M. le Premier* avait

---

[1] Marie de La Vieuville. Elle avait été maîtresse du régent, qui l'appelait son *petit corbeau noir*, parce qu'elle était brune. Sa mère, madame de La Vieuville, était dame d'atour de la duchesse de Berry.

[2] Mademoiselle Aïssé. Il en sera bientôt question. Elle écrivait de 1726 à 1734.

[3] Fils du maréchal de Villeroy.

mangé plus d'un million à madame de Parabère, et, dans sa *rupture*, mis les plus mauvais procédés. M. d'Alincourt s'ennuya de son rôle, qui consistait à faire croire au public que madame de Parabère avait un amant et n'était pas délaissée. Une femme qui l'était se faisait dévote : nous l'apprenons de mademoiselle Aïssé : « Les belles dames, dit-elle, sont ou se vantent d'être dans la dévotion. Mesdames de Gontaut, d'Alincourt, de Villars, la maréchale d'Estrées, tout cela grimace la prude [1]. »

M. d'Alincourt quitta donc madame de Parabère qui, dans son désespoir, prit M. de la Mothe-Houdancourt. « Le beau La Mothe,
« recherché des plus belles et des plus riches
« dames de la cour, était depuis plusieurs
« années à la mode ; précédemment il avait
« donné congé à madame la duchesse de Du-
« ras, pour la Entée, actrice à l'Opéra, dont
« il était fou. Le rôle de Cérès avait fait naître
« cette passion. On les priait à souper comme
« mari et femme [2]. » Cette dernière circonstance suffirait pour faire connaître les mœurs du temps, si nous n'avions pas d'autres faits.

[1] Lettres de mademoiselle Aïssé, pag. 114, année 1728.
[2] Ibid, pag. 134.

La comtesse. Est-ce la même duchesse de Duras, qui se lavait la bouche sur le balcon du petit appartement où mangaient Louis XIV et madame de Maintenon, pour faire croire au public qu'elle venait de dîner avec le maître de la France et sa favorite?

Le chevalier. C'était sa belle-fille. Je reviens à mes notes : « Madame de Nesle avait pour amant M. de Montmorency : c'était Riom qui avait fait cette liaison. Il jugea à propos de la rompre, et donna bientôt à son ami madame de Boufflers [1]. M. de Clermont est amoureux-fou de madame la duchesse de Bouillon, qui ne s'en contente pas. M. de Charolais vit toujours avec la Delisle dont il n'est plus jaloux, ayant une autre maîtresse qui a été très-secrète et qui n'a paru que par un éclat violent. Elle s'est jetée dans un couvent ; elle se nomme madame de Courchant.

« Madame Du Deffand est raccommodée avec son mari : j'aurais voulu qu'elle se pressât moins. J'avais mes raisons pour le lui conseiller, mais cette bonne dame met de l'esprit,

---

[1] Lettres de mademoiselle Aïssé, pag. 134. Toutes ces notes, indiquées par des guillemets, sont extraites de la correspondance de mademoiselle Aïssé.

ou pour mieux dire de l'imagination, au lieu de raison. Elle a emballé la chose de manière que le mari est venu s'établir chez elle ; c'est-à-dire y dîner et souper ; car pour habiter ensemble, elle ne voulait pas en entendre parler de trois mois, pour éviter tout soupçon injurieux ; c'était la plus belle amitié du monde pendant six semaines. Au bout de ce temps elle s'est ennuyée et a pris son mari dans une telle aversion qu'il a décampé. Elle prend toutes les mesures imaginables pour qu'il ne revienne pas. Un amant qu'elle avait avant son raccommodement, excédé d'elle, l'avait quittée. Il est revenu : la bonne dame n'a suivi que son penchant ; mais l'amant l'a quittée de nouveau. Elle reste la fable du public, blâmée de tout le monde. Elle se jette à la tête des gens pour faire croire qu'elle n'est pas abandonnée. Cela ne réussit pas.

« M. le prince de Conti est mort hier. Il a dit les choses du monde les plus tendres à sa femme, lui demandant pardon d'avoir entretenu près d'elle son valet-de-chambre pour espion. Il a fait ordonner à madame Koche, sa maîtresse, qui était cause du peu d'union qu'il avait avec la princesse, de sortir au moment même de sa maison où elle demeurait. La princesse a beaucoup pleuré, quoiqu'ils fussent sur le point de se séparer. Je crois cependant que, passé les premiers jours, elle se consolera bien aisément. »

Une des femmes les plus séduisantes par sa beauté, ses graces et son esprit, était la marquise de Prie [1], maîtresse à titre de M. le duc; elle avait d'autres amants, tels que le prince de Carignan et Lior, maître d'hôtel du roi, le plus beau des trois. Son mari étant un jour dans la chambre du roi, le feu prit à sa perruque. Il l'ôte, l'éteint avec le pied et la remet sur sa tête. La pièce fut infectée de l'odeur. Le roi entre, s'en plaint et dit sans malice, *Je crois qu'ils sent la corne brûlée.* Toute l'assemblée part d'un éclat de rire et le pauvre cocu s'enfuit au plus vîte. Voici dans quels termes s'exprime sur madame de Prie et M. le duc un homme d'esprit, mais probe et bon, et que pour cette raison les courtisans appelaient d'Argenson *la bête*: « Madame de Prie ne fit pas languir « le prince. J'ai su beaucoup de détails sur « cette liaison dès son origine. Je connus leurs

[1] Fille de Berterot de Pleneuf, commis de la guerre qui avait fait dans les fournitures une fortune immense.

« habitudes, leurs allées au bal de l'Opéra ;
« leur petite maison rue Sainte-Apolline, leur
« carrosse gris de bonne fortune qui avait à
« l'extérieur tout l'air d'un fiacre et qui était
« au dedans d'une magnificence extrême. M. le
« duc est assez borné ; il devint jaloux du
« marquis d'Alincourt. Il fallut que madame
« de Prie donnât congé à ce rival, au bal de
« l'Opéra. Tout cela était bien jeune et bien
« enfant. » Ce dernier trait peint l'indulgence
de M. d'Argenson. Vous en chercheriez vainement dans les mémoires ou fragments de la
princesse Élisabeth-Charlotte. La manière
dont elle parle des mêmes amours est digne
d'être remarquée. Elle nous donne d'ailleurs
d'autres détails qui entrent naturellement
dans notre cadre. « M. le duc, dit-elle, ne
peut inspirer de l'amour à une femme ; il est
grand, maigre comme un éclat de bois ; a le
corps vouté, des jambes longues comme une
cigogne, le corps très-court, point de mollets,
les deux yeux si rouges qu'on ne saurait distinguer le mauvais œil, des joues creuses,
un menton si long qu'on ne croirait pas qu'il
appartient au visage. Il a d'abord aimé madame de Nesle, qui lui donna son congé pour

le remplacer par ce grand veau, le prince de Soubise. On prétend que celui-ci dit : « De quoi se fâche M. le duc : n'ai-je donc pas permis à madame de Nesle de coucher avec M. le duc quand il voudra? » Voilà la délicatesse qu'on a ici en amour! Le marquis de Villequier, fils du duc d'Aumont, fit un jour une visite à la marquise de Nesle. Il vint dans la tête de celle-ci de lui demander s'il était vrai qu'il fût amoureux de sa femme? Villequier répondit : je l'aime d'une amitié fondée sur l'estime, car c'est une des plus honnêtes femmes de France. Madame de Nesle, de qui l'on n'en peut pas dire autant, prit ce propos pour une insulte et s'en plaignit à M. le duc qui lui promit de la venger. Quelques jours après, il invita le jeune Villequier à dîner chez le marquis de Nesle même; il y avait, le marquis de Gesvres, madame de Coligny et d'autres. Pendant le dîner, M. le duc commença tout-à-coup ainsi : « Bien des gens
« croient être à couvert du cocuage, mais
« c'est une erreur. J'ai cru me mettre à l'a-
« bri en épousant un monstre; cela ne m'a
« servi de rien; car un vilain Du Chalar, plus
« laid que moi, me fait cocu. Pour le marquis

« de Gesvres, il ne le deviendra point, parce
« qu'étant impuissant, il ne saurait se marier ;
« mais vous (à M. de Nesle), vous l'êtes de tel
« et tel, etc. » Nesle, qui ne pouvait le croire,
quoique cela soit vrai, se mit à rire tout de
bon ; puis, s'adressant à Villequier, il lui dit :
« Et vous, ne croyez-vous pas l'être? » Villequier se tut. Le duc continua : « Vous l'êtes
« du chevalier de Pesay. » Villequier rougit ;
cependant il dit : « J'avoue que, jusqu'à présent, je n'ai pas cru l'être ; mais puisque vous
« me mettez en si bonne compagnie, je n'ose
« m'en fâcher.... » La Polignac faisait accroire
à M. le duc qu'elle l'aimait ; lui qui se doutait
bien de sa conduite, la fit espionner et apprit
qu'elle avait une intrigue secrète avec le chevalier de Bavière.... « M. le duc est maintenant
très-amoureux de madame de Prie : elle a
déjà reçu une fois pour cela, une volée de coups
de son mari, mais cela n'a servi de rien. Elle
a consolé M. le duc du congé de madame de
Nesle, mais elle a d'autres galants. »

L'oubli de toutes les convenances se faisait
remarquer ; vous allez en juger par ce trait :
je laisse toujours parler mademoiselle Aïssé.
« Le prince de Bournonville vient de mourir

bien jeune et bien vieux. Je crois que son ame a eu bien de la peine à quitter son corps; elle y était tout entière. Un quart d'heure après sa mort, le mariage de sa femme avec le duc de Rufaye (fils du duc de Saint-Simon) a été arrêté et public. Ce manque de bienséance part du cardinal de Noailles et de la maréchale de Grammont qui est Noailles et mère de madame de Bournonville. Madame de Saint-Simon est amie du cardinal. Elle parlait souvent du prince de Bournonville comme d'un homme confisqué, et qu'elle se trouverait bien heureuse si sa veuve voulait épouser son fils. Au moment où ce prince expirait, elle va chez le cardinal, ne le laisse pas achever de dîner pour qu'il allât demander madame de Bournonville. La maréchale de Grammont accepte la proposition, en disant qu'il fallait cacher pour quelque tems ce mariage. Le cardinal dit qu'il ne pouvait se taire et le dirait à tout ce qui se rencontrerait, de manière qu'avant que M. de Bournonville fût enterré, tout Paris a su ce mariage. Il est mort le 5, le 9 on a été faire part du mariage à tous les parents et amis. Tout le monde est révolté. Au bout de quarante jours la cérémonie se fera.

Madame la duchesse de Duras et madame de Maillé, sœurs du défunt, sont allées rendre visite le surlendemain à la veuve. Elle avait un pied de rouge dans l'habillement de veuve, et son prétendu était à côté d'elle, qui venait de se présenter comme futur époux. Ce n'est point un mariage d'inclination : il n'y a aucun amour. »

Quoique l'historienne prétende que *tout le monde était révolté*, il n'en est pas moins vrai qu'on agit comme si on ne l'avait pas été, et que la promptitude et la publicité de ce mariage n'auraient pas eu lieu si tous les liens de la morale n'eussent été relâchés à cette époque. N'oublions pas de faire remarquer que les filles de l'Opéra, les acteurs mêmes paraissaient dans ces sociétés. « Le goût des filles publiques ou du théâtre, nous dit un homme d'esprit qui a connu ce siècle autant par expérience que par tradition [1], entraîna la jeunesse, et la facilité de leur commerce diminua l'empressement des hommes pour les femmes de bonne compagnie. L'amour d'une vie libre prévalut sur les liaisons qui exigeaient de la gêne et des assiduités. Le pen-

[1] L'auteur de l'introduction aux mémoires de madame Du Hausset.

chant pour les filles et les dépenses énormes dont elles devinrent l'objet, peuvent être attribués en partie à quelques fortunes immenses acquises rapidement par le système de Law et par les bénéfices prodigieux des financiers. Ce fut un *état* que d'être fille entretenue. La galanterie expira en quelque manière à cette époque, et l'on vit presque disparaître les *hommes à bonnes fortunes*. Ceux qui prétendaient à ce rôle avaient une petite maison dans un faubourg, où se rendaient la favorite du moment; un carrosse sans armoiries, un laquais de confiance, sans livrée, appelé *grison*. Pour entrer dans le monde, un jeune homme prenait pour mentor un des hommes qui avait le plus de succès et même il y avait des femmes qui étaient comme des effets en circulation. Quelques-unes étaient spécialement pour les débutants. »

On serait loin de soupçonner qu'il y eût encore d'autres mœurs de nature à faire tache à ce tableau. Rien n'est cependant plus réel, et la mère du régent nous a laissé, dans ses *Mémoires*, sur les goûts de quelques seigneurs et même des princes, des renseignements plus curieux qu'édifiants et que les amateurs peuvent rechercher à la source indiquée. Je ne vous entretiendrai que du duc de Gesvres, sur le compte duquel je vais rapporter deux témoignages remarquables, l'un par sa tolérance philosophique; l'autre par sa colère; différence qui s'explique par celle des sexes. Le premier est le duc baron Bezenval. « Le duc de Gesvres, dit-il, dont l'impuissance avait fait tant de bruit, était un de ces êtres rares qui paraissent de temps en temps dans le monde. Il avait publiquement toutes les façons des femmes : il mettait du rouge, on le trouvait chez lui, ou dans son lit, jouant de l'éventail, ou à son métier, faisant de la tapisserie. Il aimait à se mêler de tout : son caractère était précisément celui d'une *Caillette*. Avec tout cela, parvenu à un certain âge, sans changer de façon d'être, il avait de la considération : toute la cour abondait chez lui. On ne menait pas une jeune mariée à Versailles qu'on ne la lui présentât. Le roi le traitait bien et ses ridicules ne lui en donnaient pas. » Ce serait inconcevable sans la licence qui régnait alors.

Le second témoignage est celui d'une femme qui ne partage nullement l'indifférence du baron et tâche de faire sentir au contraire le ridicule dont se couvrait le courtisan.

« M. le duc de Gesvres est malade. Il fait de très-grands remèdes : il est à St-Ouen où toute la France va le voir. Il est dans son lit, garni de rubans et de dentelles, les rideaux sont relevés. Des fleurs répandues sur le lit, des découpures d'un côté, des nœuds de l'autre, et, dans cet équipage, il reçoit tout le monde. Vingt courtisans entourent son lit. Il y a toujours deux tables de vingt couverts chacune et quelquefois trois. On a établi des habits verts pour les complaisants : c'est-à-dire qu'avec habit, bas, souliers, chapeau verts, on peut avoir toutes les plus familières entrées chez M. le duc : il y a une trentaine d'habits verts distribués. Le roi a dit sur cela qu'il n'y avait qu'à changer les juste-au-corps en robes de chambre ; que ne se portant pas trop bien tous, ils seraient précisément comme à la Charité où ils sont habillés de vert. Il y a quelques jours, quelqu'un de ma connaissance y alla et trouva le maître de la maison sur une duchesse d'étoffe verte, un chapeau gris bordé en vert, un gros bouquet de rhue sur lui, et faisant des nœuds... Le duc d'Épernon y est à demeure : il s'est pris de fantaisie pour la chirurgie, il saigne et trépane, fait ce qu'il rencontre. Ils ont voulu se procurer des fêtes champêtres. M. le duc de Gesvres a doté une fille. M. d'Epernon voulut saigner le mari la veille de ses noces : ce pauvre misérable s'y refusa, et, pour obtenir de lui de se laisser saigner, M. le duc de Gesvres lui donna cent écus. Voici ce qui se passa sous nos yeux, à la face de tout l'univers et sous un gouvernement très-sévère. Il n'est pas possible que l'on ignore toutes ces vilenies, et tout ce qu'il y a de plus grand, de plus raisonnable, fait la cour assidûment à ce *monstre!* »

La Comtesse. Est-ce toujours mademoiselle Aïssé qui vous fait ces confidences?

Le Chevalier. Elle-même, et vous vous êtes servie du mot propre, car mademoiselle Aïssé écrivait de Paris à madame de Calandrini qui habitait Genève. Elle ne pouvait supposer que ses lettres seraient publiées un jour. Elles furent communiquées à Voltaire pendant qu'il habitait dans les environs de Genève. Il les fit imprimer en y mettant quelques notes. Toutes les anecdotes qu'elle raconte se retrouvent soit dans les mémoires de Duclos, ou de M. d'Argenson, soit dans ceux du baron de Bezenval. L'origine de mademoiselle Aïssé est toujours restée enveloppée de mystère. Elle fut trouvée à l'âge de quatre ans, dans un palais de la Circassie pillé par les Turcs. Elle était servie par des esclaves, ce qui fit croire qu'elle était née dans un haut rang. Un marchand l'acheta et la revendit à M. de Feriol, ambassadeur à Constantinople, qui la fit élever. Il exigea de sa reconnaissance les droits que les Turcs ont sur leurs esclaves; cependant mademoiselle Aïssé se préserva de la contagion ou de l'influence de l'exemple au milieu des mœurs de ce temps. Elle ne fut sensible qu'aux services que lui rendit le chevalier d'Aidy qui voulut l'épouser. Malgré la passion qu'elle éprouvait pour lui, elle le refusa, par une générosité bien rare, se croyant indigne du chevalier et pensant que ce mariage le déshonorerait aux yeux de la société. Ses lettres offrent plusieurs fois l'expression de ce sentiment. Ses descriptions sont pleines de charmes. En voici une du genre de vie qu'on menait au château de Pont-de-Vesle, où elle était allée passer quelque temps avec madame de Feriol. Il n'est pas sans intérêt de voir comment on s'amusait à la campagne, au milieu du spectacle dont je ne vous ai donné qu'une esquisse.

« J'ai retrouvé ici, écrivait-elle à son amie en 1729, j'ai retrouvé des coliques, le serein, les concerts, les puces, les rats, et qui pis est, des hommes. Nous passons d'ailleurs notre temps assez tristement. Le matin, après la messe, l'archevêque d'Embrun (M. de Tencin), s'enferme avec un jésuite jusqu'à dîner. Après le dîner, une partie de quadrille pleine de rapine et d'aigreur, le tout pour cinq sols que l'on ne paie point. Toujours une compagnie de la ville, peu divertissante, et à qui il faut faire autant de cérémonies qu'à des intendants. Sur le soir, on va se promener. La maîtresse du logis (Madame de Feriol) et moi nous restons, l'une à lire, l'autre à découper ou à tricoter. Après la promenade, un concert qui arrache les oreilles. On soupe très-mal. On n'a ni bon poisson, ni des amies. »

La Comtesse. Ce tableau n'est pas très-effrayant; mais à Paris, à quoi s'occupait-on quand on était réuni?

Le Chevalier. C'est encore mademoiselle

Aïssé qui va nous le dire : « On est ici (à Paris 1727) dans la fureur de la mode pour découper les estampes enluminées, tout comme vous avez vu que l'on a été pour le bilboquet. Tous découpent, depuis le plus grand jusqu'au plus petit. On applique ces découpures sur des cartons; et puis on met un vernis là-dessus. On fait des tapisseries, des paravents, des écrans. Il y a des livres d'estampes qui coûtent jusqu'à deux cents livres; et des femmes qui ont la folie de découper des estampes de cent francs pièce. Si cela continue, ils découperont des Raphaël. »

La Comtesse. C'est ainsi qu'on parfilait dans mon enfance. C'est une chose fort embarrassante que d'occuper l'attention de gens peu susceptibles d'en avoir. Les cartes sont la grande ressource, et toujours on se voit obligé d'y avoir recours. Mais revenons à vos amours; le récit n'en est d'aucun danger, et je suppose que vous aurez bientôt fini.

Le Chevalier. Pas encore; il faut d'ailleurs vous faire remarquer à *travers* ce tableau fidèle (si je puis m'exprimer ainsi) deux objets qui ne peuvent être passés sous silence. Le premier est le commencement de ces sociétés d'élite

qui se formaient, pour disparaître et revenir
à divers intervalles, dans le courant du siècle.
Elles méritent un examen spécial. Le second
est Saint-Médard et les convulsionnaires. Il
semble qu'il y eût dans les esprits un certain
mouvement, une sorte d'inquiétude. La société ressemblait à ces convalescents qui, fatigués d'une position, veulent en changer. On
n'était pas bien, on cherchait le mieux, et l'on
sentait qu'on pouvait être moins mal. Mademoiselle Aïssé écrivait en 1732 ce que je vais
vous lire. « J'apprends dans ce moment que
le roi vient d'ordonner que le cimetière de
Saint-Médard serait fermé, avec défense de ne
l'ouvrir que pour enterrer. Comprenez-vous,
madame, qu'on ait permis depuis près de
cinq ans toutes les extravagances qui se sont
faites et débitées sur le tombeau de l'abbé
Pâris? Fontenelle nous assurait l'autre jour
que plus une opinion était ridicule, inconcevable, plus elle trouvait de sectateurs. Les
hommes aiment le merveilleux. Notre ami
M. Carré de Mongeron jure sur son salut
qu'il a vu des choses surnaturelles. » Ce langage fait voir que mademoiselle Aïssé penchait
pour le jansénisme. En effet, étant tombée

dangereusement malade, chez madame de Feriol, elle demanda un confesseur ; madame de Feriol voulut lui donner le sien. A cette occasion, quand elle fut rétablie, mademoiselle Aïssé se plaignait à son amie de madame de Feriol, prétendant « qu'elle ne
« sentait rien que le plaisir d'escamoter sa
« confession à un janséniste : qu'elle n'était
« occupée que de la colère que son frère [1]
« aurait, si elle mourait entre les mains d'un
« janséniste. » Ainsi les opinions religieuses (comme depuis et même encore, les opinions politiques) divisaient les familles. Mais c'était loin d'être aussi général. On commençait à éprouver d'autant plus *d'indifférence en matière de religion*, que les mœurs de la régence avaient été plus scandaleuses. Il est rare qu'on revienne de cette indifférence, et vous avez vu que dans les hautes sociétés elle devait être complète, pour ne rien dire de plus. Vous ne conserverez plus aucun doute à cet égard, d'après ce qui me reste à vous conter. Disons un mot de deux femmes qui se sont rendues célèbres sous plus d'un rapport. La

---

[1] Le cardinal de Tencin.

première est madame de Tencin. Il en sera question dans la revue des réunions littéraires du dix-huitième siècle, où la justice exige que nous lui donnions une place plus honorable que celle qu'elle doit occuper ici. « Plus intrigante encore que dissolue, elle appartient, sous plus d'un rapport, à l'histoire qui doit la flétrir comme coupable du double crime de vol et d'assassinat[1]. Je ne dois vous la présenter ici que

[1] Pour avoir dépouillé et tué chez elle La Fresnaye, conseiller au grand-conseil. Il ne doit plus rester de doute sur ce fait, d'après les éclaircissements récemment donnés par l'un de nos premiers écrivains, dont l'esprit et les talents sont universellement reconnus. La notice pleine d'intérêt que M. Étienne vient de publier sur madame de Tencin est suivie du testament de M. La Fresnaye, imprimé pour la première fois. Voici le premier paragraphe de cette pièce curieuse : « Sur les menaces que m'a faites, depuis long-temps, madame « de Tencin, de m'assassiner ou faire assassiner, ce que j'ai « même cru qu'elle ferait il y a quelques jours, sur ce qu'elle « m'emprunte un de mes pistolets de poche que j'ai eu le cou« rage de lui donner, et, comme de ma connaissance parti« culière, elle a fait tout ce qu'elle a pu pour faire assassiner « M. de Nocé, et que *son caractère la rend capable des plus* « *grands crimes*, j'ai cru que la précaution de faire mon testa« ment, ainsi qu'il suit, était raisonnable. » Les preuves de la friponnerie de madame de Tencin sont établies d'une manière positive dans ce testament, et, comme peu de temps après sa date, on répandit dans le public que M. de La Fresnaye *s'était tué d'un coup de pistolet*, dans l'appartement de cette dame, il est permis de croire aujourd'hui qu'elle l'avait tué. Pour résoudre ce problème on s'empara d'elle, on la mit au Châtelet, puis à la Bastille, d'où les intrigues et le crédit

comme femme galante. Elle eut beaucoup d'amants : l'un des premiers est M. Destouches, père de d'Alembert; Fontenelle, le régent, le cardinal Dubois, lord Bolimbroke eurent tour-à-tour ses faveurs. Elle les fit payer cher à La Fresnaye qu'elle dépouilla d'une partie de sa fortune. »

Madame de Tencin, digne de figurer parmi les femmes que nous avons nommées, ne se mêlait cependant point avec elles, parce que sa maison était un foyer d'intrigues entre elle et le cardinal, et que le genre et le but de ces intrigues, qui tendaient à la fortune de son frère ainsi que le caractère de ce dernier, exigeaient qu'au lieu d'aller dans le monde, elle attirât le monde chez elle et se formât une société. « Elle reporta (dit Duclos dans ses mémoires) sur son frère toute l'ambition qu'elle aurait eue, si son sexe la lui eût permise. Elle ne se réserva que la galanterie qu'elle a aussi

---

de son frère le cardinal la firent sortir. On publia que le conseiller s'était tué par jalousie; remarquons bien que madame de Tencin, née en 1681, avait alors près de cinquante ans. L'enlèvement de la procédure faite contre elle, et le testament, forment une accusation dont il est d'autant moins facile de justifier cette femme, que par la mort de son amant, elle avait quittance des sommes considérables qu'elle lui devait.

souvent employée comme moyen de réussir
que pour ses plaisirs. Je l'ai beaucoup connue :
on ne peut avoir plus d'esprit. Elle avait toujours celui de la personne avec qui elle avait
affaire [1]. » Comme nous devons nous retrou-
ver encore avec elle, je passe à la seconde.

C'est la marquise du Châtelet [2]. Connue
par ses ouvrages et par sa liaison avec Voltaire,
elle mérite une place dans cette galerie. Elle
partageait son temps entre l'étude et deux
cours également galantes : celles de France
et de Lorraine; mais elle préférait cette dernière, à cause de la franche liberté dont on y
jouissait. Le bon roi Stanislas allait se coucher de bonne heure et l'on ne suivait son
exemple que le plus tard possible. Saint-Lambert, qui avait encouru la disgrace du prince,
arrivait quand il était parti; il faisait la cour
à madame du Châtelet. Voltaire, son amant
depuis longues années, les surprit *in flagrante
delicto* ; son tort était d'avoir vingt-quatre
ans de plus que Saint-Lambert. Furieux, il
veut partir sur-le-champ; madame du Châ-

---

[1] *Mémoires secrets*, par Duclos, t. 1, pag. 441.
[2] Née Gabrielle-Émilie Le Tonnelier de Breteuil. 1706.—
1749.

telet, avertie, fait naître des obstacles, puis parvient à le calmer, et qui mieux est, à lui faire convenir que sa préférence était naturelle. Il protége même leurs amours; mais il en résulte une grossesse qui mit madame du Châtelet dans le plus grand embarras, parce qu'il y avait quinze ans que le mari avait abdiqué ses fonctions. Sa femme a le bonheur de les lui faire reprendre dans une fête qu'elle lui donne, et la tranquillité revient. Elle meurt de la suite de ses couches. Voltaire au désespoir s'adresse à Saint-Lambert, et lui dit : « C'est « vous qui me l'avez tuée; eh! monsieur! de « quoi vous avisiez-vous de lui faire un en-« fant! » Son chagrin diminua lorsqu'il sut que son portrait renfermé dans le chaton d'une bague avait été remplacé par celui de ce rival. Quand il l'apprit, il s'écria : « Voilà « bien les femmes! j'en avais ôté Richelieu; « Saint-Lambert m'en a expulsé : cela est dans « l'ordre, un clou chasse l'autre; ainsi vont les « choses de ce monde. » J'omets beaucoup de détails qui se trouvent dans les *Mémoires sur Voltaire*[1], récemment publiés. Je veux seu-

---

[1] Par Longchamp et Wagnière, ses secrétaires, 2 volumes in-8°, 1826 (mais publiés à la fin d'octobre 1825).

lement m'arrêter un moment sur une particularité qui rentre dans le cadre des mœurs. Longchamp, qui nous la transmet, entra chez madame du Châtelet comme valet-de-chambre. La première fois qu'elle se fit voir ce fut dans un état complet de nudité en changeant de chemise devant lui : il fut interdit, baissa les yeux. La femme-de-chambre lui dit de ne pas faire semblant de s'apercevoir de ces choses-là, parce que madame changeait de chemise devant tout son monde. Le lendemain autre embarras et plus grand encore parce que Longchamp ne put baisser les yeux. Il s'agissait de réchauffer le bain de madame qui n'avait mis ni peignoir sur elle, ni essence dans l'eau. Il raconte ensuite une partie faite à Chaillot dans un cabaret, entre dames ; c'étaient la duchesse de Boufflers (depuis madame la maréchale de Luxembourg, avec qui vous avez fait ample connaissance), les marquises de Mailly, de Gouvernet, Du Deffand, et madame de la Popelinière. « Ces da-
« mes se débarrassèrent de leurs vêtements,
« hormis ceux que la bienséance prescrivait
« de garder. On ne se gênait pas devant ses
« laquais ; c'était l'usage, dit Longchamp,

« et j'ai été à même de juger par mon propre
« exemple que leurs maîtresses ne les regar-
« daient que comme des automates. Je suis
« du moins convaincu que madame du Châ-
« telet, dans son bain, en m'ordonnant de le
« servir, ne voyait pas même en cela une om-
« bre d'indécence et que mon individu n'était
« alors à ses yeux ni plus ni moins que la bouil-
« loire que j'avais à la main ; à plus forte raison
« les laquais de ces dames pouvaient-ils être
« considérés ainsi au soupé de Chaillot........
« Ces dames s'amusèrent beaucoup, nous n'en
« pûmes douter ; on les entendait rire et chan-
« ter ; elles ne songèrent à quitter le cabaret
« qu'à cinq heures du matin. » Je ne doute
point de la justesse des réflexions de Longchamp ; mais cette manière de considérer un
homme n'en est pas moins remarquable. L'u-
sage a changé depuis long-temps. Il y eut
plus de décence sans que peut-être les mœurs
y gagnassent.

Cette partie eut lieu l'année même où M. de
la Popélinière découvrit la fameuse plaque de
cheminée par laquelle le duc de Richelieu
s'introduisait chez sa femme. La colère du
mari fâché fit voir que madame trompait le

maréchal de Saxe pour le duc, *et vice versa.*
La partie de Chaillot précéda probablement
cette aventure, car il n'est pas probable que
ces dames eussent admis parmi elles madame
de la Popélinière après un pareil esclandre,
et que de son côté elle eût eu l'envie d'en être.
D'ailleurs il paraît certain que du moment où
M. de la Popélinière la renvoya avec une pension de vingt mille livres de rente, on n'entendit
plus parler d'elle. Une circonstance singulière
c'est que, pendant sa disgrace, et lorsqu'elle
s'éclipsa, l'on donna son nom à une infinité
d'objets. Il devint à la mode d'avoir des ju-
pes, des éventails et des coiffures à la *Popélinière.* On alla jusqu'à imiter des cheminées à
la *Popélinière;* mais on ne dit pas si l'on en
fit le même usage. Ces modes devaient réveil-
ler le dépit du mari; comme il tenait une maison brillante, et n'allait pas chez les autres,
peut-être ignora-t-il l'*honneur* honteux qu'on
faisait à son nom.

A mesure que nous avançons dans le dix-
huitième siècle et que nous approchons du
nôtre, les aventures sont plus connues de
vous, du moins je dois le supposer : les détails
sont donc moins nécessaires et je dois me con-

tenter d'un sommaire chronologique pour celles dont les galanteries ont eu moins de célébrité. (17 Déc. 1748). Telle est l'intrigue de madame Thiroux avec le duc d'Olonne, fils du duc de Bonteville. Le tapissier qui avait meublé la petite maison louée par la dame, venant réclamer le paiement de ce qui lui était dû, fut reçu par un homme habillé de noir qu'il prit pour l'intendant. C'était le mari, qui se contenta de dire philosophiquement à sa femme qu'il y avait de certaines affaires qu'il fallait se donner la peine de faire soi-même. Dans le même temps, à peu près, madame de Boufflers était maîtresse à la fois de Stanislas et de M. de la Galaisière, chancelier de ce roi, qui avait autant d'esprit que de bonté. Un jour, impatientée des compliments que lui faisait le prince, madame de Boufflers lui demanda s'il aurait bientôt fini : « Madame, répondit Sta-
« nislas en voyant entrer M. de la Galaisière,
« mon chancelier vous dira le reste. — Je m'en
« charge, répliqua cet impertinent. » Je trouve inscrits dans les mémoires de cette époque madame Sauvé, maîtresse de M. de Béringhen, évêque du Puy; la duchesse de la Vallière et le comte de Bissy; la duchesse de Chaulnes et

l'abbé de Boismond; mais elles étaient fort édifiantes en comparaison des premières dont nous avons parlé, et se distinguaient par une louable modération.

Ce qu'il y a de remarquable, c'est que ces dames, si faciles pour elles, si indulgentes entre elles, pendant la durée de cette période, étaient d'une sévérité de prude, d'un rigorisme comique envers la maîtresse du roi. A les entendre on les aurait jugées des dragons de vertu. Ce n'était pas un mal, quoique cela n'ait jamais servi à rien, que cet esprit séditieux du beau sexe de la cour et de la ville, parce que les maîtresses de nos rois ont toujours été une source de désordres, de vrais fléaux. Elles ruinaient l'état et faisaient maudire le prince. Elles méritaient peut-être quelque indulgence de la part des dames qui ne valaient pas mieux qu'elles et ne devaient s'attendre ni à leur colère ni à leurs dédains; mais il importe peu de quel côté vienne la justice en ce genre, et l'essentiel est qu'elle se fasse.

Louis XV n'eut, pendant la durée d'un trop long règne, *que trois maîtresses en titre;* mais les deux dernières furent accompagnées d'une infinité de femmes, qu'on regarde avec raison comme le rebut de la société, et la dernière (en titre) avait été de ce nombre. Jetons un coup d'œil sur la part que prit le public, y compris nos *dames du bon ton.*

Louis XV, après avoir été long-temps fidèle à la reine, quoiqu'elle eût sept ans de plus que le roi, s'attacha à madame de Mailly, de la maison de Nesle, qui ne demanda jamais rien pour elle. Sa sœur, au sortir du couvent, vint à la cour pour enlever Louis à madame de Mailly, et réussit. Ce prince lui fit épouser M. de Vintimille, à condition qu'il n'y toucherait pas; condition qui n'empêcha pas l'archevêque de Paris de leur donner la bénédiction nuptiale. Madame de Vintimille prit un tel empire sur le roi, que le cardinal, premier ministre, en fut alarmé; mais elle mourut presque subitement. Le roi revint à madame de Mailly, qui avait auprès d'elle une autre sœur, nommée madame de la Tournelle. Elle était jolie, et le roi en devint amoureux; mais, en coquette qui sait son métier, elle fit une résistance calculée de manière à augmenter la passion du prince, puis capitula : la première condition fut qu'elle serait duchesse; la seconde que sa sœur, madame de Mailly, serait renvoyée de la cour et mise au couvent. La reconnaissance n'était pas commune dans cette famille. Enfin elle exigea une maison, puis voulut que le roi allât à l'armée; car elle craignait que l'inaction éteignît l'amour. Ce fut cette madame de Tournelle qui devint duchesse de Châteauroux.

Quand le prince tomba malade, il congédia d'une manière indigne sa maîtresse, qui pensa être mise en pièces par le peuple. L'amour revint avec la santé; Louis voulut revoir madame de Châteauroux, et lui écrivit. Le jour de son retour à la cour était marqué, lorsqu'on apprit qu'elle était attaquée d'une maladie qui l'enleva presque subitement. On prétendit qu'un ministre, qui la craignait (Maurepas), avait glissé dans la lettre du roi une poudre empoisonnée. Mais un crime de ce genre n'étant point dans nos mœurs, on ne doit point en accuser sans preuve un homme de cour, quelque rusé qu'il fût, et quoiqu'on l'appelât le vieux renard. La conduite de Louis XV avec madame de Châteauroux frappe vivement tous les esprits. L'indécence avec laquelle ils s'étaient conduits tous les deux en public, la dureté mise dans le renvoi de l'une, la faiblesse de l'autre pour la faire revenir, firent une telle impression que, pour la première fois, l'on tint des propos, et l'on blâma hautement la conduite du roi.

La quatrième sœur de la maison de Nesles fut madame de Lauraguais. Elle amusa sa majesté sans lui inspirer de passion, et madame de Châteauroux, seule, passa pour avoir été sa première maîtresse en titre.

La seconde, fut madame de Pompadour : « Cette bourgeoise enlevée publiquement, à son mari, pour devenir arbitre du souverain pouvoir, acheva de faire lever le masque et de donner carrière à la licence. Propos, vers, chansons, libelles, tout fut mis en usage pour peindre cet événement des couleurs dont il était susceptible et pour avilir le maître, qui bientôt tomba dans *le mépris, avant-coureur certain du trouble des états*[1]. »

Ce furent principalement les femmes que nous avons passées en revue, et celles de la même classe qui se distinguèrent par leur *sévérité* et leur empressement à blâmer le monarque. Moins elles avaient le droit d'être sé-

[1] Mémoires de Bezenval, t, 1, pag. 349.

vères, plus elles en usaient. Celui qui les connut les observa, vécut au milieu d'elles, reçut leurs leçons, va nous expliquer leur conduite. « Les femmes surtout, nous dit-il, se firent remarquer par leur acharnement : les femmes, cette moitié de la société à laquelle il n'y a été adjugé aucune part, aucun droit pour sa conduite ni sa législation; qu'on y a renfermées dans les devoirs de la retenue, de la modestie et du gouvernement intérieur des ménages, et qui cependant y décident souverainement de tout : arbitres d'autant plus dangereux que, n'étant chargées de rien, elles ne sont responsables d'aucun événement, et que, ne courant nul risque, leurs goûts, leurs passions, leurs caprices et surtout leur amour-propre, sont les seuls motifs qui les décident : toujours certaines de réussir par l'ascendant invincible qu'elles ont sur les hommes qu'elles font agir à leur gré, ne se montrant à découvert que lorsque les circonstances peuvent flatter leur vanité; poursuivant d'autant plus les maîtresses des rois, qu'en même temps qu'elles posent pour principe que c'est le rôle le plus avilissant qu'une femme puisse jouer, une secrète jalousie les rend implacables contre celle qui obtient la préférence. Elles ne mirent plus de bornes à leur indignation, à leurs cris, lorsque, deux ans après la mort de madame de Pompadour, elles virent sa place remplie par la bâtarde d'un moine et d'une cuisinière. »

Cette bâtarde est la troisième et dernière maîtresse de Louis XV, et l'on ne peut nier que ce choix ne fût révoltant, parce que madame Dubarry, dont il est question, n'était qu'une fille, non pas même entretenue, mais publique, mais appartenant au premier qui la payait. Il y a dans ce choix un concours harmonieux de bassesses et d'intrigues. Il semble qu'il était dans la destinée de la Vaubernier, avec une figure angélique, de souiller tout ce qu'elle touchait. Les premières familles furent avilies, les unes en recherchant le commerce de la Dubarry, pour plaire au roi, les autres en ne le repoussant pas, pour ne pas lui déplaire.

Je terminerai, ainsi que je l'ai annoncé, par une femme dont la vie embrasse en son entier l'époque que nous venons de passer en revue et que même elle s'est prolongée bien au-delà, puisque madame de Luxembourg, née en 1707, n'est morte qu'en 1787. Elle a été plus favorisée que la duchesse de Berri qui voulait que sa vie fût courte et bonne. Elle était fille de M. le duc de Villeroi....

M. d'Harmage. De ce maréchal si vain, si fat, si malheureux à la guerre? si bas quand il le fallait pour ses intérêts, si glorieux? enfin celui que St-Simon appelle *osier de cour*, expression heureuse qui peint si bien la souplesse d'un courtisan?

Le chevalier. Non, mais du fils de celui-là, dont il n'a jamais été question, comme on le disait plaisamment, que dans sa généalogie, tant sa médiocrité fut grande, et son obscurité complète. Mariée à quatorze ans, au duc de Boufflers, mademoiselle de Villeroi parut à la cour en 1721, c'est-à-dire pendant la régence, au moment où les mœurs étaient le plus corrompues. C'était, disent les mémoires du temps, *une des femmes les plus accomplies, d'un esprit agréable et plein de graces;* mais d'une grande inégalité d'humeur.

On serait tenté de croire que, dès son début, elle se mit au courant et suivit les exemples qu'elle avait sous les yeux; du moins le fameux couplet de Tressan, autorise cette conjecture :

> Quand Boufflers parut à la cour,
> On crut voir la mère d'amour ;
> Chacun s'empressait à lui plaire,
> Et chacun l'avait à son tour.

Cependant sa belle-mère, la maréchale de Boufflers, la surveillait de près. Prude comme madame de Maintenon, dans la société de laquelle elle avait long-temps vécu, elle n'entendait pas raillerie sur le chapitre de la galanterie, et plus sa bru était belle et conséquemment exposée, moins elle la perdait de vue. Celle-ci mit tout son art à la tromper, et, forcée de renoncer, dans les premiers moments, à *l'honneur* d'avoir un amant en titre, elle en eut clandestinement. Je dis *l'honneur*, car vous avez dû remarquer que la régularité dans la conduite était un ridicule. Madame de Boufflers se dédommagea donc avec M. de Fimarcon : « Comme les rendez-vous avec une jeune mariée sont presque impossibles [1], » cet amant se fit recevoir au nombre des la-

---

[1] Mémoires de Bezenval, t. 1, pag. 140.

quais de la maréchale, et pendant plusieurs jours porta la livrée. Je ne sais s'il se fit renvoyer ou s'il quitta brusquement ce service ; mais il reparut bientôt dans le monde et publia son aventure avec d'autant plus de plaisir, qu'il ne faisait aucun tort à madame de Boufflers, qui dès-lors eut une multitude de prétendants, parce qu'il fallait que tout *homme de bon air* la mît sur la liste de ses conquêtes.

M. de Riom [1], amant de madame de Mouchi et de la duchesse de Berri; qu'il épousa même en secret, jouait encore le *rôle d'appareilleur*. Il procura M. De Luxembourg, à madame de Boufflers ; mais celle-ci mit pour condition qu'il ferait un enfant à madame de Nocé, qui était sa maîtresse. La condition remplie, elle s'en fit faire un par M. de Luxembourg et les deux grossesses furent déclarées en même

---

[1] « Ce Riom, dit la mère du régent dans ses Mémoires, « n'a ni figure ni taille. Avec son teint vert et jaune, il res-. « semble à un fantôme sorti des eaux : il a le nez et les yeux « d'un Chinois. On le prendrait plutôt pour un magot que « pour un gascon qu'il est. Cette tête de crapaud n'est point « mauvais gentilhomme. » Cette circonstance réparait bien des torts aux yeux de la duchesse d'Orléans. Elle représente *Riom et la Mouchi*, c'est ainsi qu'elle s'exprime, ayant de doubles clefs et dévalisant la duchesse de Berri. « La Mouchi se mit à « la fenêtre pour jouer de la flûte, pendant qu'on portait la « princesse à Saint-Denys. »

temps. Un jour, dans le salon de la reine, pendant qu'il y avait beaucoup de monde, M. de Luxembourg se fit annoncer. Madame de Boufflers se mit à chanter, *c'est le père à tretins, tretons*, désignant la grossesse de madame de Nocé et la sienne.

Elle profita de son empire sur le maréchal pour lui faire rassembler, six fois la semaine, une société de son choix dans une petite maison où l'on n'avait de retenue, ni dans les propos, ni dans les actions. La femme de M. de Luxembourg était du nombre, ainsi que la duchesse de La Vallière. Quelquefois on se grisait et madame de Boufflers l'emportait toujours sur ses compagnes. « On ne saurait, dit Bezenval, se rappeler le nombre prodigieux d'hommes dont elle se passa la fantaisie. » Il cite entre autres M. de Durfak, M. Depons, l'acteur Chassi, M. de Friése, M. de la Vaupalière, le comte de Croix, etc.

Mais, ce qui la distingue des autres femmes de ce genre qui, le plus souvent rachètent leurs écarts par les qualités du cœur, c'est une méchanceté souvent gratuite. Un des traits les plus odieux est la dureté avec laquelle elle se conduisit envers la princesse de

Robecque, sa belle-fille. La princesse, aimée de tout le monde parce que des qualités précieuses la rendaient réellement aimable, se mourait de la poitrine. Madame de Luxembourg, insensible à ses souffrances, la contrariait sans cesse, et, la veille de sa mort, elle eut la cruauté de dire, à voix haute, qu'elle ne pouvait rester dans sa chambre, *parce qu'on y sentait le cadavre à en être suffoqué.*

Telle était madame de Boufflers et telle elle fut encore pendant quelque temps, lorsqu'elle porta le nom du maréchal de Luxembourg (1750). Rousseau la connut quelques années après (1759), après qu'elle eut renoncé au genre de vie dont je ne vous ai donné qu'une imparfaite esquisse. Il dit en parlant d'elle, *qu'elle passait pour méchante.* « Qu'il
« y avait dans les aventures de milord Édouard
« une marquise romaine d'un *caractère très-*
« *odieux*, dont quelques traits, sans lui être
« applicables, auraient pu lui être appliqués
« par ceux qui ne la connaissaient *que de ré-*
« *putation.* » C'est convenir qu'elle en avait une mauvaise. Ce fut à la fin de ces mœurs licencieuses que parut *la Nouvelle Héloïse* et vous conviendrez que l'auteur a pu dire, sans

aucune exagération, *j'ai vu les mœurs de mon siècle et j'ai publié ces lettres.* Et cependant que n'a-t-on pas dit contre l'idée de représenter Julie d'Étanges, faible une fois, pour revenir ensuite à la vertu! Ce reproche de prude n'est-il pas comique en voyant *les mœurs de ce siècle!*

Terminons avec madame de Luxembourg en ajoutant que, grace à son nom, à sa fortune, à son rang, au changement de sa conduite, elle a joui d'une vieillesse honorée ; et que même elle a parfaitement élevé sa petite fille, Amélie de Boufflers, (depuis duchesse de Lauzun), qui a passé pour un chef-d'œuvre d'éducation [1]. La grande expérience de madame de Luxembourg lui avait appris ce qu'il fallait éviter pour arriver à ce but. D'ailleurs mille exemples prouvent que ce sont les femmes les moins régulières qui élèvent leurs

[1] Bezenval et J. J. Rousseau s'accordent sur ce point. Celui qui, malheureusement ne vit pas des mêmes yeux Amélie de Boufflers, devint précisément son mari : ce fut le duc de Lauzun qui la trouva fort maussade, même avant de l'épouser. Madame de Genlis, dans ses Mémoires dit, en parlant de la maréchale de Luxembourg, « qu'elle répara *les torts* de sa « jeunesse par une dévotion sincère, et par l'éducation de sa « petite-fille. » M. de Ségur, dans ses Souvenirs, parle du repentir et du besoin de considération de la maréchale, 167.

filles avec le plus de sévérité, et qui prennent le plus de précautions pour n'en être pas imitées.

Je ne dois qu'indiquer les mœurs des sociétés d'un ordre moins élevé ; mais où l'on menait assez joyeuse vie. Tels que les cercles de madame d'Épinay, passant de M. Francueil à M. Grimm, pendant que son mari se ruinait avec des actrices ; de madame La Live de Juilly, faisant des folies pour un musicien, etc.

On voit *cet ordre de choses* changer sensiblement et presque disparaître vers 1760. On remarque, postérieurement à cette époque, quelques aventures d'éclat dont le héros, vieux libertin (le maréchal de Richelieu), cherchait peut-être moins encore le plaisir que la renommée [1]. Mais tous les yeux étaient fixés sur la cour qui renfermait tout ce qu'on peut se figurer de plus indécent et de plus vil, d'après le témoignage même d'un courtisan qui s'exprime en ces termes : « L'indignation n'eut plus de bornes quand on vit la place

---

[1] On sait que, plus d'une fois, pour afficher une femme, il envoyait sa voiture à la porte de son hôtel y passer la nuit, pendant qu'il se couchait tranquillement.

de madame de Pompadour remplie par la bâtarde d'un moine et d'une cuisinière, tirée d'un mauvais lieu par un escroc, nommé Dubarry, qui, sous le nom de *l'ange*[1], ou de mademoiselle Vaubernier, l'entretenait et la vendait à qui voulait le payer. Ce fut aux genoux d'une telle maîtresse que le roi mit son sceptre et qu'il acheva de se couvrir d'opprobre et de mépris. Cette créature attira à sa suite une foule de gens sans mœurs, d'espions et de fripons en tout genre qui s'emparèrent de Versailles. On fut accablé par la délation, la licence, l'intrigue et la vénalité[2].

Je ne sais si c'est le dégoût qu'inspirait cette cour, mais on devint plus mystérieux et plus décent; et du moins les maris n'eurent point l'air, comme précédemment, d'autoriser la conduite de leurs femmes. Celui que son nom, sa fortune, les agréments de sa figure et de son esprit, mirent le plus à la mode, était le duc de Lauzun qui, dans des mémoires piquants, nous a fait d'indiscrètes révélations. C'est une galerie animée où l'on voit madame

---

[1] On l'appelait *l'ange, à cause de sa figure céleste*, dit le duc de Lauzun dans ses Mémoires.

[2] Mémoires de Bezenval, t. 1, pag. 360.

d'Esparbelle, la princesse de Tingry-Montmorency, madame de Stainville, née de Clermont-Reynel qui, après avoir eu pour amants Jaucourt, Lauzun, se perdit pour l'acteur Clairval et fut enfermée par son mari¹. La vicomtesse de C**, sœur du prince d'Hénin, qui, abandonnée de Lauzun, prit le *soir même* le chevalier de Coigny. La vicomtesse de Laval qui, après avoir été affichée par le duc de Luxembourg, ne se rendit à Lauzun que parce que celui-ci se sacrifia pour le duc de Choiseul : la marquise de Fleury, qui le poursuivit ²; mais tous ces exemples sont toujours accompagnés de beaucoup de précautions prises pour tromper les maris : c'est

¹ Voici ce qu'on lit dans les *Mémoires secrets* à la date du 27 janvier 1767 : « Clairval, acteur de la comédie italienne, vivait depuis long-temps avec madame de Stainville. Son mari, indigné, a obtenu un ordre du roi, et vient de l'enlever et de la conduire lui-même à Nancy. On assure que la veille de son départ, M. de Stainville avait trouvé mademoiselle Beaumesail, de l'Opéra, sa maîtresse, entre les bras d'un jeune danseur : d'autres disent d'un officier aux gardes. »

² Fille de madame de Coigny. Lauzun prétend que madame de Fleury le poursuivait et lui faisait des scènes. Madame de Genlis, dans ses Mémoires, raconte qu'elle était légère, étourdie; qu'elle avait les singularités les plus bizarres, des accès de gaîté qui ressemblaient à la folie. En la voyant ainsi, Walpole disait : « elle est fort drôle ici, mais que fait-on de cela à la maison? »

ce qui distingue cette époque de la précédente où l'on n'en prenait aucune ; d'autres nuances pourraient encore être remarquées ; mais je ne dois pas oublier une particularité qui prouve une amélioration, en ce qu'elle servait à *régulariser le désordre*, à soumettre les liaisons de ce genre à de certaines convenances, tandis que toutes étaient violées dans la première moitié du siècle. Nous la tenons de madame de Genlis qui voyait tout, observait tout et qui n'a pas tout dit : « Beaucoup
« d'hommes alors qui n'avaient pas assez d'a-
« gréments pour réussir auprès des femmes,
« prenaient le modeste rôle de confident. Il
« ne fallait pour cela que de la douceur, de
« la discrétion et avoir l'air de croire que
« toutes les intrigues étaient des *passions pla-*
« *toniques*. Ce rôle leur donnait dans la so-
« ciété une sorte de considération qui n'a pas
« été inutile à la fortune de plusieurs d'entre
« eux. Le marquis d'Estrehan, déjà vieux,
« était dès-lors le suprême confident des
« femmes de ce temps ; il s'était fait un droit
« de cette espèce de confiance : y manquer
« eût été à ses yeux un mauvais procédé ; ses
« conseils en ce genre étaient, *dit-on*, ex-

« cellents. C'était *le directeur* des femmes
« *galantes*, et le marquis de Lusignan était
« le confident de toutes[1]. »

La Comtesse. Cette *magistrature* est d'un nouveau genre.

Le Chevalier. Vous croyez plaisanter; mais la chose est très-sérieuse. Quand ces *directeurs* avaient prononcé, la liaison devenait comme sanctionnée et presque *légitime*. La médisance se taisait ; l'envie était réduite au silence. « M. Destrehan, disait-on, a trouvé ce choix bon. » Il n'y avait rien à répliquer. On ne pouvait appeler de cet arrêt. Ce directeur suprême et les autres formaient une sorte de tribunal avec les vieilles femmes réduites de fait à l'amour platonique. Les jeunes avaient chacune intérêt de respecter les décisions de cette cour dispensatrice des renommées, parce qu'aucune ne renonçait à cette juridiction et ne pouvait assurer qu'elle n'en aurait jamais besoin. Le code civil se composait de préceptes pour concilier ensemble les convenances, le plaisir et la sécurité des maris. Quant au code pénal, il ne consistait que dans

[1] Mémoires de madame de Genlis, t. 1, pag. 373.

l'éclat qui était une punition au lieu d'être une jouissance ou bien une récompense comme dans les mœurs précédentes. Encore les membres du tribunal parvenaient par leur influence à réhabiliter les réputations quand ils le voulaient, et l'on pouvait encore appliquer le mot de madame de Nemours qui disait: « J'ai remarqué une chose dans ce pays-ci : c'est que l'honneur y *recroît* comme les cheveux. »

Écoutons toujours une femme auteur qui brilla sur le théâtre du monde.

« A cette époque, dit-elle, c'est-à-dire en 1770, on rencontrait alors dans la société plusieurs femmes et quelques grands seigneurs qui avaient vu Louis XIV : on les respectait comme les débris d'un beau siècle. La jeunesse, contenue par leur seule présence, devenait naturellement auprès d'eux réservée, modeste, attentive. On les consultait sur l'étiquette et sur les usages. »

Madame de Genlis oublie que ceux qui *avaient vu* Louis XIV avaient encore mieux *connu* la régence, et les mœurs de cette régence qui se prolongèrent plus de trente années au-delà, et c'est dans l'âge des passions qu'ils avaient traversé cette époque. La grande maîtresse en fait d'étiquette et d'usage était la maréchale de Luxembourg, et l'on a vu que dans le cours d'une vie active et bien remplie ce n'est ni la *réserve* ni la retenue qu'elle avait prêchée d'exemple.

Mais je pense que la seconde époque offre assez de nuances pour être séparée de la première, et de faits pour mériter d'être observée isolément. Je suis d'ailleurs un peu fatigué. Je reprendrai donc ce sujet une autre fois; si vous me le permettez.

On y consentit à condition qu'il indiquerait d'avance le jour où il pourrait reprendre son récit, afin que ceux qui en avaient entendu la première partie eussent, s'ils le voulaient, la facilité d'entendre la seconde.

Avant de nous séparer, dit M. le chevalier, je dois faire, en terminant ce scandaleux tableau, une remarque à laquelle il n'y a rien à répondre : c'est que ces mœurs précédèrent la publication des écrits philosophiques du dix-huitième siècle; écrits auxquels on n'a pas manqué d'attribuer la dépravation de ces mœurs. C'est au contraire à dater de la publication de ces écrits que cette dépravation semble diminuer. Les mœurs choquantes de la cour du régent n'étaient ni précédées ni accompagnées d'écrits philosophiques. Elles suivirent au contraire les belles productions du siècle de Louis XIV, auxquelles il serait aussi absurde d'attribuer cet effet qu'il l'est d'en rendre la philosophie responsable. Tout ce qu'il y a de plus scandaleux, de plus révoltant dans ces mœurs du dix-huitième siècle, se passa dans la première moitié de ce siècle, et ce n'est qu'à dater de cette époque que parurent les écrits philosophiques de Voltaire, de Diderot, et des encyclopédistes. Dans ce nombre je ne place point Rousseau, qui doit être mis à part, quoique les ignorants ou les gens de mauvaise foi affectent de le confondre avec les autres, pour n'avoir pas la peine de lutter contre le géant. Du reste, avec un peu de sincérité, l'on conviendra facilement que les Phalaris, Parabert, Deprie, Mimi-Lapopelinière, Villeny-Luxembourg, étaient peu familiarisées avec les productions littéraires d'aucun genre; quand cette dernière (la maréchale de Luxembourg) s'en occupa avec Jean-

Jacques elle avait changé de rôle : de femme dissolue elle devint réformatrice, et de justiciable du tribunal dont on a parlé, se fit présidente de ce tribunal.

CHAPITRE VIII.

MÉMOIRES DE COLIGNY,

AIDE-DE-CAMP DU PRINCE DE CONDÉ.

Nous aurons j'espère aujourd'hui, dit la comtesse en apercevant le chevalier, ces fameux mémoires, toujours ajournés. — Volontiers; mais leur singularité consiste plus, à quelques passages près, dans la place qu'ils occupent que dans les faits dont ils se composent. Ils sont écrits en marge d'un rituel. L'auteur a cru par là rendre sacrée l'obligation qu'il contractait volontairement de ne dire que la vérité. Mais cette bible sur laquelle il écrivait, semblait lui imposer d'autres devoirs que celui-là : par exemple le pardon des injures et surtout l'impartialité. Mais notre historien s'exprime quelquefois, comme vous le verrez, avec passion et même avec violence.

La Comtesse. Ces mémoires sont donc authentiques et méritent toute créance ?

Le Chevalier. Ils sont autographes : l'auteur me paraît être de bonne foi. J'oserais assurer qu'il n'a pas menti ; mais je ne garantis pas plus la vérité des faits qu'il rapporte, que celle des événements racontés dans les autres mémoires : vous savez que, d'après mon opinion, il y a dans tous les faits en général bien peu de circonstances dont on soit certain. La mort de l'empereur Alexandre est incontestable ; mais ce qui ne l'est pas, c'est la manière dont il a terminé ses jours. Que de variations n'a point éprouvées cet événement dans les récits qu'on en a faits ! Aussi, pour celui qui raisonne, il y a, jusqu'à *plus ample informé*, suspension de jugement et nécessité de douter. Je vous donne donc les mémoires de Coligny, tels qu'ils sont en marge d'une bible, d'après une copie exacte qui en a été faite, par M. le comte Garnier, pair de France[1]. Mais

---

[1] Voici la note qu'on lit en tête de la copie faite par cet amateur de curiosités biographiques :

« Le 25 avril 1813, il a été vendu, dans une enchère pu-
« plique, un manuscrit ayant pour titre, *Mémoires de Jean de*
« *Coligny, mort en* 1686. L'extrait a été copié par moi sur le
« manuscrit autographe, subsistant sur les marges d'un livre
« de liturgie, in-4° vélin, à l'usage de la chapelle du château
« de la Motte-Saint-Jean. Ce livre m'a été communiqué par
« M. l'abbé de Saligny, qui le tenait de sa famille à laquelle

Coligny s'est-il fait illusion, a-t-il commis des erreurs, a-t-il bien observé, bien vu, bien jugé? Ce sont autant de questions auxquelles personne ne peut répondre d'une manière décisive : il me semble être de bonne foi, voilà tout; même quand il se met en colère....

Extrait de la vie de Jean de Coligny, consignée, écrite et signée de lui sur les marges d'un missel acheté pour la chapelle de La Motte-Saint-Jean.

« Comme ainsi soit qu'un gros livre comme celui-ci soit moins sujet à se perdre qu'un papier volant ou quelque autre petit livre rempli peut-être d'autres affaires, j'ai résolu, me voyant dans ce lieu de La Motte-Saint-Jean, avec assez de loisir, et attaqué de la goutte qui a commencé de me persécuter dès l'âge de trente ans, et m'a tenu bonne compagnie jusqu'à ma cinquante-sixième que nous comptons le 27 janvier 1673, j'ai résolu, pour mon particulier divertissement, ou pour celui de tel qui, les trouvant un jour, y prendra peut-être quelque plaisir, de considérer les diverses

« la baronie de la Motte-Saint-Jean avait fait retour après la
« mort du dernier fils de Jean de Coligny, arrivée en
« 1694. »

fortunes qui sont arrivées à moi Jean de Coligny, qui naquis à Saligny, le dix-septième jour de décembre 1617. Voici mon portrait en peu de mots :

« Je suis d'une taille fort droite, fort aisée, fort grande et très-belle. Je suis gauche au dernier point, sans qu'on m'en ait jamais pu châtier. J'ai la main extraordinairement petite pour un grand homme, et les bras un peu trop longs : mais cela ne paraît qu'à moi; la jambe fort bien faite, mais le visage fort irrégulier : le nez gros et mal fait, la bouche grande, les yeux beaux et excellents, le teint assez beau ; dans la jeunesse le poil châtain : je suis devenu chauve de fort bonne heure. J'ai été fort adroit à de certains exercices, et fort maladroit dans d'autres. J'ai parfaitement bien dansé, quoique je n'aie jamais aimé la danse. J'ai été fort adroit à faire des armes, et il y a paru, car j'ai tué ou battu tous ceux qui ont eu affaire à moi. J'ai suivi toute ma vie, tant que la goutte me l'a permis, la profession des armes, comme je dirai ci-après. Mais pour commencer par les choses particulières qui nous touchent de près et qui sont aussi une pierre de touche pour juger du courage des hommes, je dirai donc que sans faire le fanfaron, je me suis battu cinq fois. La première fois étant soldat aux gardes, contre un autre soldat de la compagnie de Flavignac, la Carcie, lequel je tuai sur la place : la seconde, contre un officier de dragons du régiment de la Luzerne; nous nous battîmes à cheval et fûmes séparés; son cheval était blessé quand on nous sépara, et il y avait apparence que j'eusse été le maître. La troisième fois, je me battis contre le marquis d'Equo; nous étions tous deux capitaines de cavalerie au régiment d'Harcourt. Je le portai par terre, et par courtoisie je le laissai relever, dont je faillis être tué, car il me décousit l'estomac d'un coup d'épée, et sans mon adresse et agilité de corps, il me perçait d'outre en outre. Mais il confessa qu'il n'avait tenu qu'à moi de lui ôter la vie ou l'épée. Depuis nous avons toujours été amis. Il était fort brave et fort fou.

« La quatrième fois, je me battis contre M. de Sessac, pour madame la P...., dans le jardin d'un couvent qui est au faubourg des Chartreux. Nous nous battîmes avec des petits couteaux comme j'ai toujours fait dans tous mes combats; ayant les reins fort faibles, je ne voulais pas en venir aux prises. Je lui donnai deux coups d'épée [1], l'un au bras, l'autre au travers du corps, dont il mourut trois jours après.

« La cinquième fois, je me battis contre un gendarme du roi, nommé *Martillière*, qui vit encore. Ce fut pour mon père qui l'avait fait casser. Il s'en prit à moi après la mort de mondit père; nous nous battîmes au bois de Boulogne : je pris pour mon second, mon écuyer nommé *Labrosse.* Il prit le baron de Poncenet, qui vit encore. Ledit Poncenet fut désarmé par mon écuyer, et j'avais mis mon homme en mauvais état qui gagnait la *coulisse*, et ne tenait pas pied devant moi. En ce temps-là M. le Prince, à qui j'étais attaché, était fort mal à la cour, et moi aussi par conséquent. Le cardinal Mazarin, qui gouvernait l'état, ne laissa pas de dire qu'il n'était pas juste qu'un homme de ma qualité s'exposât contre des gens de cette étoffe, et qu'il fallait faire le procès au gendarme; mais il avait alors bien d'autres choses à songer qu'à faire exécuter les édits du

[1] C'est ainsi qu'il appelle les petits couteaux dont il vient de parler, et qui étaient des couteaux de chasse.

roi : ils en étaient, lui et M. le Prince, à qui se perdrait l'un l'autre, et M. le Prince se retira peu après en Guyenne, et de Guyenne dans les Pays-Bas parmi les Espagnols, où nous avons demeuré jusqu'en janvier 1660 que la paix se fit.

« Voici pour la guerre :

« J'ai été soldat aux gardes, mousquetaire, capitaine d'infanterie, capitaine de dragons, capitaine de chevaux-légers, major, mestre-de-camp de cavalerie, maréchal de bataille, maréchal de camp, lieutenant-général et puis général d'armée. J'ai toujours servi avec assiduité, honneur et succès. J'ai eu en diverses occasions quatre grandes blessures ; savoir, à Lérida, la cuisse percée d'un coup de mousquet, et le ventre percé d'un coup de pistolet ; à la bataille de Lentz en Artois, j'ai eu le bras gauche cassé d'un coup de pistolet, me battant en duel à la tête des deux armées, avec un colonel des ennemis que je tuai sur la place. J'ai eu de plus un coup de mousquet dans le côté droit, dont la blessure m'a duré trois ans et dont j'ai eu grande peine à guérir, ayant porté tout ce temps-là la balle dans l'os qu'on appelle *yllium*; à la fin, au bout de trois ans, elle sortit par le moyen d'une pierre de cautère qu'on y appliqua.

« J'ai eu dans le cours de ma vie des aventures bien diverses, plus de mauvaises que de bonnes.

« J'ai été d'une humeur assez hautaine et difficile contre les plus grands [1] et fort affable aux plus petits. Je ne me suis jamais pu abaisser à courtiser bassement les ministres, pour faire ma fortune. Je n'ai jamais voulu faire ma cour qu'à mes maîtres. Je n'en ai jamais eu que deux, M. le Prince et le roi : encore n'ai-je jamais regardé le premier comme mon maître ; mais m'y étant attaché dans la fortune, j'ai cru que l'honneur et la générosité m'obligeaient à ne le point quitter dans son adversité. Il m'a toujours estimé ; mais il ne m'a jamais aimé, et pourtant quand je l'ai quitté pour m'attacher au roi, il a jeté feu et flammes contre moi ; il a fait jouer tant de machines qu'à la fin il m'a ruiné dans l'esprit du roi, ayant été bien assisté par les ministres qui ont craint que je ne me misse trop bien dans l'esprit du roi. Il serait trop long de se mettre à raconter toutes

---

[1] Ces mémoires en sont une preuve incontestable.

les intrigues et tous les ressorts qu'on a fait jouer pour me mettre mal dans l'esprit du roi : mais ils ont pris un prétexte qui vraisemblablement ne devait pas réussir. La bonne foi que j'ai employée et la générosité dont j'ai usé, en m'attachant au roi, méritaient bien un meilleur traitement que celui que j'ai reçu du roi [1]. Il est vrai que je ne suis pas venu jusqu'ici sans avoir eu des bienfaits du roi. Il m'en a fait pour quatre mille écus; mais il me les a faits quand je ne les méritais pas, et ne m'en a pas fait quand je les ai mérités. Ce voyage de Hongrie où j'ai fait triompher ses armées si glorieusement, m'a été tout-à-fait infructueux : au contraire, il m'a nui au lieu de me servir par la malice de mes ennemis, de M. le Prince et des ministres. Tout cela s'est joint ensemble, de sorte qu'après trente-sept ans de service, me voilà, quant à la fortune, au même état que j'étais quand je suis sorti du collége; excepté que je suis vieux,

---

[1] Que faut-il donc à un gentilhomme qui *suit la cour*, pour contenter son ambition et son amour des richesses, lorsque de soldat aux gardes il est devenu général d'armée, et que la goutte le forçant à se retirer du service, il reçoit du prince bénéfices et pensions ?

que je suis goutteux et que je ne suis plus propre à rien qu'à songer à la mort.

« J'ai parmi tous mes malheurs de grandes obligations à Dieu; premièrement de la constance qu'il me donne, car mes disgraces ne me touchent presque point; secondement de m'avoir donné une fort honnête et vertueuse femme et fort bonne ménagère; troisièmement des enfants raisonnablement bien faits; en quatrième lieu, des amis qui ont tenu bon dans mes disgraces, et finalement assez de bien pour pouvoir subsister sans être à charge à personne et pour aider un jour mes enfants à se rendre honnêtes gens et à voir si la fortune leur sera plus favorable qu'à moi; et si mes jours, par la grace de Dieu, ont encore quelque durée, je laisserai ma famille en assez bon état, ou au moins fort nette dans ses affaires. Cela ne sera pas sans de grands soins et peines, tant de la part de ma femme que de moi; mais enfin j'espère que mes travaux ne seront pas inutiles. Mais si, dès mon retour des Pays-Bas, je me fusse tout doucement retiré de la cour, j'aurais mis mes affaires en bien meilleur état qu'elles ne seront jamais. Je me suis pourtant avisé, quoiqu'un peu tard, qu'il ne faisait pas bon à la cour, et ceux qui voudront s'y opiniâtrer verront bien pis.

« En voilà assez pour aujourd'hui; à une autre fois le reste.

« Je ne reprends jamais la plume que ma première pensée ne soit de dire pis que pendre de M. le prince de Condé[1], duquel, à la vérité, je n'en saurais jamais assez dire. Je l'ai observé soigneusement durant treize ans que j'ai été attaché à lui; mais je dis devant Dieu en la présence duquel j'écris, et dans un livre fait pour l'honorer et où je ne voudrais pas mêler

---

[1] Il a au moins de la franchise dans sa haine, et semble avertir ainsi de l'exagération à laquelle cette passion peut le porter. Madame la comtesse de Genlis paraît écrire sous l'influence de la même passion, lorsque, dans ses *mémoires*, publiés en 1825 (tome I, page 262), elle s'exprime, sur un autre prince de Condé, en ces termes : « Il avait quelque « chose de faux dans la physionomie, et cette physionomie « peignait son caractère, qui était extrêmement dissimulé... « Il était ambitieux, mais en courtisan et non en prince, car « il n'employait communément, pour réussir, que de petits « moyens et de petites intrigues qu'il aurait dû dédaigner. « Il était excessivement vindicatif ; il trouvait une sorte de « plaisir dans sa haine. C'est le seul homme que j'aie vu con-« stamment sourire lorsqu'on lui parlait d'une personne qu'il « haïssait, ou lorsqu'il la voyait, et ce sourire était affreux : « rien ne peut en donner l'idée. » Madame de Genlis ajoute cette note : « M. le duc, père de M. le prince de Condé, était « borgne d'un accident arrivé à la chasse, et tous ses enfants, « légitimes et bâtards, naquirent borgnes du même œil. Voilà « un fait difficile à expliquer. » Sans doute, mais est-il bien vrai ?

avec l'évangile qui y est contenu une menterie : je proteste donc devant Dieu que je n'ai jamais connu une ame si terrestre, si vicieuse, ni un cœur si ingrat que celui de M. le Prince, ni si traître, ni si malin. Car dès qu'il a l'obligation à un homme, la première chose qu'il fait est de chercher en lui quelque reproche par lequel il puisse, en quelque façon, se sauver de la reconnaissance à laquelle il est obligé; qui est une chose diabolique, et il n'y a peut-être jamais eu que M. le Prince qui ait été capable de la penser, et qui plus est de la mettre en pratique. Il ne cherche de plus qu'à diviser ceux qui sont près de lui, et il me disait à Bruxelles : « Coligny, quand je serai « arrivé à Paris, il y aura bien des gens qui « auront de grandes prétentions de récom- « penses ; mais il n'y en a pas un à qui je n'aie « à répondre et à lui faire quelques reproches « qui égalent les obligations qu'on croit que je « leur puisse avoir. » C'est-à-dire, en bon français, que devant de partir de Bruxelles, il était déjà résolu de ne faire justice à personne, et avant que les obligations qu'il avait aux gens eussent cessé, il commençait déjà à mitonner son ingratitude et à se préparer à ne reconnaître personne. Je voudrais bien savoir si le diable le plus exécrable d'enfer a eu de telles pensées; mais il n'en eut et n'en aura jamais d'autres; il en est incapable. M. de la Rochefoucauld m'a dit cent fois qu'il n'avait jamais vu homme qui eût plus d'aversion à faire plaisir que M. le Prince, et que les choses même qui ne lui coûtaient rien, il enrageait de les donner, vu qu'en les donnant il aurait fait plaisir. *Le b..... qu'il est, et je le maintiens b....* [1] *sur les saints évangiles que je tiens à ma main; le b..... donc avéré, fieffé,* n'a que deux bonnes qualités, à savoir de

---

[1] Ce mot est trois fois en toutes lettres, et la phrase dans laquelle il se trouve est, sur le manuscrit, écrite en gros caractères. Voici ce qu'on lit dans les *Fragments historiques* de la mère du régent, édit. de 1822, in-8°, page 295 : « Du « temps de ses amours avec mademoiselle d'Épernon, le grand « Condé s'était rendu à l'armée et y avait pris d'autres goûts. « A son retour il ne pouvait plus souffrir les dames. Made- « moiselle d'Épernon ayant été informée de la véritable cause « de l'indifférence de son amant, en fut si désespérée qu'elle « renonça au monde et se fit religieuse au couvent des Grandes- « Carmélites. » Dans les mémoires contemporains, le prince de Condé n'est pas flatté. Dans les siens la duchesse de Nemours le taxe d'ingratitude et de mauvaise foi. Tous présentent comme très-équivoque son commerce avec sa sœur, la duchesse de Longueville, et s'accordent en même temps sur la supériorité de ses talents militaires. L'accusation de son aide-de-camp paraîtrait détruite par celle dont sa sœur est l'objet, sans la mère du régent qui distingue deux époques propres à tout concilier.

l'esprit et du cœur. De l'un il s'en sert mal et de l'autre il s'en est voulu servir pour ôter la couronne de dessus la tête du roi ; je sais ce qu'il m'en a dit plusieurs fois et sur quoi il fondait ses pernicieux desseins ; mais ce sont des choses que je voudrais oublier bien loin de les écrire.

« Il faut encore dire un mot, quand ce ne serait que pour remercier Dieu de m'avoir laissé au monde jusqu'à présent que nous comptons le 18 mars 1682 et ceci a été commencé le 27 janvier 1673.

« Je dis donc qu'ayant relu ce qui était écrit et commencé en l'an 1673, il m'a semblé que ceux de ma famille qui pourraient y jeter les yeux par hasard, pourraient croire et juger par le mot de *disgracier* que j'aurais été effectivement disgracié ; mais ce n'est pas comme cela que je l'entends, car je n'ai jamais été disgracié de la cour. Tout au contraire ; le roi m'a toujours fait fort bon visage, et dans les voyages de guerre, m'a quelquefois fait l'honneur de me faire manger avec lui ; mais j'ai voulu dire que le roi n'ayant rien fait pour ma fortune ni pour mon avancement, il faut de nécessité qu'on m'ait rendu de mauvais offices auprès de lui ; car assurément il avait de l'inclination pour moi et m'en a même donné de bons témoignages : car il m'a donné, depuis l'an 1673 que j'ai commencé à écrire ceci, deux abbayes très-considérables, l'une de quinze mille livres de rente, nommée l'abbaye de Rheims, et l'autre de huit mille livres de rente qui est l'abbaye de l'Isle-Chauvel en Poitou, sans compter des arrêts favorables dont j'ai tiré plus de quatre-vingt-dix mille livres, dont je n'aurais jamais touché un sol sans la faveur de sa majesté. Je n'ai donc pas tant de sujet de me plaindre qu'on pourrait bien le croire, et si le roi ne m'avait pas honoré de sa bienveillance, il n'aurait pas donné à un garçon de treize ou quatorze ans vingt-trois mille livres de rentes en bénéfices. Mais c'est qu'à ces bienfaits-là, les ministres n'y ont pas tant de part qu'aux bienfaits de la fortune et de l'avancement des gens à la cour, où ils ne veulent point souffrir de gens qui ne soient leurs esclaves, ou du moins leurs créatures, et que je n'ai jamais été d'humeur à être esclave ni créature de personne que du roi mon maître, à qui je me suis toujours adressé pour toutes les affaires que j'ai eues, et je n'ai jamais trouvé la source de ses bontés taries pour moi, et le roi est assurément un des plus fermes et des plus constants hommes du monde, et qui n'oublie jamais ceux à qui il a une fois voulu du bien.

« Voilà ce que j'ai cru devoir ajouter à ce que j'avais écrit, afin que ceux qui viendraient après moi sachent que je n'ai pas quitté la cour par aucune disgrace, et que je me suis retiré dans ma maison seulement à cause du mauvais état de ma santé et de la goutte qui m'a enfin réduit, depuis près de trois ans, à ne point marcher du tout. Il est vrai que j'ai bien reconnu que, n'étant point le valet de messieurs les ministres, il n'y avait rien à faire pour moi à la cour, ni aussi à cause de M. le prince; car encore que le b..... n'ait aucun crédit pour faire le bien, il ne laisse pas d'être comme le diable qui, ne pouvant jamais faire du bien, ne laisse pas de pouvoir faire beaucoup de mal. Quant au reste, je crois qu'il n'est pas mieux dans l'esprit du roi qu'un autre, et qu'il a plus besoin de se conduire sagement que personne qui soit à la cour, car il a affaire à un homme qui ne lui en laisserait pas passer et qui sait de quel bois il s'est chauffé et qu'il n'a pas tenu à lui qu'il n'ait ôté au roi la couronne de sur sa tête pour la mettre sur la sienne. Mais Dieu aime trop la France pour lui avoir donné un tel maître. Ce serait bien alors qu'on aurait été misérable et dans le dernier désespoir; car, outre qu'il est extrêmement soupçonneux et méchant, c'est qu'il n'y a pas au monde une ame si avare que celle de ce b......-là. »

Mars 1684.

« Me voilà parvenu dans un âge bien plus avancé que je n'avais lieu de l'espérer, puisque je suis à l'année 1684, et par conséquent dans la fin de la soixante-septième année de ma vie; et cependant je n'en suis plus sage, plus réformé, ni plus dévot; mais ce sont des graces qui ne viennent que de Dieu, et que je lui demande de tout mon cœur.

« Au commencement de cette présente année, j'ai eu plus de peine que je n'en avais eu en toute ma vie par la persécution que Berci, maître des requêtes, m'a faite sur le sujet de ma rente de la maison de ville, de six mille livres de rente par an, dont il demandait une

infinité d'années de restitution d'arrérages;
mais m'étant adressé de nouveau au roi, il m'a
donné un arrêt tel que j'ai pu le désirer, pour
arrêter les persécutions dudit Berci qui est un
maître fou en fort petite estime dans le monde;
mais fort riche, fort apparenté dans la robe
et dans l'épée même, et dont la petite nièce
est femme de M. Seignelai qui m'a pourtant
favorisé au préjudice dudit faquin de Berci. Il
peut avoir plutôt suivi les inclinations du roi
que les siennes; mais, quoiqu'il en soit, je lui
suis obligé, et il est à croire aussi d'autre part
qu'il a eu égard aux bontés que M. Colbert
son *frère* [1] avait pour moi, et aux protections
qu'il m'avait données dans la même affaire
dont il a été chargé par le roi depuis la mort
de son *frère* [2]. Je n'ai pourtant pas été sans inquiétude cet hiver dernier de voir que la plus
grande affaire, la plus considérable, et la seule
que j'aie, et même la plus dangereuse, fût
tombée entre les mains d'un homme qui a
épousé *ma* [3] nièce, à la mode de Bretagne, du
plus grand ennemi que j'aie au monde, ma

[1] et [2] Il faut lire *père*, quoiqu'il y ait frère dans le manuscrit.

[3] Il faut évidemment lire *la*.

partie ledit Berci. Mais l'assistance de Dieu et la faveur du roi m'ont sorti avantageusement de tous mes embarras, au moins pour trois ans, à compter depuis le 24 mars 1684. Ce terme achevé, moi, ou ceux qui viendront après moi s'en tireront le mieux qu'ils pourront; au pis aller, quand je serai mort fera les vignes qui pourra : chacun a ses peines. Si, en cela, j'en laisse quelqu'une à ma succession, je leur laisserai d'autre part de quoi faire prier Dieu pour moi, si le cœur leur en dit; mais il ne faut guère se fier aux enfants, car le siècle n'en produit guère de reconnaissants. Ils jouissent commodément des travaux de leurs pères, sans se mettre guère en peine si leurs ames sont en repos ou non : c'est donc à nous de songer, tandis que nous vivons, à nos affaires du côté du ciel : mais hélas! le temps coule et nous courons à la mort sans faire les réflexions en tel cas requises.

« Fait ce 8 d'octobre 1684, à la Mothe-Saint-Jean. »

« Peut-être voici la dernière fois que j'écrirai dans ce livre-ci, car me voyant sur le point de partir pour aller voir mes enfants à Paris, après avoir essuyé trois mois de goutte fort rigoureuse, et qui a achevé de me mettre à bas et fort affaibli, il n'y a pas d'apparence que je puisse revenir ici, joint que, quand je le voudrais, je ne le pourrais, parce que je ne puis plus trouver de foin à acheter pour mes chevaux, et que de plus, ayant séjourné ici plus de six mois, j'ai tant fatigué mes courvoyables à me charrier mon bois, mes vins, mes blés, à mener les fournies, qu'ils ne peuvent plus y fournir. Il faut les laisser reposer, car en ce pays de montagne où la maison est située, les charrois sont bien plus pénibles aux bœufs qu'ils ne seraient ailleurs : joint que les rivières, qui ont été grandes toute l'année, m'ont empêché de tirer du service mes sujets qui sont en grand nombre de l'autre côté de la rivière de Loire. Quoiqu'il en soit je n'attends qu'un peu de temps plus doux, un peu plus de beau chemin, et un peu de santé pour m'en aller d'ici. Mais ce sont trois choses bien difficiles à rassembler dans une saison comme celle-ci, que nous comptons le 8 janvier 1685. »

Signé C....

« Encore faut-il que je dise trois grands malheurs qui me sont arrivés dont je n'ai point parlé.

« Le premier fut la mort malheureuse du pauvre messire Henri de Maupas du Tour[1], évêque d'Évreux, oncle de ma femme, qui se tua le jour de saint Laurent 1680, en revenant de dire la messe à Saint-Laurent, paroisse près d'Évreux. Les chevaux qui étaient jeunes, s'emportèrent, mirent son carosse en pièces qui, en se versant et se brisant, le jeta dehors aussi tout brisé, et il en mourut deux jours après, sans avoir parlé et sans avoir reconnu personne que moi, qui arrivai le même jour de ce malheur à Évreux pour être témoin d'une si misérable mort. »

« Le second malheur qui m'est arrivé, ce fut la mort de mon jeune fils, garçon de grande espérance, qui mourut à Paris, la nuit du 29 au 30 juillet 1682, à l'âge de quinze ans. Je fondais sur lui le relèvement de ma maison, car l'aîné a pris la profession ecclésiastique et paraît vouloir y persister, et moi je le laisse en liberté de faire ce qu'il voudra,

---

[1] C'est celui qui a écrit la vie de madame de Chantal.

car c'est son affaire plus que la mienne[1].

« Le troisième et le plus grand de tous mes malheurs, est la perte que j'ai faite d'Anne de Maupas du Tour, ma femme, qui mourut à la Mothe-St-Jean, d'une longue maladie, le 16 mai 1683. C'est une si grande perte pour moi et pour ma famille que nous la devons pleurer, tant que nous vivrons, avec des larmes de sang. Je ne suis pas assez habile pour faire son panégyrique; c'est pourquoi je n'en dirai que trois mots. Elle était prudente, habile et vertueuse. Bonne ménagère, elle n'a jamais su ce que c'était que la colère et vengeance, ni de parler mal de qui que ce soit au monde. Ma consolation est que je la reverrai bientôt en paradis, s'il plaît à Dieu. »

« Fait ce même jour 8 janvier 1685.

Signé C.

« Adieu paniers, vendanges sont faites. »

Note de M. Garnier. « Jean, comte de Coligny, baron de la Mothe-St-Jean, mourut le 16 avril 1686.

[1] Ce second fils se maria; mais il mourut sans postérité, le 14 mai 1694.

« Alexandre Gaspard de Coligny, fils de Jean, mourut le 14 mai 1694, sans postérité.

« Marie, fille de Jean, épousa Louis de Mailli, marquis de Hesle. Elle mourut le 17 août 1693. »

A cette note de M. le comte Garnier, l'on a, sur la copie que je possède, ajouté les deux suivantes :

1° « Dangeau fait mention de la mort du comte de Coligny en ces termes : « J'appris « que le comte de Coligny était mort à Paris. « C'est lui qui commandait les troupes que le « roi envoya au secours de l'empereur. C'est « le plus bel emploi qu'aucun gentilhomme « ait eu depuis longtemps. » (Journal de Dangeau, 21 avril 1686).

2° « Cette copie a un très-haut degré d'authenticité puisque M. Garnier l'a fait faire devant lui sur le manuscrit original, écrit sur le missel de vélin du château de la Mothe-Saint-Jean. »

Que pensez-vous, dit le chevalier, quand il eut achevé cette lecture, du héros de ces mémoires ?

M. Désormes. Qu'il était haut, difficile à vivre, à contenter. Cependant la manière dont il parle de sa femme, et le mot par lequel il termine ses mémoires me réconcilient avec lui : ce mot est vraiment philosophique. Se préparer au grand voyage, en disant *adieu paniers, vendanges sont faites,* c'est montrer, pour les biens de ce monde, un détachement assez rare, même parmi les esprits forts.

CHAPITRE IX.

LA LUNE ROUSSE.

La réunion était peu nombreuse et la conversation fort animée lorsque nous arrivâmes, M. Désormes et moi. Dès que nous parûmes, la comtesse, se tournant vers ceux qui discutaient, leur dit, voyons quel est l'avis de ces messieurs, et s'adressant à M. Désormes, il est question, continua-t-elle, de celle [1] dont vous avez tous lu les *mémoires*. On la traite ici avec beaucoup de rigueur : moi, je la défends de mon mieux; mais je sens que j'ai besoin de votre secours.

M. Désormes. S'agit-il, madame, du livre ou de l'auteur?

---

[1] Madame de Genlis ayant souvent dit et tout aussi souvent écrit qu'elle ne lisait jamais les critiques que l'on faisait de sa personne et de ses ouvrages, et que, par les mesures qu'elle avait prises, elle s'était mise dans l'impossibilité de les connaître, nous avons agi sans scrupule : car ce livre sera comme non avenu pour madame de Genlis, si madame de Genlis dit la vérité, comme la chose n'est pas douteuse.

La Comtesse. Il me semble qu'il est difficile de séparer l'un de l'autre quand le livre est l'histoire de l'auteur.

M. Désormes. Je l'avoue; mais alors l'auteur en livrant au public le récit faux ou vrai de sa conduite, de ses actions, de ses opinions, de ses pensées, permet de s'occuper de sa personne, puisqu'elle en entretient le lecteur; et cette permission deviendrait un droit qu'il faudrait exercer avec rigueur, si l'auteur mettait en scène des personnages connus qu'elle attaquerait sans ménagement, ou qu'elle comblerait d'éloges maladroits, auxquels ils préféreraient le silence; si elle se louait sans pudeur; si elle tranchait, décidait.....

La Comtesse, en l'interrompant. En voilà bien assez; je vois que j'ai tort de compter sur vous.

M. Désormes. Pourquoi donc? mais vous attaquez, par cette réflexion, celle que vous voulez défendre.

La Comtesse. Comment cela, je vous prie?

M. Désormes. Parce que vous faites l'application d'une hypothèse générale.

Le Chevalier. Nous l'avons tous faite cette application. Elle était même inévitable, et vous auriez pu présenter, comme des *faits certains*, toutes vos suppositions.

La Comtesse. N'est-ce pas là le langage de la passion, je vous le demande?

Le Chevalier. Ce langage n'est-il pas à son usage?

La Comtesse. Alors, pourquoi vous rendre coupable des torts que vous blâmez en elle?

M. Désormes. Je pourrais m'autoriser de son exemple; mais je nie que la passion me fasse agir ou parler. J'éprouvais quelquefois, je l'avoue, en lisant ses *mémoires*, un vif sentiment d'indignation.....

La Comtesse. En ce cas, je vous recuse.

M. Désormes. Je n'en suis point fâché.

Le Chevalier. Vous avez garanti, madame, l'indépendance des opinions.....

La Comtesse. Je n'empêche point M. Désormes d'exprimer la sienne; mais comme je l'avais choisi pour arbitre, je retire l'engagement que je semblais avoir pris par là de m'en rapporter à sa décision.

Le Chevalier. Il n'est pas facile de garder son sang froid en lisant ces *prétendus* mémoires : il faut être doué d'une grande dose de patience. Je dis ces *prétendus* mémoires, et ce n'est pas sans motifs que je me sers de cette expression. Jusqu'à présent on a donné le nom de *mémoires* à des ouvrages pour lesquels on exigeait des conditions que l'on cherche en vain dans ceux dont il est question. Ces conditions sont un récit, un ordre chronologique des faits rapportés d'après cet ordre, et appuyés sur des preuves. On peut, à ces conditions premières, joindre des observations tirées du sujet même, comme le cardinal de Retz le fait avec tant de bonheur et de talent. Les mémoires n'en auront que plus de valeur, n'en seront que plus parfaits. Ils réuniront *accessoire et principal*; mais ici, l'auteur s'est moqué du principal et de l'accessoire. Les temps sont intervertis; la vérité est outragée, et le récit interrompu à chaque instant par un sermon, par une protestation de zèle religieux, qui se fait révoquer en doute à force de revenir, et toujours d'une manière maladroite et déplacée; par une déclamation antiphilosophique; par l'étalage non motivé de personnages inconnus et fort indifférents qui ne paraissent qu'une fois dans cette lanterne magique; par des méchancetés contre d'autres; par des louanges pour l'auteur, louanges fades soigneusement recueillies, et reproduites impitoyablement; par des hors-d'œuvres, tellement étrangers au genre, qu'en les retranchant, les mémoires y gagnent; enfin par des extraits des autres ouvrages de l'historienne, intercalés sans motifs, sans discernement, sans excuse.

Elle aurait cent fois mieux fait d'omettre le détail de ses rapports avec madame la duchesse d'Orléans, mère du prince actuel, que de tâcher de justifier un fait odieux en lui-même : c'est la séparation de la mère et des enfants confiés à une étrangère. Les droits d'une mère sont tellement sacrés que, quelque soit l'étiquette, elle ne peut les annuler, surtout quand cette mère était comme celle que le *gouverneur* dépouilla d'une partie de ses droits. Les rapports *réels* entre le prince et la gouvernante qu'il avait choisie, se font deviner à travers les rapports dont la dernière rend compte. La vérité perce et se fait jour au milieu des efforts qu'on fait pour la tenir captive : on l'aperçoit toute voilée qu'elle est. On sent facilement le genre d'influence que cette gouvernante exerça sur le prince, et ce n'est pas sans un certain frémissement, qu'on repousse l'idée de faire la part de l'un et de l'autre dans les reproches adressés à l'un des deux, et dans les fautes expiées par lui seul.

Comment croire à l'*inexprimable joie* qu'elle dit avoir éprouvée en voyant rentrer la famille royale[1], quand on sait, d'après elle-même, la manière dont elle était avec Napoléon et les bienfaits qu'elle en recevait; les relations qu'elle avait eues avec les ennemis de cette famille, etc.

Quelle témérité maladroite n'y a-t-il pas à rappeler les victimes du Temple[2], après avoir lâchement écrit contre l'une de ces victimes...

La Comtesse. Comment cela? Point de calomnie : expliquez-vous?

Le Chevalier. Madame, le premier chapitre du troisième volume de la première édition des *Chevaliers du Cygne* (Hambourg 1797, in-12), a pour titre *une reine sans esprit et mal conseillée*. Ce chapitre, n'ayant aucune espèce de liaison avec ce qui le précède ou le suit, excita dans le temps une indignation générale[3].

---

[1] Mémoires, tom. vi, pag. 63.
[2] Ibid., pag. 64.
[3] Dans la *Correspondance secrète*, t. 1, pag. 161, à la date

En disant ces mots, le chevalier va dans la bibliothèque, y prend le troisième volume des *Chevaliers du Cygne.*

Le contenu de ce chapitre ne laissait aucun doute sur l'application, et son inutilité dans l'ouvrage, dont non-seulement il pouvait être retranché sans inconvénient, mais dont il devait l'être, pour ne pas nuire à la rapidité du récit, démontrait, selon le chevalier, une intention odieuse, une méchanceté gratuite. La comtesse lut ce chapitre à voix basse, puis referma le livre avec une tristesse dont l'expression était remarquable. J'avoue, dit-elle, après un moment de silence, que si jamais la vérité m'a causé du chagrin, c'est dans cette circonstance. Vous pouvez continuer, vous n'avez probablement rien de pire à nous apprendre.

Le Chevalier. Je ne le pense pas. Du reste, voici la justice que je me plais à rendre à celle qui nous occupe. Elle est, sans aucun doute, une des femmes les plus remarquables. Jamais vie ne fut aussi remplie que la sienne, et si l'on veut calculer tout ce qu'elle a fait,

du 11 janvier 1775, on lit ce passage : « On a rayé de la liste « des dames admises au bal de la reine madame de Genlis, « parce qu'elle s'est conduite *indécemment* au dernier bal. » *inde iræ.*

tout ce qu'elle a écrit, on conviendra qu'il est difficile de trouver un seul moment vide dans son existence. C'est un vrai phénomène. Harpe, comédies, fêtes, leçons, écrits, éducation de princes; cent vingt volumes publiés; un grand nombre de manuscrits perdus ou mis en réserve; productions philosophiques épurées, refaites, châtrées; une variété infinie d'ouvrages de main; courses, voyages... L'imagination s'effraie à cette énumération qui n'est rien moins que complète[1]. Si l'opinion de ceux qui accusent l'auteur d'intrigue est fondée (opinion que je ne partage point), je leur laisse le soin de classer ce chapitre parmi les autres, et, dans une vie aussi pleine, de trouver le temps d'intriguer.

Je l'admire, et de bonne foi; mais, je suis loin de l'aimer, parce que si son talent mérite le premier sentiment, l'usage ou l'abus qu'elle en a fait écarte le second, parce qu'en prêchant à chaque page une religion qui prescrit le pardon des injures, elle n'en pardonne aucune, parce qu'elle est essentiellement intolérante, parce qu'elle se débat enfin

---

[1] Il oublie la lecture de toute l'Encyclopédie, faite deux fois, et qui mérite bien une mention honorable.

contre la vérité qui fuit, mais qu'on aperçoit dans sa fuite[1].

M. d'Harmage. A propos du *pardon des injures*, il m'est resté dans la mémoire un trait que j'ai bien de la peine à lui pardonner, et qui prouve qu'elle était intraitable en amour. Après avoir assuré ses lecteurs qu'*elle ne conservait pas la plus légère rancune contre les gens dont elle va parler*[2], madame débute par invoquer le *juge souverain*, (à l'exemple de Rousseau, qui commence ses confessions par attester l'*être éternel*); elle dit à ce juge qu'elle a *pardonné* sans *restriction*, et le supplie de ne pas souffrir *qu'il s'échappe de sa plume un seul mot d'aigreur*...

M. Désormes. Voilà, certes, une prière bien exaucée!

M. d'Harmage. Vous allez en juger. Parmi les *gens* dont madame *va parler* (et ils sont en grand nombre) est le vicomte de Custine, frère du général de ce nom; ce pauvre vicomte, passionnément amoureux de madame, fait mille folies pour elle, s'embarque pour la Corse, parce qu'elle trouvait qu'il y avait, dans ceux

---

[1] Comme Galatée : *et se cupit ante videri.*
[2] Tome 2, pag. 4 et 5.

qui allaient dans cette île, *quelque chose de chevaleresque qui plaisait aux femmes;* veut se tuer, va se confiner pendant quatre mois dans un ermitage, et revient rendu à la raison. Loin d'être touchée de tant d'amour, l'impitoyable dame de ses pensées le taxe de fourberie, et s'exprime en ces termes : « Je suis persua-
« dée qu'il s'amusa beaucoup dans cet ermi-
« tage, car il y avait une *telle duplicité* dans
« son caractère, que, même *sans but* et *sans*
« *intérêt*, il se *délectait dans l'hypocrisie*[1]. »
Y a-t-il là-dedans *un seul mot d'aigreur?*

Le Chevalier. Non, il n'y en a pas.

M. d'Harmage. C'est bien pis.

M. Désormes. Point du tout, et le chevalier a raison. Dans l'invocation au juge souverain, elle pardonne à ses ennemis; mais il n'est pas question de ses amoureux. Elle ne leur pardonne pas : et je suis de son avis. Mais remarquez comme elle traite ses amies. Elle avait juré l'amitié la plus vive et la plus sincère à la comtesse de Custine, belle-sœur du vicomte, *femme parfaite à tous égards*. Elle meurt : son mari trouve une cassette à double fonds, et

[1] Tome II, page 236.

la fait ouvrir. Ce double fonds contenait une infinité de lettres du vicomte qui était amoureux de la comtesse. « Il est bien étonnant, ajoute l'auteur des mémoires, que la personne la plus pure, la plus religieuse, ait reçu des lettres aussi criminelles ; mais une chose bien inexplicable, c'est qu'elle n'ait pas brûlé ces lettres avant de mourir. » Il est bien inconcevable que l'amie nous transmette cette particularité. Conserver soigneusement *des lettres criminelles* ne prouve pas que l'on traitât avec autant de barbarie que l'auteur dit l'avoir fait, celui qui les avait écrites.

Le Chevalier. En voilà bien assez : nous ne faisons que médire.....

Le Président. La bonne ame ! Il était temps de s'en apercevoir !

M. Désormes. Un mot encore : c'est sur l'anachronisme le plus complet, le mieux conditionné qu'on ait jamais fait ; il est triple : elle le commet en rendant compte de son séjour à Rome. Elle fit ce voyage avec madame la duchesse de Chartres, conséquemment en 1776, quoique l'historienne ne le dise point ; mais les voyages des princesses ne se font point incognito. Notre héroïne vit à la fois Winckelmann et le cardinal de Bernis; le premier lui montra le beau cabinet du cardinal Albani, et le second, qui *avait alors 66 ans*, et qui était d'une grande fraîcheur, fit admirablement les honneurs de Rome. Or, Winckelmann avait été assassiné le 8 juin 1768, à Trieste, en revenant de Vienne : le cardinal de Bernis ne put même voir cet homme célèbre, puisqu'il ne fut nommé à l'ambassade de Rome qu'un an après sa mort, en 1769. Enfin si ce cardinal avait 66 ans, comme il est né en 1715, cette circonstance nous transporte en 1781. Ce qu'il y a de plaisant ce sont les détails donnés sur Winckelmann, *qui montre à celle qui se joue de notre crédulité une satyresse.* Quoiqu'il soit historiquement prouvé que le voyage de madame la duchesse d'Orléans ait eu lieu en 1776; en le supposant fait plus tôt, on ne peut remonter jusqu'à Winckelmann, puisque en 1768, la princesse, fille de M. le duc de Penthièvre, n'était point encore duchesse de Chartres. Ce ne fut qu'en 1769 qu'elle le devint. Je suis fâché que la comtesse n'ait pas fait le portrait de Winckelmann, ce qui lui était aussi facile que de nous parler de la *satyresse* qu'il ne lui montra point et ne put lui montrer.

Vous m'avouerez que lorsqu'on fait des contes sur des personnages connus, on évite de les représenter comme vivants, huit années après leur mort.

M. d'Harmage. Elle le fait exprès : elle sait tout cela aussi bien que vous. C'est de la pâture qu'elle vous donne. Il lui arrive quelquefois de livrer un côté, afin qu'on oublie, ou qu'on n'examine pas l'autre, et je suis persuadé qu'elle se calomnie elle-même par calcul...

Le Président. Jusqu'à M. d'Harmage!

M. Désormes. Oh! il ne vaut pas mieux que nous. S'il dit moins de malices, c'est qu'il n'est pas aussi bavard.

Le Président. Et sur quoi M. d'Harmage établit-il ses conjectures?

M. d'Harmage. Le voici : mettant à l'estime des hommes sa juste valeur; sachant qu'ils ne l'accordent jamais sans restriction et qu'à leur corps défendant, enfin qu'il faut toujours faire une part à l'envie, madame ne lui a point donné ce qui lui revenait de droit. Elle a tâché d'attirer son attention sur des objets que l'historienne envisageait avec plus de philosophie, et qui ne la touchaient pas autant. Ainsi elle s'est louée elle-même outre mesure; elle a fait voir une reine qui lui baisait la main, afin qu'on la taxât d'orgueil et de vanité, ce qui lui était fort indifférent. Elle s'est représentée comme étourdie, pleurant et riant à la fois en entrant dans Rome, afin qu'on ne la crût point capable d'une réserve de *huit volumes de durée.*

Le Président. Il est plus méchant que tous les autres, avec son air tranquille et doux.

M. Désormes. Oh! quand il va, d'Harmage, il va bien. Il ne bronche pas.

La Comtesse. Messieurs, je rappelle l'exécution du réglement. M. Désormes, le chevalier, M. d'Harmage, à l'amende, pour avoir dit du mal de leur prochain.

M. Désormes. Comme vous pouviez nous arrêter au premier mot, il me semble que vous avez été notre complice, et même en vertu du proverbe *qui ne dit mot consent*, l'honorable assemblée (en s'inclinant) pourrait, sans injustice, s'inscrire sur le *livre de vie*, j'en excepte monsieur votre oncle, qui a bien été récalcitrant.

Le Président. A la bonne heure, j'aime la justice.

La Comtesse. Oh! mon Dieu, mon oncle,

vous ferez comme nous, quand vous saurez que Laure se marie et que nous voulons lui louer une boutique, l'y établir et lui acheter un fonds.

Le Président. Vous vous arrangez toujours de manière à confondre les innocents avec les coupables. Mettez mon nom à côté de celui de ces messieurs.

M. Désormes. Il ne sera pas en trop bonne compagnie; mais Laure y gagnera.

Le Président. Au lieu de toutes vos médisances, vous auriez bien mieux fait de nous raconter quelque histoire...

M. Désormes. Eh! bien pour vous les faire oublier, je m'en vais vous....

Le Président. En dire d'autres?

M. Désormes. Non, monsieur le Président ; jugez-en par le titre, celui de mon histoire est *La Lune rousse.*

Le Président. La lune rousse : soit; mais je n'ai pas grande confiance en vos.... Allons, j'écoute, et s'il arrive quelque malice, j'y suis tout préparé.

M. Désormes. Tant mieux : je vais profiter de vos bonnes dispositions.

—Quel diable de chemin ! s'écriait M. le baron de Roc-en-Tuf, le pied dans la boue, au bas de la montée de Meudon, un peu au-dessus des Moulinos, près du sentier fangeux de Fleury, et presque vis-à-vis la jolie *villa* de M. Bresson. — C'est la pluie qui en est cause, dit l'abbé. — Dites donc la lune rousse, replique avec humeur la baronne (en secouant sa chaussure crottée); la lune rousse fait pleuvoir, ajoute-t-elle, et la pluie gâte les chemins; n'est-ce pas, chevalier? — Voyez, répond celui-ci (en se bouchant le nez d'une main et montrant de l'autre), voyez ce ruisseau noir et puant; voilà, madame, la véritable cause : et puis qu'on nous vante l'industrie! admirez ses produits! ce ruisseau sort de la teinturerie de M. Gonin. — Quelle horreur! dit madame la baronne; et, s'adressant d'un ton sec à l'une de ses femmes qui portait un enfant de dix mois: Passez vite, mademoiselle, *Baronnet* pourrait gagner une fièvre pernicieuse. — En ce moment, Baronnet, tourmenté d'une de ces coliques violentes qui attaquent les enfants sans distinction de rang ni de qualité, poussait de toute la force de ses poumons des vagissements aigus. La cause en fut unanimement attribuée à la teinturerie de ce pauvre M. Gonin qui n'y pouvait rien, et qui, même à l'heure qu'il est, ne se doute pas de son délit. — Aussi, dit l'abbé en murmurant, quelle manie d'aller à pied, quand on a une bonne voiture! — Vous avez bien raison, reprend la baronne. Depuis vingt ans, je ne cesse de le dire à monsieur le baron, mais toujours en vain, tant mon crédit est grand! il faut toujours descendre ici, pour ménager les chevaux. — Oui, madame, et il en sera toujours ainsi. C'est votre faute; d'ailleurs pourquoi chargez-vous mon *carrosse* de tant de paquets? vous savez bien que nous ne passons jamais qu'un mois à Villebon. — Et pourquoi choisir un mois toujours froid ou pluvieux? dit M. Dumontel. — Parce que, monsieur, des gens comme il faut, ne restent point à Paris à cette époque, entendez-vous? Il n'y a que les *bourgeois*. Ce mot fut prononcé d'un ton qui eut l'applaudissement de la baronne. — Bien obligé pour eux et pour moi, dit M. Monteil; mais, avec vos usages réguliers qui, selon vous, dénotent une ancienne noblesse, la fixité de vos séjours dans tel lieu, puis dans tel autre, la rentrée à jour fixe, j'aimerais bien mieux.... — Oh! mon cher ami, pourquoi prendre la défense des bourgeois, vous ne comptez plus parmi ces gens-là depuis que vous vivez avec nous. Vous êtes maintenant *greffé* sur la noblesse.

Arrivés au haut de la colline, essouflés et crottés, nos voyageurs remontent en voiture après avoir joui de l'admirable vue qu'offre la terrasse de Meudon. En peu de temps on arrive à Villebon, où le baron et sa famille allaient toujours passer l'espace de temps que dans les mois de mars, d'avril ou de mai, occupe la *lune rousse;* car, il faut que vous sachiez que cette lune, fort mal famée, inspirait à madame la baronne, comme à M. le baron, un tel effroi, que pendant toute la durée de cette lune terrible, ils étaient dans des transes mortelles, bien persuadés qu'il arrive toujours alors quelque catastrophe et que tous les désastres de ce monde, toutes les révolutions, tous les bouleversements dont l'histoire a conservé le souvenir, sont arrivés dans cette courte période; ou si la certitude d'une date prouve le contraire, que la cause et l'origine de ces événements remonte à la lune rousse. Ainsi, dans les idées de la baronne, fille d'un fournisseur, et dont le mari avait fait l'acquisition de ce qu'on appelait vulgairement une *savonnette à vilain*, le plus épouvantable malheur pour l'espèce humaine était la renonciation aux titres de noblesse. Mais cette renonciation avait eu lieu le 4 août; ce qui devait causer quelque peu de dérangement dans les calculs accusateurs de la lune rousse et la justifier; mais on la maintenait coupable, parce qu'on assurait que le projet de cette renonciation avait été formé dans l'une des phases de cette lune.

Ce ménage, heureux pendant onze mois de l'année, passait le douzième hors de Paris, parce qu'il craignait qu'un tremblement de terre n'arrivât dans cette capitale, pensant qu'alors on y serait moins en sûreté qu'à la campagne.

A peine installé dans une des meilleures chambres du castel, l'abbé s'aperçut qu'il avait *oublié* son bréviaire. On lui promit de le faire apporter le lendemain de Paris; mais cette promesse ne le contenta point. Il fallut envoyer chercher sur-le-champ le livre saint. Il fut posé sur une commode. Dumontel traça tout autour quatre lignes de craie. Quelques jours après, il vint faire visite à l'abbé, accompagné de la baronne qu'il avait mise dans le secret. « Ah! M. l'abbé, lui dit-elle en riant, vous *oubliez* d'apporter votre bréviaire, et quand vous l'avez en votre possession, vous *oubliez* de le dire! — Comment cela, madame? » On lui montre la preuve; c'est-à-dire le livre dans son cadre de craie. « C'est un tour perfide! M. Dumontel n'en fait pas d'autre! — Il ne faut pas se fâcher, mon cher abbé, entre amis et parents.... — Il n'y a, madame, ni parents ni amis dans une matière aussi grave que celle-là. Apprenez, monsieur, ajouta-t-il d'un ton sec, en s'adressant à Dumontel apprenez, que l'omission du bréviaire est, en elle-même, une chose indifférente : l'essentiel n'est pas de le dire, mais qu'on croie que je le dis. »

Tout le mois se passa d'une manière assez triste à cause des craintes de la baronne. La veille du retour, Dumontel, qui était retourné dans la capitale pour ses affaires, arriva de Paris et trouva toute la famille rassemblée dans le salon. « Grande nouvelle! dit-il en entrant, une échauffourée et une échauffourée de rois ou de princes. — Qu'est-ce donc; vite, vite, s'écrient à la fois la baronne et son mari? — Encore quelque sottise, murmure entre ses dents M. l'abbé. — Ce diable de Dumontel! la caque sent toujours le hareng, dit le baron à demi-voix. » On se rassemble autour de Dumonteil; il prend le journal et fait part de la tentative du prince de Portugal.

Le Baron. Et l'on appelle cela une échauffourée!

L'Abbé. Et l'on a raison. Si le succès eût eu lieu, c'eût été un coup d'état. Sans le succès ce n'est plus qu'une *entreprise mal concertée, téméraire, malheureuse*, une véritable échauffourée.

Le Baron. Mais il me semble que la légitimité reçoit là un échec direct. C'est contre elle un acte d'hostilité.

L'Abbé. Intelligence obtuse! Ces choses-là sont d'un ordre trop élevé....

Le Baron. Eh bien! monsieur l'abbé, daignez vous rabaisser jusqu'à nous, et nous expliquer comment un fils, qui veut détrôner son père, agit dans le système de la légitimité.

L'Abbé. Les principes avant tout, les principes.

Le Baron. Comment! Les principes sont conservés dans le fait dont il est question!

L'Abbé. Certainement, et vous allez bientôt en convenir. Qu'est-ce que la légitimité sans le pouvoir et l'autorité? Rien : quelque chose d'idéal, un mot vide de sens. Parmi les dieux de la terre, puissance souveraine ou légitimité sont des mots synonymes. La légitimité est un mode du pouvoir, le pouvoir même qui s'appelle *légitimité.* Le principe, monsieur, est la conservation du pouvoir. Tout sacrifier pour cette conservation, tout employer pour l'obtenir : la force, la ruse, le feu, le sang; gendarmes, prêtres, tout devient soldat. Quand le dépositaire de l'autorité souveraine ne l'exerce pas suivant *les principes,* son fils peut prendre sa place, sans que le système ou la doctrine de la légitimité reçoive la moindre atteinte....

Le Baron. De manière que si je ne cultivais pas bien mes terres, mon fils pourrait me dire : Cher papa, faites-moi le plaisir de décamper!

L'Abbé. Toujours des comparaisons vicieuses! La société ne souffre point de votre négligence, tandis que la mansuétude royale est un fléau, une source de révolutions.

Le Baron. Mais quand il existe un contrat, des lois....

L'Abbé. Monsieur! un prince n'est jamais lié que par l'obligation de prendre toutes les mesures qui non-seulement maintiennent le pouvoir, mais qui l'augmentent. Puisque les comparaisons vous conviennent, je veux bien reprendre la vôtre pour me faire comprendre. Tout ce qui contribuerait à l'accroissement des produits de votre terre vous conviendrait sans doute; eh bien! le pouvoir doit produire le plus possible d'actes qui démontrent son existence, sa vigueur, sa force. Il doit toujours se faire sentir. Vous voyez par là quelle fausse idée vous vous faites de la légitimité. Ce n'est que le mode de transmission du pouvoir; mais celui qui le possède est toujours légitime....

Le Baron. Ainsi, l'infant, s'il eût réussi, était légitime?

L'Abbé. Sans doute.

Le Baron. Et son père?

L'Abbé. Son père l'avait été jusqu'alors. En d'autres termes : il avait eu le pouvoir, il devait l'augmenter, en assurer la solidité, la durée ; ne sachant pas le faire, n'ayant personne qui le fît pour lui, ce pouvoir s'est échappé de ses mains..., il est entre celles de son fils; rien de plus naturel; les principes, monsieur, les principes!

Dumontel. Il me semble, monsieur l'abbé, sauf erreur, qu'il y a quelque chose de.... de jésuitique dans cette doctrine.

L'Abbé. Jésuitique! jésuitique! Voilà ce qu'on dit quand on n'a plus rien à dire, quand on n'entend point la matière!

Dumontel et le Baron allaient se fâcher, lorsque la Baronne coupa court à la discussion, en disant d'un air grave et même affligé: « Ah! messieurs, vous ne faites pas attention à la circonstance la plus remarquable de cet événement: c'est qu'il arrive dans la lune rousse! De grace, ne vous disputez pas et tâchez de vous mettre à l'abri de la désastreuse influence. En achevant ces mots elle rappela qu'on avait annoncé que le dîner était servi.

Au dessert on parla du passé. Le Baron s'applaudit de l'adresse avec laquelle il avait glissé sain et sauf à travers la révolution.

L'Abbé. Et comment avez-vous fait?

Le Baron. Vous savez que dans les *grandes familles* on adopte, en temps de révolution, un moyen de salut qui réussit ordinairement.

L'Abbé. Et quel est-il ?

Le Baron. C'est d'avoir un membre de la famille dans chaque parti. Le vainqueur sauve les autres. Nous ne nous sommes pas contentés de ce moyen : nous avons fait, nous, un calcul plus profond. D'abord, *louvoyer* en principe : attendre, voir venir, et ne paraître que lorsque la question était décidée. Alors on parle avec plus de connaissance de cause : on est sûr de ce que l'on dit. Ensuite nous avons acheté des biens nationaux de toutes les natures.

L'Abbé. Qu'entendez-vous par là ?

Le Baron. Il y avait des biens appartenant à la noblesse, au clergé.

L'Abbé. J'y suis, vous avez acheté des uns et des autres ?

Le Baron. Oui, mais ce n'est pas tout : moi, j'ai voulu de plus faire l'acquisition d'un domaine du Roi. C'est une marque de souvenir et une preuve de dévouement de ma part.

L'Abbé. Je ne doute pas qu'il n'y soit fort sensible, quand il verra le bon état où vous l'avez mis pour le lui rendre.

Le Baron. Le lui rendre ! Plaisantez-vous ?

L'Abbé. Mais vous passez pour bon royaliste.

Le Baron. Je passe! je passe! mais je le suis... Qu'est-ce que......?

L'Abbé. Pardon, mon cher Baron, je ne vous comprends pas bien : expliquez-vous, je vous écoute avec attention.

Le Baron. Vous avez remarqué, s'il m'en souvient bien, et avec peine, combien le prince était accablé de réclamations de la part de ses plus loyaux serviteurs. Il n'en est aucun qui ne lui demande quelque chose. Eh bien! moi, je ne lui demande rien : je garde...

L'Abbé. Bien, bien : je comprends..... mais je voudrais savoir si vous avez fait cette acquisition pendant la lune rousse.... — Vous vous moquez de nous, dit la Baronne, et niez l'influence de cette lune; mais écoutez : 15 avril 1791 — Suppression générale des droits féodaux, d'aînesse et de masculinité.

19 avril — Abolition des droits de ravage, fauchage, préage, etc. Ces deux *grands* événements arrivèrent dans la lune rousse. Les cent jours ont commencé avec la lune rousse.... Pendant que le Baron passait en revue tous les crimes de l'astre coupable, arrive quelqu'un de Paris qui devait achever le procès de la lune. Il annonce que la loi de

finance, la loi des trois pour cent, était passée le matin de ce jour même, le dernier de la lune rousse. La Baronne triomphait sans rien comprendre à la loi, présumant qu'elle ne pouvait être que mauvaise du moment où elle avait été rendue dans le délai fatal. Le lendemain elle revint à Paris, débarrassée pour onze mois de l'effroyable inquiétude de la lune rousse.

CHAPITRE X.

REVUE HISTORIQUE DES RÉUNIONS LITTÉRAIRES DU XVIIIe SIÈCLE.

M. Désormes commença sans aucun préambule la revue qu'il avait promise.

C'est particulièrement dans le dix-huitième siècle qu'il y eut un mouvement très-prononcé vers la philosophie et la littérature.

On remarque même une grande avidité d'instruction dans une classe qui, jusqu'alors, l'avait regardée avec mépris.

Les ouvrages publiés dans ce siècle prouvent incontestablement cette impulsion donnée aux esprits. Ils sont trop connus pour qu'il en soit question. Mais ce qui ne contribua pas moins au progrès des lumières ce furent les assemblées partielles qui se formèrent par le besoin de se communiquer les connaissances que l'on avait et d'en acquérir de nouvelles. Une revue historique de ces sociétés, si l'on pouvait la rendre complète, serait intéressante et curieuse soit en elle-même, soit par l'influence qu'elles eurent sur les mœurs; car elles les modifièrent essentiellement. Du moment où les personnages qui marquaient le plus dans les cercles, les désertèrent pour se réunir entre eux; il y eut altération dans le mode et dans le *genre* de ces sociétés.

La réunion du Temple, tenue par le grand-prieur de Vendôme, voluptueux aimable, qui sentait que parmi les plaisirs ceux de l'esprit devaient entrer en ligne de compte, et même être en tête, rassemblait chez lui les gens les plus spirituels de la cour et de la ville; tels que La Fare et Chaulieu. Voltaire, *qu'on appelait encore Arouet*, était pareillement de cette société. Mais le grand-prieur étant mort, en 1727, elle fut dissoute. On donnait le nom de *Templiers* à ceux qui la composaient; et, comme la sobriété n'était point leur vertu, ils méritaient à plus d'un titre cette dénomination.

Une association qui date du même temps, mais qui est bien plus grave, est celle du *club de l'entresol*, ainsi nommé du local où les membres de ce club se rassemblaient. Il dura depuis 1724 jusqu'en 1731. Le ministre d'Argenson en a fait l'histoire.

L'abbé Alary fut le fondateur de ce club,

qu'il réunit dans un petit appartement qu'il occupait à l'entresol de l'hôtel du président Hénault, à la place Vendôme.

Voici les noms de ceux qui y furent admis.

M. de La Cour, marquis de Belleroy;

M. de Franquetot, maréchal duc de Coigny;

M. Goyon de Matignon, comte de Gacé;

M. Lévesque de Champeaux, successivement résident de Genève et de Hambourg;

M. de Verteillac, gouverneur de Dourdan.

M. Goujon de Thuisy, comte d'Autry;

M. de Brehant, comte de Plelo, ambassadeur à Copenhague;

M. Pallu, intendant de Lyon, conseiller d'état;

M. Riquet, comte de Caraman;

M. de Ramsay, écossais auteur des voyages de Cyrus;

M. Barberie de Saint-Contest, ministre plénipotentiaire de France;

M. L'abbé de Bragelone, de l'Académie des Sciences;

M. Madaillon de Lesparre, marquis de Lassay;

M. de la Trémouille, duc de Noirmoutiers, duc de Royan;

M. de la Fautrière, conseiller au parlement;

M. Blouet de Camilly, chevalier de Malte, ambassadeur;

M. Perelle, conseiller au grand-conseil [1];

M. l'abbé Arnauld de Pomponne, ambassadeur à Venise;

M. l'abbé de Saint-Pierre;

M. d'Oby, avocat-général au grand-conseil;

M. le marquis d'Argenson, ministre sous Louis XV;

La qualité d'étranger excluait de cette société, et plusieurs étrangers de marque sollicitèrent vainement leur admission.

Les matières dont on s'occupait méritent d'être indiquées sommairement.

L'abbé Alary était chargé de l'Histoire germanique;

M. d'Argenson, du Droit ecclésiastique de France et d'un travail sur les nouvelles les plus importantes, extraites des gazettes de Hollande; M. de Champeaux, de l'Histoire

---

[1] En 1720, M. Perelle se prononça vivement, en plein conseil, contre l'acceptation de la bulle *unigenitus*. Le chancelier (D'Aguesseau) lui demanda où il avait pris ses principes. « Dans les plaidoyers de feu M. D'Aguesseau, » répondit Perelle, qui faisait ainsi remarquer le changement d'opinion du chancelier.

anecdotique des traités de paix, depuis celle de Vervins; et M. de Balleroy, des traités de paix, depuis cette époque; M. de Verteillac, d'un travail sur les gouvernements mixtes; M. d'Autry, de ceux d'Italie; M. de Plelo des formes de gouvernement, et plus particulièrement du monarchique; M. Pallu, de l'Histoire de nos finances.....

Madame Delwins. M. de V...... devrait bien la continuer....

M. d'Harmage. Personne ne doute qu'il ne l'*achève*.

M. Désormes. J'en étais aux finances. M. de Caraman entreprit l'Histoire du commerce; mais M. d'Argenson en donna une fort pauvre idée. M. d'Oby mourut avant d'exécuter le projet qu'il avait formé d'écrire une Histoire des états-généraux et des parlements. M. de Saint-Contest fut chargé de l'Histoire universelle à ne commencer qu'à la paix de Ryswick. On croyait obtenir de lui beaucoup d'anecdotes politiques que son père avait sues. Mais le fils était paresseux ou prudent.

L'abbé de Bragelone avait promis beaucoup d'anecdotes piquantes sur les maisons souveraines et leurs généalogies.

La Comtesse. C'est dommage qu'il n'ait pas tenu parole.

M. Désormes. Et que personne ne l'ait suppléé. Je connais une particularité historique qui aurait bien figuré dans ce recueil...

Madame Delwins. Le chevalier et M. d'Argenson nous permettront bien de l'entendre.

Le Chevalier. Je réponds de moi; mais les ministres....

Madame Delwins. Ils n'étaient pas de ce temps-là comme du nôtre; d'ailleurs M. d'Argenson, le meilleur homme du monde, souffrait qu'on l'interrompît....

M. Désormes. Vous avez tous connu, de nom, M. Sonnini, voyageur naturaliste, éditeur de Buffon, de Rozier.... il était de Lunéville. C'était un homme instruit, qui avait des qualités estimables, mais enfin sujet aux faiblesses de l'humanité. Il possédait, en Lorraine, une maison de campagne. Son jardinier avait une très-jolie fille; notre naturaliste en devint amoureux, c'était à une époque où l'on ne songeait guère à faire l'amour... en 1793. Sonnini sortit de France, se rendit en Italie avec la jeune personne qu'il faisait passer pour sa fille, et se fixa pendant quelque temps à Rome.

Un *particulier très-connu*, puisque c'est un prince souverain, se trouvait dans cette capitale, il vit la jeune et belle jardinière, en fut épris, lui fit la cour.....

Madame Delwins. Et l'épousa?

M. Désormes. Puisque vous le voulez, madame....

Madame Delwins. Et Sonnini se prêta....

M. Desormes. Hélas! oui. Aujourd'hui madame la princesse jouit de tous les avantages de la légitimité.

Le Chevalier. Comment nommez-vous donc cette princesse?

Madame Delwins. Le baron est plus curieux qu'une femme; moi je renonce à savoir le nom du prince; je me contente de celui de sa femme.

Le Chevalier. Mais vous ne le saurez même pas, celui-là.

M. Désormes. Pour terminer la discussion, je reviens à l'entresol. Vous voyez que ces messieurs s'occupaient d'objets importants. M. de la Fautrière fut chargé de l'Histoire des finances, commencée par M. Pallu, appelé à l'intendance de Lyon. Il fit l'introduction, que M. d'Argenson annonce être un ouvrage excellent, rempli de traits et de maximes sublimes, tant sur le droit public que sur la science du gouvernement. Le bon abbé de Saint-Pierre surpassait, par sa fécondité, tous les membres de l'entresol : c'est là qu'il lut tous ses rêves. Persuadé qu'ils seraient un jour adoptés, il mourut avec cette illusion.

Le club s'assemblait tous les samedis, depuis cinq heures jusqu'à huit; la première de ces trois heures était consacrée à la lecture des extraits des gazettes, conséquemment aux nouvelles, aux conjectures politiques, aux notes envoyées par les ambassadeurs; la seconde heure était remplie par un entretien plein de charmes, dont l'objet était de suppléer aux nouvelles écrites qui avaient éveillé l'attention. On débitait tout ce qu'on avait appris pendant la semaine. Tous les membres de la société étaient répandus dans le monde, et chacun payait son contingent, et venait avec un butin. Ceux qui n'avaient pas voulu se charger d'un travail suivi payaient leur écot par des nouvelles et des observations, toujours intéressantes. Une confiance sans bornes, de l'intimité, la plus grande indépendance dans les opinions, donnaient un grand prix à ces entretiens ; pendant la troisième heure, presque toujours *entamée*, on lisait les ouvrages sur les matières désignées; mais cette indication n'était pas tellement rigoureuse, qu'elle ôtât la liberté de lire des mémoires *imprévus*. C'est ainsi qu'on lut vingt lettres d'un intérêt particulier sur la régence, des manuscrits apportés par l'abbé Alary de la bibliothèque royale, où il avait un emploi.

A huit heures, en hiver, chacun s'en retournait chez soi avec le désir de voir arriver le samedi suivant : en été, l'on allait aux Tuileries se promener à l'écart, en s'entretenant sur les objets ou les incidents de la soirée ; c'est-à-dire les anecdotes et discussions qui *traversaient*, mais toujours d'une manière agréable, la conférence.

Le Chevalier. Il me semble, mon cher Désormes, que notre réunion vous sert de canevas, sur lequel vous brodez tout à votre aise.

Madame Delwins. Vous êtes un flatteur, Chevalier, et vous méritez d'être mis à l'amende.

Le Chevalier. Point du tout : à l'exception de l'entresol, nous avons un fort beau salon : et de plus, une maîtresse de maison.....

Madame Delwins. A l'amende, avec blâme, pour récidive en fait de flatterie..... On fit chorus, et le chevalier paya l'amende.

M. Désormes. Voici les preuves de ma véracité (il montre les mémoires du marquis d'Argenson), j'abrége : voilà tout.

Le Chevalier. Je le veux bien ; mais votre club dure bien long-temps. Il n'y avait donc pas de police dans ce temps-là, de mouchards, d'officieux, enfin de bonnes gens comme aujourd'hui ?

M. Désormes. Attendez, eh bien ! non, il n'y en avait pas, ou le nombre en était excessivement borné ; mais dans notre pays il règne un défaut qui supplée tellement à l'espionnage, que je serais étonné que monseigneur le lieutenant de police ne s'en contentât point, si la nécessité de justifier la dépense de plusieurs millions ne m'expliquait sa conduite. Ce défaut est l'indiscrétion. Ce qu'il y a de remarquable dans le club de l'entresol, c'est que sur les membres qui le composaient, et le ministre n'en nomme que vingt-deux (il avertit que le nombre était plus considérable), il n'y eut qu'un *seul* indiscret, et ce fut.....

Madame Delwins. Laissez-nous le deviner...

On relit à haute voix les noms. On voulait faire des conjectures d'après les emplois dont étaient revêtus la plupart des sociétaires. Ce ne peut pas être un ambassadeur, disait l'un. Vous pourriez vous tromper, répliquait le chevalier.—Ce n'est certainement pas un abbé, disait l'autre.—Vous êtes peut-être dans l'erreur, répondait encore le chevalier.—Ce n'est pas un conseiller d'état.—Ni un chancelier des ordres du roi.—Encore moins l'aumônier de sa majesté.—Il serait possible, reprit toujours le chevalier, que ces conjectures, que j'avoue n'être pas données de probabilité, vu le caractère des fonctions indiquées, ne fussent cependant pas vraies. — Ah! c'est une plaisanterie.

M. Désormes. Non, madame.

Madame Delwins. Comment l'indiscret est...

M. Désormes. Ou plutôt était ambassadeur, aumônier du roi, conseiller d'état, chancelier des ordres de sa majesté : de plus, membre de l'Académie des Inscriptions et Belles-Lettres ; enfin le neveu du plus discret de tous les hommes, le grand Arnauld. C'était l'abbé de Pomponne.

Cet abbé fut d'abord piqué de la proposition qu'on fit d'admettre l'abbé de Saint-Pierre, et outré de le voir admis malgré son opposition. Il promit de ne plus remettre les pieds dans l'assemblée. Il y revint cependant, et ne témoigna même aucune aigreur. Le caractère inoffensif de l'abbé de Saint-Pierre ne permet pas de mettre les torts de son côté, dans une querelle qu'ils eurent tous les deux à l'hôtel de Torcy, et dont on ignore la cause et les détails.

On commença par tourner en ridicule les académiciens de l'entresol : on les accusait de régler l'état, d'être un bureau de nouvellistes, de fronder le gouvernement. M. d'Argenson s'exprime d'une manière que les hautes fonctions dont il fut revêtu rendent extrêmement remarquable. « Je m'apercevais, dit-il, de plu-
« sieurs causes qui devaient tôt ou tard ame-
« ner notre disgrâce. Sous un *gouvernement*
« *aussi ombrageux que le nôtre*, plusieurs de
« nos démarches étaient des fautes réelles. » Il blâme avec raison l'abbé Alary qui, fondateur et chef de cette estimable assemblée, la prônait partout. « J'enrageais, dit le ministre, voyant que nous cachions si peu nos plaisirs : je me tuais de recommander à mes collègues la discrétion sur le nom même de notre société : je

leur disais qu'un beau matin le gouvernement nous signifierait l'ordre de cesser toute réunion.

L'abbé Alary ayant un appartement à la bibliothèque du roi, y fit arranger un beau local à l'entresol, où la société tint ses réunions. On n'était pas fâché d'être logé dans une maison royale, comme les autres académies. Les travaux du club de l'entresol avaient été oubliés, lors de la création de toutes les académies. Il y en eut une politique au Louvre, établie du temps de M. de Torcy ; mais plusieurs causes, dont la plus choquante fut encore l'indiscrétion, abrégèrent sa durée. De plus, ceux qui en firent partie n'avaient en vue que leur fortune, tandis que celle des membres de l'entresol était faite. Le cardinal de Fleury prit beaucoup d'intérêt à ceux-ci; il leur témoignait même des égards. Plusieurs, s'étant distingués par leurs talents, durent à la réputation qu'ils s'étaient faite dans cette assemblée des places importantes. C'est ainsi que M. de Plelo fut choisi pour ambassadeur extraordinaire en Danemarck, et l'abbé Alary nommé instituteur des enfants de France. En le nommant, le cardinal exigea qu'il continuât ses soins à l'entresol. Il lui accordait un jour par semaine ;

mais cette faveur nuisit à ce club, ainsi qu'à l'abbé. « Les courtisans le rendirent suspect à cause de l'entresol, et l'entresol à cause de lui. » On prétendit qu'il communiquerait à ses collègues tout ce qu'il apprendrait à Versailles. Le refus d'admettre un magistrat clerc, fort suspect d'espionnage et favori du ministre, fut encore une cause de mécontentement. Enfin M. d'Argenson arrive à la cause principale de la désorganisation de cette assemblée, et je crois devoir le laisser parler, parce que je ne pense pas qu'il dise tout, et vous verrez si vous êtes de mon avis. « Je ne puis passer sous silence, dit-il, la conduite imprudente de l'un de nos collègues, qui sans doute ne cherche plus à acquérir le mérite d'être secret, depuis qu'il a fini son temps d'ambassade. L'abbé de Pomponne sait beaucoup, a infiniment d'esprit; mais il n'est pas le maître de ses idées, et n'a pas plus de tête qu'une linotte. Il nous disait des choses d'un mystérieux singulier selon lui, nous recommandait le plus grand secret, puis il allait les répéter à qui voulait l'entendre. Tantôt il nous portait aux nues, tantôt il nous déprimait avec humeur; et cette humeur ne provenait que d'amour-propre, selon qu'il avait brillé ou échoué à nos conférences. L'abbé de Pomponne est lié deupis longues années avec le cardinal : il a son franc parler devant lui, et je ne doute pas que dans ses moments de fougue il ne nous ait souvent cités suivant son habitude. Il faut avouer que ses citations ne devaient pas toujours plaire, car nous frondions par fois bien ouvertement. Rien, au surplus, ne doit être imputé à trahison : l'indiscrétion seule a tout fait. »

Madame Delwins. Ce langage ne ressemble-t-il pas un peu au *Je ne dis pas cela* d'Alceste qui *pensait* réellement *cela* et même était tout près de le dire ?

Le Chevalier. Je le crois, et la précaution de M. d'Argenson, le soin qu'il met à repousser une idée qui se présente naturellement, font un effet contraire à celui qu'il veut produire.

Madame Delwins. D'ailleurs l'abbé de Pomponne avait trop d'esprit pour ne pas sentir qu'il nuisait nécessairement à ses collègues en inspirant au premier ministre des préjugés qui leur étaient défavorables ; et certes quand il croyait avoir à se plaindre d'eux parce qu'il n'avait pas obtenu leur suffrage, son intention n'était pas de leur être utile.

M. Désormes. Mais voici bien ce qui le rend coupable. Pendant qu'il les desservait d'un côté, de l'autre il frondait le gouvernement. « L'abbé, dit M. d'Argenson, avait contracté l'habitude de parler à nos conférences avec une impétuosité pétulante, qui diminuait la liberté et la douceur de nos communications. Ce fut particulièrement à l'occasion de la pragmatique impériale[1] qu'il se déchaîna, trouvant que le roi de France ne prenait pas des mesures assez promptes. Il exhale mille invectives contre les étrangers. Cela fut su. Les ministres étrangers coururent chez M. le cardinal et chez M. le garde-des-sceaux et lui dirent : Qu'est-ce donc que cet entresol qui blâme si hautement votre conduite? De quoi se mêle-t-il? Le dernier samedi où l'entresol fut tenu à la Bibliothèque-Royale, l'abbé Alary, venant de Versailles, nous dit : « J'ai le poignard dans le cœur : M. le cardinal m'a dit hier : Dites à vos messieurs de l'entresol qu'ils

[1] Charles VI fit, comme on sait, cet acte pour assurer ses états à sa fille et régler sa succession dans la maison d'Autriche. Ce prince le publia le 19 avril 1713, le fit approuver par ses propres états en 1720 et garantir, en 1731, par l'Angleterre, la Hollande, la Russie. C'est de cette garantie qu'il est question, et dont la date coïncide avec celle de la suppression du club de l'entresol.

prennent garde à leurs discours, que des étrangers même sont venus s'en plaindre à moi. »

On convint d'interrompre les assemblées et l'on prit le prétexte des vacances; mais l'abbé de Saint-Pierre voulut renouer les conférences, proposant de ne s'y point occuper des affaires du temps. Il voulut faire approuver son projet par le cardinal, qui dans une première réponse lui parla avec dédain *des assemblées de son entresol dont on faisait un si mauvais usage*, et dans une seconde, datée du 11 août 1731, s'exprima ainsi : « Je vois que vous vous « proposez dans vos assemblées de traiter « des ouvrages de politique. Comme ces sortes « de matières conduisent ordinairement plus « loin que l'on ne voudrait, il ne convient pas « qu'elles en fassent le sujet. » Ce fut ainsi que le bon abbé fit défendre ces assemblées en voulant avoir un résultat tout contraire.

Toute la cour sut cette mésaventure : il y eut force brocards contre les membres de cette assemblée : M. d'Argenson craignit même qu'on ne leur donnât un brevet de l'ordre *de la calotte*.

Madame Delwins. On ne s'accorde point sur l'origine de cette plaisanterie. Les uns veulent que cet ordre ait été inventé pour tourner en ridicule ceux qui avaient échoué dans leurs entreprises : et les autres pour ceux qui se signalaient par quelques actes de folie.

Le Chevalier. Je crois que ceux qui pouvaient faire l'une des *deux preuves* étaient admis dans l'ordre. Il y a dans le *théâtre de la foire* une comédie en un acte intitulée *le Régiment de la calotte* « c'est, dit l'auteur dans « l'avertissement, un régiment *métaphysique* « inventé par quelques esprits badins qui s'en « sont faits eux-mêmes les principaux officiers. « Ils y enrôlent tous les particuliers nobles et « roturiers qui se distinguent par quelque « folie marquée ou quelque trait ridicule. Cet « enrôlement se faisait par des brevets en « prose que l'on distribuait dans le monde et « qu'on faisait passer à leur adresse.

La Comtesse. Il me semble que cet ordre de la calotte [1] ressemble à celui des gobe-

---

[1] Ce mot fut encore employé à la fin du dernier siècle, et de la manière suivante : « Il y avait, dit M. le comte de Sé- « gur, un étrange abus dans tous nos corps militaires; c'était « une association de jeunes lieutenants et sous-lieutenants, « nommée *la Calotte*. Elle avait ses assemblées, ses officiers, « son général, une police bizarre, mais sévère : elle prétendait « ne connaître aucune distinction de grades. Cette puissance « turbulente et ridicule, mais redoutable, ne voulait obéir

mouches de M. Jourgnac de Saint-Meard.

Le Chevalier. Beaucoup : le spirituel créateur de ce nouvel ordre a fait graver sur des billets de visites d'une grande dimension une ruche et des mouches. Il y a dans cet ordre différents grades pour lesquels les brevets sont plus ou moins enjolivés. Mais je suppose que M. de Saint-Meard a renoncé à décorer tous ceux qui auraient des droits à *jouir de cette faveur* : l'expédition des brevets demanderait seule des sommes immenses. Les recruteurs du régiment de la calotte se contentaient de l'inscription et n'appelaient point les arts à leur secours. Pour désigner l'admission dans le régiment on fit le mot *calottiniser* qui est mort avec l'ordre. Il est employé dans la comédie dont j'ai parlé. Louis XIV, qui souffrait la plaisanterie en laissa passer, à propos du régiment, une que je trouve hardie. Un jour ce prince demanda à l'un de ses courtisans, officier dans le régiment, quel jour il ferait défiler sa troupe devant lui : Sire, répondit-il, il n'y aurait personne pour la voir manœuvrer.

« que sous les armes, et punissait par des châtiments comi-
« ques tous ceux qu'il lui plaisait de reconnaître coupables
« d'un délit contre les convenances, la politesse, ou contre sa
« capricieuse législation. »

Madame Delwins. Nous sommes bien loin de M. d'Argenson.

M. Désormes. Pas tant, puisqu'il craignait un brevet de l'ordre de la calotte. Il ne le reçut cependant pas. Ne voulant point renoncer à son cher entresol, il résolut de provoquer des réunions de la part de ceux qui n'avaient pas eu d'avertissement direct, et, dans ce but, s'entendit avec eux pour éviter qu'on ne le leur donnât; ce qui pouvait se faire en ne se montrant point aux yeux du cardinal ni du garde-des-sceaux. Ils convinrent d'exclure ceux dont la discrétion n'était pas incontestable. Réduits à un petit nombre, ils changèrent à chaque fois de local et de jour, se rassemblant tantôt chez un académicien, tantôt chez un autre. Mais il n'y eut que trois réunions : la première chez M. d'Argenson; la seconde chez l'abbé de Bragelone, et la troisième chez M. de la Fautrière. La maison de ce dernier était surveillée par suite d'un grand tumulte qu'il y eut au parlement : dans le même instant M. d'Argenson ne put éviter la présence du garde-des-sceaux qui lui fit promettre qu'on ne s'assemblerait plus ni *directement* ni *indirectement*; ajoutant ces mots: *vous*

entendez bien ce que je veux dire : « ce qui
« signifiait, dit le ministre, qu'on savait tout et
« qu'il était inutile de ruser davantage. »

Voici les réflexions qu'il fait à ce sujet. « On
peut juger de l'utilité d'une pareille société
par ce que j'ai dit du département que chacun avait embrassé. Pour peu que l'on raisonne, on trouve aisément quelle est l'excellence de son objet. Il est surprenant que tant
de sciences soient cultivées en Europe, tandis
que le droit public manque d'école. Pourquoi
la théorie n'a-t-elle point lieu à l'égard des sociétés générales, comme pour les avantages
des sociétés particulières? On prétend aux emplois publics, et l'on ne peut s'y rendre capables qu'en se jetant d'abord dans la pratique; car voici la mode qui s'est introduite
en France de nos jours : on dit, « Quand je
serai ambassadeur, quand je serai élevé au
ministère, *j'apprendrai ma charge.* »

Le Chevalier. Et de nos jours on fait mieux,
on en sort *sans l'avoir apprise.*

Madame Delwins. On dirait, mon cher baron, que vous cherchez toutes les occasions
de vous faire mettre à l'amende.

Le Chevalier (avec surprise). Moi, madame! il est défendu de vous louer, heureusement.....

Madame Delwins. Bon! à l'amende. Il est défendu de parler des ministres, monsieur.

Le Chevalier. On dirait que vous devenez ministérielle..... D'ailleurs je n'en ai dit mot.

Madame Delwins. N'avez-vous pas voulu dire que MM*** s'en iraient comme ils étaient venus; aussi habiles.....

Le Chevalier. Le réglement ne parle pas de ce qu'on veut dire, mais de ce qu'on a dit : et si l'un des deux doit être mis à l'amende.....

Madame Delwins (en riant). J'entends, je me condamne..... (à M. Désormes) Votre entresol est donc détruit?

M. Désormes. Hélas oui! au grand regret de M. d'Argenson; mais il assure que le dépôt des manuscrits lus à l'entresol doit exister, et que l'abbé Alary en était chargé. Cet abbé, membre de l'Académie-Française, était, comme vous le voyez, utile aux lettres. Il n'a pas laissé d'ouvrages; mais il eut toujours pour le progrès des sciences et de la littérature un zèle actif qui mériterait que son nom ne fût pas enseveli dans l'oubli, et je sais gré à M. d'Argenson de nous l'avoir fait connaître.

Deux femmes, d'un caractère bien différent, eurent aussi chez elles, l'une à peu près dans le même temps, et l'autre plus tard, des réunions dont on a conservé le souvenir.

Ce furent madame Lambert[1] et madame de Tencin ; la première, plus estimable et plus estimée que la seconde, ne commit aucun écart dans sa conduite. Élevée par Bachaumont, elle aima les lettres, ouvrit sa maison à ceux qui les cultivaient avec succès, tint parmi eux un rang honorable, et laissa quelques ouvrages, qui lui ont survécu [2].

Madame Delwins. Savez-vous l'époque où commença la société qu'elle recevait chez elle ?

M. Désormes. Cette société ne nous est connue que par la tradition et par les témoignages de Fontenelle et de M. d'Argenson. Les traditions donnent rarement d'époque fixe. Fontenelle eut une vie si longue et si uniforme, qu'à moins de renseignements, qu'il n'a point transmis, on ne peut acquérir

---

[1] Anne-Thérèse de Marguenat de Couralles, marquise de Lambert, mourut en 1733, âgée de 86 ans.

[2] *Avis d'une mère* à sa fille,.. à son fils : *Traité de l'amitié..; de la vieillesse.* etc., et d'autres ouvrages qui ont eu plusieurs éditions. Désigner celle de MM. Étienne et Jay, c'est indiquer la meilleure.

de certitude sur les commencements de la société de madame de Lambert. Elle resta veuve, après vingt années de mariage, et soutint des procès longs et désagréables pour conserver la fortune de son mari, qui était gouverneur de Luxembourg. Comme elle était née en 1647, ces circonstances nous conduisent à la fin du siècle, et je ne pense pas qu'elle ait formé la brillante réunion qu'elle rassemblait chez elle, avant d'avoir l'esprit en repos et sa fortune assurée. Ainsi, c'est du commencement du 18e siècle que je daterai cette réunion. M. d'Argenson, dans ses mémoires, n'a point oublié madame de Lambert. Il devint de ses amis particuliers en 1718, et de cette époque, jusqu'en 1733, il dînait régulièrement chez elle tous les mercredis. « Le soir, il y avait cercle : on y raisonnait sans qu'il y fût plus question de cartes qu'au fameux hôtel Rambouillet. Elle était riche : faisait un bon et aimable usage de ses richesses, du bien à ses amis et surtout aux malheureux..... »

Ici, madame Delwins devint l'objet de tous les regards dirigés spontanément sur elle. Elle baissa les yeux, rougit, et prise à l'improviste, eut l'air de s'appliquer à son ouvrage.

M. Désormes. Messieurs, vous êtes tous à l'amende. Et comme personne ne réclama, il continua dans ses termes : L'influence de madame de Lambert était si grande, que les choix de l'académie se faisaient dans son salon, et qu'on n'était reçu dans cette compagnie qu'après avoir été présenté chez elle et par elle. A sa mort, la moitié des académiciens avait suivi cette route pour arriver au fauteuil. Ce salon était peuplé, deux fois la semaine, de beaux-esprits et de gens du grand-monde. On y voyait Saint-Aulaire, qu'un impromptu rendit immortel, Lamotte, Sacy, Fontenelle, Fénélon même, quand il venait à Paris. Fontenelle a dit : « que la maison de madame de Lambert était la seule où l'on se trouvât pour se parler raisonnablement les uns les autres, et même avec esprit, selon l'occasion.

Je passe à la comtesse de Verrue, qui peut-être aurait eu quelques *droits* à figurer dans la galerie des dames galantes du dix-huitième siècle ; il aurait été possible de la placer à côté de madame de Tencin ; mais elle ne fit point marcher de front, comme celle-ci, l'intrigue et la galanterie; et même elle résista long-temps, quoique son amant eût un trône en perspective. Son histoire mérite quelque attention.

Elle était fille du duc de Luynes, et d'une beauté remarquable. Elle fut mariée au comte de Verrue dont la mère était dame d'honneur de madame de Savoie. Le prince en devint amoureux, lui donna des fêtes. Son mari, sa belle-mère la forcèrent d'y aller. De nouvelles déclarations ne furent pas plus écoutées. Elle eut recours à son père et vint en France, accompagnée d'un vieil abbé, oncle de son mari, se croyant en sûreté avec ce prêtre. Mais il éprouva pour elle une passion violente et la tourmenta tellement, ainsi que ceux qui devaient la protéger, qu'elle n'eut d'autre ressource que de se livrer au prince sur lequel elle exerça bientôt le plus grand empire. Elle disposait de toutes les graces à la cour de Sardaigne. Étant un jour à dîner avec un parent de son mari elle fut empoisonnée. Ce parent ne la quittait point et voulait qu'elle fût saignée. L'ambassadeur d'Espagne donna un contrepoison qui la sauva. Elle n'a jamais voulu nommer celui qu'elle soupçonnait de ce crime. Elle eut ensuite la petite-vérole. Le prince la servit dans cette maladie comme une garde, et quoique sa beauté fût altérée, il ne l'en aima pas moins, mais son amour était tyrannique; il la tenait enfermée et travaillait avec ses ministres dans son appartement. Ennuyée de cette gêne elle engagea son frère, le chevalier de Luynes, à venir l'enlever pendant que le roi visitait Chambéry. Le rendez-vous était une chapelle à quatre lieues de Turin. Le chevalier, qui servait dans la marine, devait y venir de son côté. Elle avait avec elle un petit perroquet qu'elle aimait beaucoup. Son frère arrivé, ils partirent en toute hâte; mais après avoir fait cinq ou six lieues, elle s'aperçut qu'elle avait oublié le perroquet. Malgré le danger auquel elle exposait le chevalier, et celui qu'elle courait elle-même, elle ne voulut point continuer sa route qu'elle n'eût l'oiseau chéri; il fallut absolument l'aller chercher. Ils arrivèrent en France sans accident, et même avant qu'on eût été instruit de sa fuite à la cour de Sardaigne. Elle se mit d'abord dans un couvent. Elle avait emporté du Piémont tous les diamants que lui avait donnés le roi de Sardaigne, et de plus trois cent vingt médailles en or qu'il ne lui avait point données. La mère du régent lui en acheta une

partie. « J'ai (dit-elle dans ses mémoires, avec
« beaucoup de naturel), j'ai profité de son vol :
« elle m'a vendu cent soixante médailles d'or :
« c'était la moitié de toutes celles qu'elle avait
« volées au roi de Sicile. Elle avait eu aussi
« des cassettes remplies de médailles d'argent
« qui ont toutes été vendues en Angleterre.

La comtesse de Verrue sortit bientôt de son couvent. Comme elle avait beaucoup d'esprit, d'amabilité, d'usage du monde, elle se fit d'autant plus facilement une société agréable, qu'elle tint une bonne maison. Elle aima les gens de lettres et les attira chez elle. Intime amie du poète La Faye, elle lui fut utile. Son goût pour les arts et les plaisirs la fit surnommer *dame de volupté*.

Elle se fit cette épitaphe :

>Ci-gît dans une paix profonde
>Cette dame de volupté
>Qui, pour plus grande sûreté,
>Fit son paradis dans ce monde.

Madame Guérin de Tencin, dont il a été question une fois dans le tableau des mœurs du dernier siècle, fit des vœux, prit le voile dans un couvent de l'ordre de Saint-Dominique et s'en repentit bientôt. Voulant rentrer dans le monde pour lequel elle était plutôt faite que pour le cloître, elle commença par sortir de sa prison sans prévenir madame la supérieure. En femme habile, elle savait qu'il est plus aisé d'obtenir le pardon d'une faute commise que la permission de la commettre. Pour avoir le droit de conserver une liberté qu'elle avait recouvrée de fait, elle chargea Fontenelle de rédiger une supplique au pape, afin d'être déliée de ses vœux. Il fallait, pour assurer le succès, des motifs graves, qui même intéressassent la société, de manière que le refus du saint père eut plus d'inconvénients que la faveur demandée. Si une grossesse était blâmable, elle avait l'avantage d'être sans réplique et de triompher des objections. Ce moyen fut employé par Fontenelle, et la dispense accordée. Mais, comme on prouva que l'exposé n'était pas véridique, les formalités ne furent point remplies et le bref resta sans exécution. Je soupçonne, mais je n'en ai pas de preuve, et de ma part ce ne sont que des conjectures, je soupçonne, dis-je, que madame de Tencin fit consciencieusement ce qu'il fallait pour empêcher qu'on n'arguât de faux l'exposé de Fontenelle, et que c'est à ce scrupule que nous devons la naissance de d'Alembert. Cependant l'abandon qu'elle fit de cet enfant détruit peut-être cette conjecture. Quoi qu'il en soit du motif, l'auteur du faux exposé passa pour être le père de l'enfant ; et ce ne fut que long-temps après qu'on sut que ce n'était point l'académicien, mais M. Destouches, commissaire d'artillerie. Madame de Tencin confia le secret de sa grossesse et de ses couches aux seules personnes dont le témoignage pouvait être admis auprès de la cour de Rome pour rectifier l'exposé ; de manière qu'on la laissa tranquille, sans cependant publier le bref qui légitimait la liberté dont elle jouissait. La rigueur était devenue inutile et sans objet puisqu'elle avait rempli la formalité essentielle.

Sa maison devint le rendez-vous, d'abord des intrigants sur les manœuvres desquels s'appuyait le crédit du cardinal de Tencin, ensuite des beaux esprits du siècle. Aux artisans des querelles du jansénisme succédèrent les gens de lettres. Dans la première période elle eut un crédit immense qu'on ne pourrait expliquer si l'esprit d'intrigue n'expliquait tout. Elle contribua puissamment à faire de son frère un cardinal, puis un ministre d'état. Elle eut de l'empire sur le cardinal de Fleury, et le contraste que présentaient le caractère de ce ministre vertueux et celui d'une femme qui se moquait de la vertu, rend cet empire bien plus extraordinaire. Mais la manière dont elle s'y prit pour forcer La Popelinière d'épouser une comédienne prouva qu'elle savait elle-même bien jouer la comédie. Elle manœuvra si bien que le cardinal, croyant Mimi-Dancourt une victime de la séduction, lui donna pour dot le brevet de fermier-général, que possédait le financier et qui devenait disponible au renouvellement du bail des fermes. Le vieux ministre, doublement dupe, crut faire cesser le scandale qui, grace à l'usage, n'était qu'imaginaire, et devint cause d'un scandale bien plus éclatant, par la conduite de madame La Popelinière dont les aventures avec le maréchal de Richelieu n'eussent fait aucun bruit, si le cardinal ne se fût point mêlé des affaires de Mimi-Dancourt.

Quand le discrédit du cardinal de Tencin et sa mort forcèrent sa sœur à renoncer à l'ambition, elle remplaça donc, comme je vous l'ai dit, les jésuites qui peuplaient son salon par les gens de lettres. Le singulier cadeau qu'elle faisait à ceux-ci pour leurs étrennes a jeté du ridicule et sur les donataires et sur la bienfaitrice. C'était une culotte de velours. On prétend qu'elle en a distribué quatre mille. Fontenelle, Montesquieu, Mairan, Astruc, Marivaux, Helvétius, Mably, Marmontel, ornaient ce salon. « On y arrivait, dit Marmontel, préparé à jouer un rôle : l'envie d'entrer en scène n'y laissait pas toujours à la conversation la liberté de suivre son cours facile et naturel. C'était à qui saisirait le plus vite, et comme à la volée, le moment de placer son mot, son conte, son anecdote, sa maxime, ou son trait léger et piquant; et, pour amener l'à propos, on le tirait quelquefois d'un peu loin. Dans Marivaux, l'impatience de faire preuve de finesse perçait visiblement; Montesquieu, avec plus de calme, attendait que la balle vint à lui, mais il l'attendait [1]; Mairan guettait l'occasion; Astruc ne daignait pas l'attendre; Fontenelle seul la

---

[1] Madame de Tencin étant morte en 1749, c'est bien longtemps après que Marmontel écrivit ses remarques critiques. Que Montesquieu attendît ou non l'occasion, il a saisi habilement celle de s'élever bien au-dessus de ceux que Marmontel fait connaître, sans l'excepter lui-même.

laissait venir sans la chercher; Helvétius, attentif et discret, recueillait pour semer un jour. »

Madame Geoffrin allait chez madame de Tencin qui prétendait qu'elle venait pour hériter de sa succession. En effet elle y faisait clandestinement des recrues. A la mort de madame de Tencin, la plus grande partie de ses habitués se rendit chez madame Geoffrin. Elle eut deux dîners de fondation par semaine. Les artistes se réunissaient à celui du lundi, et le mercredi était destiné aux gens de lettres. On retrouvait chez elle d'Alembert, Mairan, Marivaux, Chastellux, Morellet, Saint-Lambert, Helvétius, Thomas, Raynal, Galiani, le comte de Creutz, Carraccioli, Marmontel, Caylus. Mademoiselle de Lespinasse était la seule femme admise. Il y avait peu de liberté de penser.

Sans dire encore adieu à madame Geoffrin, je dois faire mention de deux réunions qui, dans le commencement de son règne, se tenaient concurremment avec la sienne. La première était celle de Pelletier, fermier-général. Il rassemblait chez lui dix garçons *bons vivants*, parmi lesquels se distinguaient Crébillon fils et Collé, Marmontel et Bernard. Mais ce Pelletier, ayant épousé une aventurière, les habitués disparurent, et l'Amphitryon, reconnaissant son erreur, fut tellement affecté qu'il devint fou et mourut à Charenton.

La seconde était celle de Falconnet, de l'Académie des Inscriptions, médecin-consultant du roi, qui à quatre-vingt-quatre ans était encore plein de feu, d'agréments et de gaîté. Les gens de lettres le regardaient comme leur père. Le dimanche il les rassemblait chez lui. L'intrépide Marmontel était du nombre. Comme on se réunissait de bonne heure, on appelait ces assemblées *la messe des gens de lettres*, et l'abbé Terrasson ne manquait jamais une de ces messes.

Ce goût des réunions littéraires avait même pénétré dans les camps; pendant le cours de la campagne de 1757, plusieurs officiers-généraux, les uns d'un esprit aimable, les autres d'un esprit cultivé, formèrent une sorte d'académie littéraire à Drevenich, où la saison devait les retenir assez long-temps. Il fut convenu que chacun apporterait à cette réunion son tribut de vers ou de prose, et cet engagement fut rempli. Mais j'oubliais que je ne devais point sortir de Paris. J'y vais rentrer après avoir dit un mot de Quesnay qui demeurait ordinairement à Versailles.

Cet économiste avait aussi des réunions et des dîners; il logeait à l'entresol. On s'occupait d'agriculture et du *produit net* : quelquefois l'assemblée était moins sérieuse : c'était lorsque Diderot, d'Alembert, Buffon, Duclos, Helvétius et Turgot en faisaient partie.

Madame Marchais rassemblait aussi les gens de lettres les plus distingués; mais elle leur adjoignait des personnages de la cour et de la ville en assez grand nombre pour que la réunion n'eût aucun caractère distinctif. Elle avait été des petits spectacles que madame de Pompadour donnait au Roi pour le désennuyer. Elle épousa ensuite M. d'Angevillers, fut également célèbre sous ce nom, et conserva long-temps sa beauté.

Dans le même temps mademoiselle Quinault donnait ses célèbres soupers. L'on y vit successivement Voltaire, Destouches, Duclos, Marivaux, Pont-de-Vesle, Caylus, d'Argenson, Saint-Lambert, Piron, J.-J. Rousseau, etc. Cette réunion s'appelait la société *du Bout-du-Banc*, parce que dans l'origine la sobriété présidait à l'ordonnance du repas. Le plat du milieu était une écritoire dont chaque convive se servait à son tour. C'est de là que sortirent les *Etrennes de la Saint-Jean* et le *Recueil de ces messieurs*. Mais au lieu de composer dans le salon de mademoiselle Quinault ces contes agréables, chacun apporta le sien. C'est pour remplir cette obligation que Rousseau fit sa *Reine fantasque*. Madame d'Épinay rapporte dans ses mémoires qu'une fois admis chez mademoiselle Quinault on avait le droit d'y retourner sans invitation, quoique la fondation n'eût été dans l'origine que pour huit personnes; que chacun avait son sobriquet, etc; mais il faut se défier de ses récits quand ils sont satyriques; car c'est Grimm alors qui tient la plume.

Madame Dupin avait chez elle une assemblée nombreuse dont les deux patriarches furent l'abbé de Saint-Pierre, qu'elle appelait son enfant gâté, et Fontenelle. On y vit tous les hommes illustres de ce siècle, tels que Montesquieu, Voltaire, Buffon et Rousseau; ce dernier, secrétaire alors de madame Dupin, n'était point encore sorti de l'obscurité.

Les dîners du président Hénault sont connus et même célèbres par la recherche des mets, et plus tard, ceux d'Helvétius. David Hume était admis chez ce dernier. Le maître d'hôtel du moderne Apicius, entendant toujours parler du génie et de l'esprit de l'historien anglais, dit avec une plaisante naïveté qu'il ne concevait pas qu'on pût trouver de l'esprit à quelqu'un qui mangeait des petits pois avec la lame de son couteau. Écoutons un contemporain sur la manière dont Helvétius et d'Holbach composaient leur société.

« La maison du baron d'Holbach et, depuis quelque temps, celle d'Helvétius, étaient le rendez-vous d'une société composée en partie de la fleur des convives de madame Geoffrin, et en partie de quelques têtes que madame Geoffrin avait trouvées trop hardies et trop hasardeuses pour être admises à ses dîners. Elle estimait le baron d'Holbach, elle aimait Diderot mais à la sourdine et sans se compromettre pour eux. Il est vrai qu'elle avait admis et comme adopté Helvétius, mais jeune encore et avant qu'il se fût fait connaître. »

J. J. Rousseau et Buffon furent pendant quelque temps de cette société, dont ils se retirèrent, le premier en allant habiter l'Ermitage;

le second, par des motifs qu'il n'a point publiés, mais qu'on a devinés. Supérieur, comme écrivain et comme naturaliste, à d'Alembert, à Marmontel, qui tâchaient de le couvrir de ridicule, il ne lui convenait plus de se trouver avec eux : son genre d'étude n'avait aucune analogie avec le leur, et la place qu'il occupait lui permettait d'autant moins de fréquenter quelqu'un qui faisait ouvertement profession d'athéisme, que la carrière qu'il parcourait avec éclat exigeait de sa part beaucoup de circonspection, la religion des naturalistes ayant toujours été regardée comme douteuse.

La plupart de ces réunions se tenaient concurremment et sans se nuire ; les mêmes convives portaient de l'une à l'autre leur appétit et leurs saillies.

Voici comme on nous représente l'assemblée d'une femme dont les lettres sont connues.

« Le cercle de mademoiselle Lespinasse était formé de gens qui n'étaient point liés ensemble. Elle les avait pris çà et là dans le monde, mais si bien assortis que, lorsqu'ils étaient là, ils s'y trouvaient en harmonie comme les cordes d'un instrument monté par une habile main. Les seuls amis de d'Alembert étaient liés entre eux : c'étaient Saint-Lambert, Marmontel, l'abbé Morellet et le chevalier de Chastellux. Tous les esprits et tous les caractères étaient si bien connus de mademoiselle Lespinasse que, pour les mettre en jeu, elle n'avait qu'un mot à dire. Nulle part la conversation n'était plus vive, plus brillante ni mieux réglée que chez elle. La continuelle activité de son ame se communiquait à nos esprits, mais avec mesure. Son imagination en était le mobile, sa raison le régulateur, et remarquez bien que les têtes qu'elle remuait à son gré n'étaient ni faibles ni légères. Les Condillac et les Turgot étaient du nombre. D'Alembert était auprès d'elle comme un simple et docile enfant. Elle avait le talent de jeter en avant la pensée, et de la donner à débattre à des hommes de cette classe, de la discuter elle-même, d'amener de nouvelles idées et de varier l'entretien, toujours avec aisance et facilité.....

M. d'Harmage. De laquelle voulez-vous parler, vous qui esquivez si bien les amendes?

M. Désormes (avec surprise). Comment, de laquelle? Que voulez-vous dire?

M. d'Harmage. Mais oui. Vous parlez d'une

dame chez qui la conversation était brillante, qui avait le talent de varier l'entretien... Est-ce de madame Delwins ou de la comtesse?

M. Désormes. Ni de l'une ni de l'autre, mon cher d'Harmage, et si vous écoutiez, vous n'auriez pas fait cette question. Comme elle contient une louange, je *n'esquiverai* pas l'occasion de vous rappeler que vous êtes redevable.....

La Comtesse. Reste à savoir s'il est tellement flatteur pour nous d'être comparées à mademoiselle de Lespinasse, qu'en le faisant on doive être mis à l'amende : la double passion qu'elle éprouvait *à la fois* pour M. de Guibert et pour M. de Moria.....

M. Désormes. Sa tyrannie envers ce pauvre d'Alembert qui fut une fois amoureux dans sa vie, et d'elle, qui eut la cruauté de le rendre son confident de l'une de ses deux passions (celle pour M. de Moria), de lui envoyer chercher ses lettres à la poste... Mais du reste, c'est par l'intention qu'il faut juger.

Le Chevalier. Il a voulu faire un compliment.

La Comtesse. Le compliment d'un distrait qui pense à tout autre chose en le faisant!...

M. Désormes. Fort bien! mais il y pensait avant de le faire. Je reprends mes notes. Voici dans quels termes un historien raconte la mort de celle dont nous nous occupons.

« Mademoiselle Lespinasse, très-connue dans le monde par M. d'Alembert, par sa passion pour l'Encyclopédie, ainsi que pour les économistes, vient de mourir. Les coryphées de ces deux cabales la regrettent. Elle tenait un de ces bureaux de philosophie substitués aujourd'hui à ceux de bel-esprit. M. de La Harpe était un de ses nourrissons : elle ouvrait, depuis quelque temps, les portes de l'académie par son crédit sur le secrétaire qui mène la compagnie. Ce poète est le dernier qu'elle y aura fait entrer. Le domaine a mis les scellés chez elle [1]. »

Madame Geoffrin mourut dans le même temps. J'emprunte le récit du même historien.

« Madame Geoffrin étant toujours dans un état de dépérissement et d'affaiblissement de tête qui la met hors d'état de continuer ses assemblées philosophiques, c'est madame Necker qui en rassemble aujourd'hui tous les

---

[1] Parce qu'elle n'avait ni parents, ni héritiers.

membres épars. La nouvelle dignité de son mari ne peut que rendre le cercle plus brillant. Mesdames Saurin, Suard et La Harpe président sous cette virtuose, et tour-à-tour, à son défaut, tiennent bureau. »

A la date 12 octobre 1777, la mort de madame Geoffrin est annoncée dans ces termes : « La célèbre madame Geoffrin vient enfin de payer le tribut à la nature ; mais comme elle était depuis quelque temps en enfance, cet événement n'a produit aucune sensation : le troupeau philosophique qu'elle rassemblait, dispersé d'avance, s'était réparti en d'autres sociétés, plus particulièrement chez madame Necker, mais dans l'unique but de délasser et de désennuyer son mari : sans goût dans sa parure, sans aisance dans son maintien, sans attrait dans sa politesse; son esprit, comme sa contenance, était trop ajusté pour avoir de la grace..... On la voyait tout occupée à se rendre agréable à sa société, empressée à bien recevoir ceux qu'elle y avait admis, attentive à dire à chacun ce qui pouvait lui plaire davantage. Mais tout cela était prémédité ; rien ne coulait de source, rien ne faisait illusion. Ce n'était ni pour nous ni pour elle qu'elle se donnait tous ces soins, c'était pour son mari. *Commencer sa renommée*, tel fut le principal objet de la fondation de sa société littéraire. Ses attentions, et tout son désir de nous plaire n'auraient pu vaincre le dégoût de n'être à ses dîners que pour amuser son mari. » C'est ainsi qu'en parle Marmontel.

Elle hérita de madame Geoffrin, du baron d'Holbach et d'Helvétius.

Passons à celle qui ne donna ni dîners, ni soupers; qui, pendant long-temps, lutta contre l'autorité inquiète d'une réunion *compacte* : c'est de madame Doublet qu'il est question. Elle mérite quelques détails.

Madame Doublet est moins célèbre que madame de Tencin, parce qu'elle ne s'est distinguée, comme celle-ci, ni par des ouvrages de sa composition, ni par des intrigues et des aventures scandaleuses. Elle s'appelait Legendre, et, par sa mère, de la famille des Crozat, était tante de la duchesse de Choiseul, femme du premier ministre. Elle épousa M. Doublet de Persan, intendant du commerce, et qui portait le nom d'une belle terre, située près de Beaumont-sur-Oise. La mort de son mari la priva de sa fortune, et la força de se retirer au couvent des Filles-saint-Thomas. Là, quoique menacée souvent d'aller loger à la Bastille, elle ne sortit pas une seule fois, pendant quarante ans, de l'appartement extérieur que lui avaient fait préparer les religieuses. Il paraît que la curiosité fut l'unique passion de madame Doublet, et, quoiqu'elle ne réunît d'abord chez elle que des hommes, la chronique scandaleuse, qui n'oublie personne, n'a point inscrit son nom sur ses registres. La conduite qu'elle tint pendant ces quarante ans est digne de remarque. Tous les jours, sans exception, on se rassemblait chez elle, à la même heure, avec une régularité parfaite. Chacun, après s'être placé dans le même siége, fournissait son contingent de nouvelles, les livrant à la discussion, les appuyant de preuves. Elles étaient inscrites sur un des registres, car il y en avait deux; l'un pour les faits qu'on regardait comme certains, l'autre pour les anecdotes douteuses. Petit de Bachaumont, qui n'était pas de la famille de l'ami de Chapelle, le plus assidu des membres de cette société, tint longtemps la plume et rédigea les cinq premiers volumes des *Mémoires secrets*, connus sous son nom, et qui forment trente-six volumes. Les faits dont ils se composent parurent d'abord sous le titre de *Nouvelles à la main*, et circulèrent dans le monde. La nature de quelques-unes de ces nouvelles, et la liberté avec laquelle elles étaient racontées, inquiétèrent le gouvernement. Les habitués étaient nombreux : c'étaient Piron, Sainte-Palaye, Mairan, Voisenon, Falconet, Foncemagne, Perrin, Devaur, Firmin, d'Argental, Mayrobert, le chevalier de Mouhi. Mayrobert avait été élevé chez madame Doublet. C'était un des rédacteurs des mémoires. Il conservait le journal qui se faisait chez cette dame et le continuait. Il ne manquait aucune première représentation. Il avait eu plusieurs démêlés avec le public, relativement à ce journal.

La sûreté de cette assemblée dépendait de la discrétion : on avait d'abord exclu les femmes ; mais on se relâcha de la règle et l'on reçut mesdames Dubocage, de Besenval, de Villeneuve, Rondet et d'Argental. Il était difficile que parmi tant de monde il n'y eût pas de traître ou tout au moins d'indiscret. A la honte de notre sexe, Charles de Fieux, chevalier de Mouhi, devint espion, ou fut introduit comme tel. Il dénonça comme *frondeuses* les dames que j'ai nommées. Soit qu'il ne fît point partie de la société pendant les premières années, soit qu'il ne fût séduit que plus tard, le lieutenant de police Berryer fit, de 1746 à 1753, d'inutiles recherches. Le 6 octobre 1753, le marquis d'Argenson, ministre, lui écrivit que le roi *savait que madame Doublet* recevait chez elle des personnes qui y débitaient des nouvelles *hasardées*, et qu'au lieu de *les faire taire*, elle tenait un registre qui servait à composer des feuilles qu'on mettait en circulation. Le roi, ajoutait ce ministre, *veut* que le lieutenant de police *voie* cette dame. Il était singulier que Louis XV fût instruit de ces faits avant le magistrat chargé de lui en rendre compte. M. Berryer fit une visite à madame Doublet, qui *promit de se corriger;* mais elle n'en fit rien, et le duc de Choiseul, neveu de cette dame, lui écrivit le 24 mars 1762 une lettre dans laquelle, en l'appelant *ma très-chère tante*, il la menaça du couvent, la prévenant que le roi était choqué *des imprudences intolérables* qui sortaient de chez elle. Madame Doublet ne tint aucun compte de l'avertissement: seulement elle prit plus de précautions, et retarda la publication de ses *Nouvelles*, qui ne parurent plus pendant quelque temps avec autant de régularité. On s'empara du copiste, qui était son valet de chambre, et qu'on mit en liberté après une détention de trois jours à la Bastille.

Si je juge de l'organisation de l'*établissement* de madame Doublet (car on peut donner ce nom à sa fabrique de Nouvelles), d'après les lettres que je possède, je suis obligé de convenir qu'il était formé avec intelligence. Elle avait dans les provinces des correspondants qui lui adressaient des renseignements et des notes. Clément de Boissy lui écrivait d'Onzain, terre située près de Blois [1]; le président de Meynière, de la Ferté-Milon; M. de l'Étang, de Bourges, etc.; beaucoup d'autres lettres sont anonymes. Elles ont rapport à l'exil des parlements, à la constitution *unigenitus*, au refus des sacrements. Deux sont écrites, l'une de Rome, l'autre de Corse, et sont relatives, la première, à l'élection du pape; et la seconde, à l'invasion de l'île par les Français. Toutes sont adressées à madame Doublet, *cour et rue des filles Saint-Thomas*. Aucune n'est timbrée;

[1] Elle appartient aujourd'hui à M. Panckoucke, libraire.

ce qui me fait croire qu'elles ne lui arrivaient pas directement, mais sous l'enveloppe de quelque membre de sa nouvelle société, dont le chevalier de Choiseul, le maréchal de Richelieu, le président de la Marche, Rougeot, Chauvelin, etc., firent partie dans les derniers temps. Si l'on songe que jamais on ne put saisir sa correspondance, on conviendra que madame Doublet avait bien pris ses mesures, et qu'elle était bien servie. La plupart des sujets traités dans cette correspondance porteraient à croire qu'à certaines époques l'esprit humain est tourmenté d'une maladie incurable à laquelle il faut sans cesse des aliments. Au milieu du siècle dernier, c'était particulièrement la cruelle manie de torturer un pauvre moribond, pour savoir, avant de lui donner les secours de la religion, ce qu'il pensait d'une querelle à laquelle il n'entendait rien quand il était bien portant.

Pour en revenir à madame Doublet, je dirai que, dans les mémoires de la société qu'elle avait fondée, le rédacteur, oubliant ce qu'il devait à la bienfaitrice de l'établissement, annonça sa mort avec une légèreté presque choquante. Voici dans quels termes il s'exprime :

« Madame Doublet est morte ces jours-ci, agée de quatre-vingt-quatorze ans. C'était une virtuose dont madame Geoffrin n'est qu'une faible copie. Depuis soixante ans elle rassemblait dans sa maison la meilleure compagnie de la cour et de la ville et passait sa vie à former un journal bien supérieur à celui de *l'Étoile* et autres ouvrages du même genre. La politique, les belles-lettres, les arts, les détails de société, tout était de son ressort. Tous les jours on élaborait chez elle les nouvelles courantes, on en rassemblait les circonstances, on en pesait les probabilités, on les passait, autant qu'on pouvait, à la filière du sens et de la raison; on les rédigeait ensuite et elles acquéraient un caractère de vérité si connu que lorsqu'on voulait s'assurer de la certitude d'une narration, on se demandait, « cela sort-il de « chez madame Doublet? » Au reste sa réputation avait un peu dégénéré de ce côté ; en vieillissant elle avait perdu beaucoup de ses amis du premier mérite, et avait survécu à toute sa société habituelle. M. de Bachaumont est le dernier philosophe qu'elle ait vu mourir. Il est difficile qu'au milieu de ce savant tourbillon qui l'entourait, madame Doublet ne passât pas pour être un peu entichée de déisme, et même d'athéisme. Elle avait bravé jusque-là l'opinion publique et les clameurs des dévots. Depuis le carême dernier, la tête de cette dame s'affaiblissant, M. le curé de Saint-Eustache avait cru qu'il était temps de convertir sa paroissienne. Celle-ci n'était plus en état d'argumenter contre lui, et avec le secours de la grace le pasteur s'était flatté d'avoir réussi. En effet elle avait reçu le bon dieu la semaine sainte; pratique de la religion que personne ne se rappelait lui avoir vu faire. On conçoit aisément qu'avec de pareils préparatifs elle n'a pu qu'éprouver une mort très-édifiante, et s'endormir dans le Seigneur. »

Celui qui tient ce langage fut de la société de cette dame.

La société qui se réunissait, dans l'origine, chez madame Doublet, et qui publiait les *Nouvelles à la main* qu'on a depuis exploitées pour en faire des *mémoires*, devait craindre toute concurrence et s'opposer de tous ses moyens à toute réunion ou entreprise du même genre. Aussi peut-on remarquer l'humeur avec laquelle s'exprime le rédacteur de ces *Nouvelles* à la date du 19 juin 1778. « Rien de plus plaisant, dit-il, que l'importance que mettent ici, à leurs petits projets, nos faiseurs de spéculations. Un sieur de la Blancherie a imaginé une correspondance générale sur les sciences, la littérature, les arts et la vie des gens de lettres et des artistes de tous les pays et il se propose d'en publier tous les détails par quinzaine sous le titre de *Nouvelles de la république des lettres.* Il tient aussi des assemblées hebdomadaires, indiquées sous le nom de *rendez-vous de la république des lettres.* Cet agent général des savants tient ses assemblées dans un galetas du collége de Bayeux, rue de la Harpe : on n'y a pas même de chaise; il faut rester debout jusqu'à dix heures du soir. On reçoit de l'argent pour des souscriptions, mais rien ne paraît. Malgré l'approbation que l'académie des Sciences, on ne sait pourquoi, a jugé à propos de donner à ce projet, le 20 mai, sur le rapport de MM. Franklin, Le Roi, le marquis de Condorcet et Lalande, on peut assurer par expérience que c'est jusqu'à présent la cotterie la plus plate et la correspondance la plus vide. » Malgré ce langage il n'en est pas moins vrai que le journal parut pour la première fois le 22 janvier 1779, et que même il a eu dix années d'existence [1]; mais on n'y trouve aucun renseignement sur les personnes qui se réunissaient. Le but de l'auteur du projet était de faire connaître dans toute l'Europe les différents produits de l'industrie : idée utile, recueillie depuis cette époque, et que l'on féconde aujourd'hui avec un zèle digne d'éloges; mais le premier auteur se rendit ridicule, en prenant le titre d'agent-général de la littérature.

LE CHEVALIER. J'ai connu en 1810, à Londres, ce La Blancherie dont le nom de famille était Pahin [2]. Il avait voyagé en Amérique avant de former la réunion dont vous parlez. Il émigra ensuite au commencement de la révolution et choisit Londres pour asile. Logé dans une maison de peu d'apparence et dont les appartements étaient en ruine, il découvrit, en les parcourant, des preuves qui constataient qu'elle avait été habitée par Newton. Il annonça l'intention de la faire réparer; ce qui

---

[1] La collection forme 8 vol. in-4°. Elle est très-rare.

[2] Manimès-Claude Pahin de la Blancherie. Il était né à Langres en 1752. Malgré le reproche fondé qu'on lui fait sur son titre, il ne méritait pas l'oubli dans lequel il serait tombé sans le savant et modeste Weiss, qui lui a consacré un article biographique.

lui valut une pension de la cour et la permission d'ajouter à son nom celui de Newton. Il est mort en 1811.

Ces réunions ne pouvaient guère échapper au ridicule comme les bons dîners du président Henault, de d'Holbach, de mademoiselle Quinault, etc., parce que dans un pays de gourmets on ne se moque point d'un repas à moins qu'il ne soit comme celui décrit par Boileau. Dans une réunion où l'on dîne, le repas paraît être le principal, et le bel-esprit l'accessoire.

Il parut donc, en 1776, une comédie intitulée le *Bureau d'esprit* contre ceux qui fréquentaient madame Geoffrin. « L'auteur attaquait leurs travers, leurs ridicules, leurs menées sourdes, leurs cabales ouvertes, leur despotisme tyrannique pour concentrer en eux seuls l'esprit, le génie, les talents, la renommée, la gloire. La pièce n'est point dure comme celle des *Philosophes*; elle n'est ni injuste ni outrée; elle se rapproche plus des *Femmes savantes*, sur l'intrigue de laquelle elle est calquée. Elle excelle par un dialogue vif, pétillant, rempli de gaîté et de saillies, mais surtout par des caractères si vrais, si bien exprimés, que, sous des noms étrangers on reconnaît aisément les personnages. MM. d'Alembert, Marmontel, La Harpe, Thomas, l'abbé Arnaud, Cadet, Voltaire, le marquis de Condorcet, etc., y figurent principalement. Ce dernier est le seul contre lequel il y ait quelques personnalités. Il est fort maltraité et rendu méprisable, vil, odieux : le poète sans doute lui en voulait particulièrement. Cet ouvrage fait beaucoup de bruit. Le fâcheux est qu'il paraisse dans un moment où l'héroïne, tombée dans une sorte d'enfance, ne peut être qu'un objet de pitié. »

Cette comédie, tenant à des circonstances particulières, dut passer avec elles. Elle avait le tort de tourner en ridicule une femme mourante. D'ailleurs les travers qu'elle traduisait sur la scène cessèrent aussitôt. Peu de jours après (29 novembre 1776), madame Geoffrin étant tombée en enfance fut remplacée, pour recevoir chez elle, par sa fille madame de La Ferté-Imbault qui éconduisit d'Alembert et le pria de ne plus venir troubler sa mère dans son *retour vers Dieu*. Ce fut le signal de la défection des philosophes.

Au nombre des assemblées dont il faut dire

un mot est celle qui se tenait chez madame Buffaut, en 1776 et 1777. Cette dame faisait du bruit par sa beauté, mais elle était singulièrement contrariée d'être fille d'une cuisinière et femme d'un marchand. Elle en avait même un violent chagrin. Elle prit à la fin le dessus, et sentant qu'une jolie femme peut, dans un pays galant, prétendre à tout, elle eut recours à celle qui le prouvait, par sa prodigieuse fortune, à madame Dubarry, et parvint à l'intéresser à son sort. Avec son secours elle fit faire son mari, de marchand, écuyer, receveur-général des domaines, dons et octrois de Paris, enfin conseiller du roi.

Pour se donner du relief et faire oublier son origine, elle rassembla chez elle des gens de lettres, des hommes de talent et des artistes. Mais une petite vérole confluente vint subitement interrompre ces réunions, en leur enlevant, le 16 octobre 1777, madame Buffaut qui mourut jeune. Plusieurs des habitués de madame Geoffrin, qui s'étaient réfugiés chez elle, se virent dans l'obligation de chercher un autre asile.

Il est question (2 mars 1778) d'une madame De Fourqueux, que l'on qualifie de *virtuose*, *présidant un bureau de bel esprit ;* mais on ne donne aucun détail sur sa réunion : on raconte seulement la manière dont elle fut mystifiée par le parasite Musson, qu'on fit habiller en femme pour représenter M. d'Eon de Beaumont, dont madame de Fourqueux et ses amies voulaient vérifier le sexe. Cette farce fait présumer que la société de cette dame était mal composée.

A la suite de ces réunions il n'en faut pas oublier d'autres sur lesquelles on a peu de détails et dont on ne connaît presque que l'existence. Elles étaient renommées par les entretiens ou conversations qui s'y tenaient.

C'étaient, 1° celles qui se tenaient, au Mont-Parnasse, chez le comte de Choiseul-Gouffier ; on y voyait Boufflers, Delille, Rulhière, Saint-Lambert, Champfort, La Harpe, Marmontel, Panchaud, Raynal, l'abbé de Périgord, depuis prince de Taleyrand, les deux Léger, le prince de Ligne, qu'on a comparé au chevalier de Grammont, le duc de Lauzun.

2° Celle de la princesse de Beauvau, la représentation de tout ce qu'il y avait de mieux et de plus délicat dans la cour de Louis XV.

3° Chez madame de Lavalière, et madame

Du Deffand, les étrangers les plus célèbres se donnaient rendez-vous.

4° Celle de madame de Tessé.

5° Enfin, nous terminerons cette longue revue par madame Du Bocage dont le salon se ferma le dernier dans le dix-huitième siècle.

Le marquis de Ferrière, auteur de *Mémoires* sur la révolution, écrits avec un talent remarquable et surtout avec une rare impartialité, fut introduit chez madame Du Bocage, par M. de Bréquigny. Voici le portrait qu'il fait de cette femme, dans ses lettres inédites que je possède; elle sont datées de 1791.

« J'allai dimanche chez madame Du Bocage. Je m'attendais à voir une petite femme, bien courbée, bien ridée, je trouve une grande femme droite qui a encore des chairs, de la physionomie, de la beauté. En vérité à quatre vingts ans c'est être traitée en enfant chéri de la nature. Madame Du Bocage n'a aucune des incommodités de la vieillesse. Elle voit, entend parfaitement. Elle a avec elle une nièce, la comtesse de Blanchelli, qui paraît aimable. Ce sera pour moi une maison de ressource.

« Je vais toujours chez madame Du Bocage, j'y vis hier le grand astronome M. Delalande, c'est un petit homme de mauvaise mine. Sa société est composée de beaucoup d'académiciens.

« Elle reçoit depuis cinq heures jusqu'à neuf. On y rencontre beaucoup de monde; c'est une maison agréable qui m'est d'une grande ressource. »

CHAPITRE XI.

DES COURS.

Avez-vous fait notre commission, chevalier? dirent en apercevant ce dernier la comtesse et sa sœur. — Oui, mesdames, en voici la preuve. Comme vous désirez que cette affaire se traite en secret, je suis venu de bonne heure, pour vous en entretenir avant l'arrivée de nos amis. En disant ces mots, le chevalier étend sur la table un rouleau d'esquisses qu'il avait à la main. Elles étaient d'un amateur qui, ayant du talent pour la peinture qu'il n'avait cultivée que pour son plaisir, s'était vu forcé d'en tirer parti comme ressource. Entièrement ruiné par suite d'événements politiques, il avait vendu la plus grande partie de son mobilier. Son père, qui possédait à la cour un emploi lucratif, lui refusait avec dureté toute espèce de secours. Le fils, affecté de ce refus, voyant devant lui la misère et son triste cortége, tomba dans une mélancolie profonde et mourut laissant une femme et trois enfants en bas âge. C'était surtout à ce genre de malheurs, à ces changements de fortune que les deux sœurs portaient un intérêt particulier. Elles avaient connu M. ***, qui fut admis dans leur société dont il s'était retiré à l'époque de sa ruine. Elles ne l'apprirent que lorsqu'elle fut consommée et même après la mort de M. ***. Connaître la détresse de la veuve et venir à son secours, ce ne fut qu'une seule et même pensée ; mais il fallait concilier l'amour-propre et la bienfaisance, et, pour y parvenir, faire entièrement disparaître celle-ci. La veuve fut obligée de faire une vente, et le chevalier chargé par la comtesse d'aller *renchérir* et porter au plus haut prix possible certains effets, tels que les tableaux. Il s'acquitta de son rôle habilement, fit le connaisseur, et mit dans son secret l'officier public qui poussa jusqu'au taux convenu, trouvant d'ailleurs son compte dans cette manœuvre qu'il ne pouvait s'expliquer et qu'il n'aurait probablement pas comprise. Le chevalier s'introduisit auprès de la veuve pour lui demander si elle n'avait pas d'esquisses et des dessins en réserve, et, sur sa réponse affirmative, la pria de ne point les faire vendre, ajoutant qu'il connaissait des étrangers fort riches qui mettraient à ces objets plus de valeur que ne leur en donnerait une vente publique. Il en prit quelques-uns pour lesquels il laissa trois mille francs, annonçant qu'il reviendrait sous peu de jours.

Bien sûres d'avoir ramené l'espoir dans le cœur de la veuve et calmé cette inquiétude affreuse qu'éprouve une mère sur le sort de ses enfants, quand elle est privée de ressources, les deux sœurs s'occupèrent de ces derniers et des moyens de pourvoir à leur éducation. L'arrivée de leur société les força d'ajourner au lendemain ce projet, de concert avec le chevalier. Comme plusieurs des habitués se rappelaient M. ***, on leur fit part et de sa mort et de la situation de sa famille. — C'est bien là l'occasion de se faire mettre à l'amende, dit M. Désormes, aussi je veux me signaler ce soir par mes méchancetés et tâcher d'en faire dire le plus possible. — Malice ou bonté, tout le monde s'inscrira, répliqua le chevalier, je n'en fais aucun doute; en attendant, pour gagner mon argent, je vais vous livrer ce vilain ladre de......, grand-père de ces trois enfants qui jouit à la cour d'un revenu de vingt mille francs *connus* (je dis connus et pour cause) et qui, n'ayant que lui à soigner au monde, ce dont il s'acquitte en conscience, ne donne pas un sol aux enfants du fils unique qu'il a perdu. — Doucement, doucement, chevalier, dit M. Désormes d'un ton ironique, je le connais; il va plus souvent que vous à la messe; il fréquente les sacrements; personne ne prie avec plus de ferveur; ne cligne les yeux plus à propos; ne joint les mains avec plus de graces ; ne soupire avec plus de componction.... Avec cela, l'on est inattaquable. — Et l'on doit laisser mourir de faim ses enfants? — Oui, certes, et l'on peut faire bien autre chose; d'ailleurs ce dont les dévots de cette espèce s'occupent le moins, c'est de leur famille. Puis, M.*** vise plus haut, et pour arriver au but il lui faut un grand patronage. Aussi cherche-t-il avec soin tous les moyens de s'en faire un; et je sais qu'il y parvient.

La Comtesse. Vous dites tout cela avec un sang-froid admirable, comme si rien n'était plus naturel!.. sans la moindre indignation!..

M. Désormes. Je parle en homme qui ne

lutte et ne veut point lutter contre la nécessité.

Le Chevalier. Contre la nécessité! vous regardez donc le triomphe de l'hypocrisie comme certain....

M. Désormes. Commme local, comme éphémère..... Il n'aura de durée que sur un seul théâtre.

La Comtesse. Où donc?

M. Désormes. A la cour. Ce sont les cours qui perdent les états; c'est par les cours que les rois périssent....

Le Chevalier. Rien n'est plus vrai; je ne connais qu'un pays où l'on ait, après avoir été ruiné deux fois par la cour, pris, pour se garantir d'une troisième catastrophe, une mesure sage qui annule l'influence corruptrice des courtisans, et concilie leur existence, leurs vices, leur immoralité avec les intérêts du peuple...

La Comtesse. Vous allez nous faire connaître ce pays : est-il bien loin d'ici?

Le Chevalier. Oh! bien loin; tel que vous me voyez, moi indigne, j'ai, pendant trois mois, été le favori d'un prince puissant, absolu dans sa cour.....

M. Désormes. Favori incorruptible?

Le Chevalier. Je ne dis pas cela.

M. Désormes. Oh! oh! favori qui ne songeait qu'au bonheur des hommes.....

Le Chevalier. Je ne dis pas cela.

M. Désormes. Qui résistait à l'éclat des grandeurs, au parfum de la flatterie....

Le Chevalier. Je ne dis pas cela.

La Comtesse. Monseigneur voudra-t-il bien nous conter l'histoire de sa faveur?

Le Chevalier, (d'un air d'imporrtance.) C'est bien. Vous avez le ton convenable, mais pour aujourd'hui je ne puis satisfaire à votre désir; je vais seulement vous faire connaître la mesure dont je vous ai parlé, qu'on devrait adopter partout dans l'intérêt des peuples, et même des rois qui veulent jouir de l'autorité la plus illimitée. Il y a donc dans ce pays un usage remarquable, inconnu dans les temps anciens, et dont, malgré leurs lumières, les modernes n'ont aucune idée. C'est plutôt une loi qu'un usage, et même une loi sensée, admirable, et je lui aurais donné ce nom sans hésiter, si le résultat n'était pas en effet une suspension de toutes les lois.

Ce pays avait, comme tous les royaumes de

ce monde, éprouvé des révolutions : le despotisme, la république, l'oligarchie s'étaient succédés, acompagnés chacun de l'anarchie, qui se reproduisait à chaque changement.

Lorsque le calme reparut, les vieillards, dont la jeunesse s'était écoulée au milieu des tempêtes, voulant en garantir leurs enfants, provoquèrent l'établissement de lois conservatrices et repressives à la fois. L'étude et l'expérience leur ayant fait sentir que le gouvernement d'un seul présentait le moins d'inconvénients, pourvu qu'il fût soumis aux lois, mirent tous leurs soins à l'y soumettre; mais ils savaient que pour *le fort* ces lois ne sont que des toiles d'araignées que d'un souffle il fait disparaître; leurs méditations leur avaient appris qu'il fallait toujours finir par faire quelques concessions aux passions des hommes : enfin ils étaient convaincus que la cour des rois, toujours composée de gens profondément corrompus, et sans cesse occupés à corrompre, était la première cause et la plus influente de tous les maux et des catastrophes qui bouleversaient les empires. D'après ces données bien constantes, bien certaines, ils cherchèrent à trouver au grand problème de l'art de régner, la solution la plus favorable pour le souverain, et la moins désastreuse pour le peuple. Comment permettre au premier d'assouvir toutes ses passions, sans que le second en fût victime? (et les passions des rois sont comme des plantes en serres chaudes.) Voici le moyen auquel ils eurent recours : on sait que, dans un incendie, pour empêcher que tout ne devienne la proie des flammes, on pose des limites à l'élément dévastateur, en lui faisant des sacrifices, en lui abandonnant une portion sur laquelle il consomme sa furie et qu'il dévore, sans pouvoir aller au-delà. Nos vieillards firent la part au feu. Ils décrétèrent que la cour du souverain ne serait soumise qu'à sa volonté suprême qui, pour les membres de cette cour, aurait force de loi; que, pour eux, la loi commune était suspendue : de manière que tous les délits, tous les crimes commis *par eux*, *entre eux*, *sur eux*, ne seraient passibles d'autres peines que de celles que le souverain aurait déterminées, à moins que les courtisans n'aimassent mieux se faire justice eux-mêmes. En un mot, le palais du souverain était privilégié : dans cette vaste enceinte, les lois, faites pour le peuple, ne recevaient aucune application : les crimes y pouvaient rester impunis : c'était l'affaire du souverain dont la volonté, les moindres caprices même devaient recevoir leur exécution. Mais cette volonté, qui décidait sans appel de la vie et du sort des hommes, devenait impuissante au-delà de cette enceinte. Ainsi un courtisan pouvait en dépouiller un autre, le maltraiter, le déshonorer, lui enlever sa femme, le tuer enfin, sans que les tribunaux s'en mêlassent ; mais il devenait leur justiciable du moment où celui qui avait à s'en plaindre ne tenait point à la cour, dans quelque rang qu'il fût. Il rentrait donc dans le droit commun pour tous les rapports avec les individus non compris dans cette exception, conséquemment avec la masse entière du peuple.

Ainsi celui qui sollicitait son admission à la cour savait que sa liberté, sa vie étaient à la disposition du prince, et sous le régime du bon plaisir ; que ce prince avait droit de vie et de mort sur lui, tellement que l'obéissance la plus passive et la résignation la plus entière étaient les seules vertus à son usage ; parce que, quelque horribles que fussent les traitements qu'on pourrait lui faire éprouver, il n'avait aucun recours, même contre les autres, faisant librement partie, comme lui, du régime privilégié. Avant d'entrer dans cette enceinte, il avait su que toute justice en était bannie si le cœur du prince ne lui servait d'asile.

Les vieillards eurent beaucoup de peine à faire adopter cette singulière mesure. Ils croyaient qu'elle modérerait l'ambition : ils se trompèrent ; sous ce rapport le résultat fut nul ; mais ils en obtinrent d'autres très-utiles.

D'abord la corruption fut comme cernée : elle agit et réagit sur elle-même, sans pouvoir s'échapper au dehors, parce qu'elle n'avait rien qui pût séduire au-delà des bornes dans lesquelles elle était renfermée. Elle pouvait attirer à elle, et quoique de grands et terribles exemples dussent rendre circonspect, elle avait toujours le même nombre de partisans. Plusieurs ne restaient pas long-temps dans cet immense lazareth, et l'amour de l'indépendance les en faisait sortir. C'était le plus petit nombre, et pour un déserteur mille aspirants se présentaient.

J'ai dit que, hors de cette sphère privilégiée, l'empire des lois était reconnu. Personne n'en pouvait secouer impunément le joug. Les délégués du pouvoir, ou plutôt ses dépositaires, ceux à qui le prince confiait sa toute-puissance, étaient soumis à ces lois, comme le moindre particulier. Le prince nommait à toutes les fonctions importantes, mais quelque importantes qu'elles fussent, quelqu'élevé que fût au-dessus des autres celui qui en était revêtu, il était responsable devant les tribunaux, de sa conduite, de ses actions, de l'exercice de ses fonctions, parce qu'étant sorti de l'enceinte privilégiée, il n'y pouvait rentrer qu'autant qu'il était exempt de toute poursuite ; car la cour ne servait point d'asile contre les actes arbitraires commis loin d'elle.

Il résultait de cet ordre de choses que les attributions de la souveraineté s'accordaient avec la justice. Si le prince avait fait un mauvais choix, c'était à l'élu à se bien conduire. Des exemples rigoureux, mais salutaires, l'avertissaient : ils devenaient très-rares, et tel qui, sans ces exemples, se serait signalé par l'injustice et de capricieuses mesures, se distinguait par une sage administration. Vous voyez que le prince le plus bizarre, le plus amoureux de pouvoir a, dans ce système, le champ libre pour exercer sa fantasque volonté.

S'il est violent, cruel, un vil troupeau de courtisans se prête à tous ses caprices : chacun dit comme le renard :

« Vous leur faites, seigneur,
« En les croquant, beaucoup d'honneur. »

M. Désormes. Il me semble que l'Angleterre a, pendant quelque temps, été dans une situation analogue à celle du pays dont vous parlez. Voici ce que je lis dans des mémoires récemment publiés : « Nulle part le peuple n'en-
« tre en scène : c'est un gouvernement de cour
« à côté duquel vit un peuple libre qui s'en
« soucie peu, et qui laisse à ceux qui s'en mêlent
« toute facilité de se livrer entre eux à leurs
« passions, à leurs prétentions, à leurs intri-
« gues; mais à condition, qu'en tout ce qui
« pourra vraiment le toucher, ils prendront
« la peine de penser à lui[1]. »

Le Chevalier. Il y a bien en effet de l'analogie; mais du côté du prince, le problème

[1] Mémoires du comte de Waldegrade, sous Georges II, in-8°. Un publiciste a remarqué (dans le Globe) que « cette
« profonde indifférence pour les gouvernements paraissait en
« effet avoir été le caractère dominant de l'esprit public en
« Angleterre, depuis la révolution de 1740 jusqu'à la guerre
« d'Amérique. »

n'est pas résolu, c'est-à-dire qu'il ne peut pas faire ce qu'il veut, comme le mien.

M. Désormes. Il n'est pas nécessaire qu'un homme fasse toujours tout ce qu'il veut.

Le Chevalier. D'accord; mais dans les pays où cet usage est tellement admis qu'il a force de loi, le problème à résoudre est le moyen de concilier le caprice du prince avec le bonheur du peuple; et la seule solution se trouve dans l'isolement de la cour.

CHAPITRE XII.

COUP-D'ŒIL SUR L'ÉTABLISSEMENT DE LA MAISON RÉGNANTE EN ESPAGNE.

Monsieur d'Harmage communiqua une lettre qu'il avait reçue d'Espagne. Le président demanda si la famille royale était encore menacée. On lui répondit qu'il y avait une circonstance remarquable dans les troubles de la péninsule : c'est que non seulement tous les partis qui divisaient ce royaume respectaient cette famille, mais qu'ils prétendaient combattre pour elle. Le président parut satisfait.

On s'entretint de ce pays : chacun exprimait des craintes ou de la pitié : M. Désormes seul gardait le silence. Le Chevalier en fit la remarque. — Il n'y a dit-il, que cet homme dur qui ne prenne point part au sort de l'Espagne. — Et d'où tirez-vous cette conclusion? — Mais vous ne dites mot. — Mais l'on parle assez sans qu'il soit besoin que je m'en mêle; croyez-vous que lorsqu'on se tait, c'est qu'on ne sente rien? — Non sans doute. C'est surtout dans les afflictions profondes qu'on garde le silence, *les grandes douleurs sont muettes*. Je ne suppose pas que la situation de l'Espagne vous en cause une de cette espèce. Cependant cette situation est inquiétante et je ne partage même pas la sécurité dans laquelle on est sur le trône.... — Oh! il est revenu de bien plus loin. — L'assertion est plus aisée à mettre en avant que la preuve. — L'une est aussi facile que l'autre, et ces dames en seront juges. Convenez-vous d'abord, que pour s'établir sur un trône, une nouvelle dynastie a plus d'obstacles à vaincre que pour le conserver, quand surtout il lui faut lutter contre un compétiteur et contre plusieurs puissances armées? Quand le peuple est divisé; quand cette nouvelle dynastie apporte avec elle d'autres mœurs, d'autres usages, une autre langue; quand elle appartient à une nation puissante dont on est jaloux, à laquelle on a fait tantôt une guerre sourde en fomentant des troubles religieux, et tantôt une guerre franche? Eh bien! la maison régnante s'est trouvée dans ces circonstances pendant plusieurs années; et même la c ise fut telle que douze hommes auraient suffi pour enlever trône et famille. Je vais vous faire voir que ce trône fut conservé contre vent et marée, par la seule présence du prince (ce qui prouve qu'il ne faut jamais quitter la partie) et pour ainsi dire en dépit de lui même, puisque au lieu de combattre les obstacles il en augmenta le nombre.

L'établissement, sur le trône espagnol, de la maison régnante fut un de ces grands événements qui deviennent une source féconde de leçons et d'observations philosophiques. Les leçons seraient à l'usage des peuples et des rois, si les rois savaient, et si les peuples pouvaient profiter de quelque chose. Les observations peuvent être utiles à ceux qui aiment à méditer sur de grands intérêts, dont il ne leur est pas permis de s'occuper autrement.

Tout est digne d'attention dans cet événement; ce qui le précède, comme la manière dont il s'accomplit, au milieu d'obstacles qui semblaient le rendre impossible. Aucun des princes de l'Europe ne pouvait le voir avec indifférence; examinons ce qu'ils firent dans leur intérêt:

Le possesseur de *cent* royaumes[1] et du plus vaste empire des temps modernes n'avait point d'héritiers. Il voyait dans un avenir, que le délabrement de sa santé rapprochait sans cesse de sa pensée, ses états partagés et sa puissance passer en des mains étrangères. Pour éviter une partie de ces tristes résultats, il fit un testament et choisit pour son successeur, celui qui réunissait le plus de droits, le petit-fils de Louis XIV, Philippe, duc d'Anjou. Ce choix eut fait honneur à sa prudence si l'on ne savait qu'il avait fait deux autres testaments avant celui-là, pour lequel il fallut même l'intervention d'un cardinal et de plusieurs théologiens.

Pendant que Charles II testait, les principales puissances de l'Europe se partageaient ses états.

Il y eut donc, comme vous allez le voir, trois testaments et deux traités de partage sur l'Espagne.

---

[1] Les provinces d'Espagne et celles des colonies, portaient le titre de *Royaumes*. Elles étaient en général beaucoup plus considérables que les provinces des autres états, sous le rapport de l'étendue; mais aussi elles leur étaient inférieures sous tout autre rapport. La cause était que depuis long-temps, ce vaste empire n'était plus gouverné.

Louis XIV et Léopold héritaient au même degré; tous deux descendaient par les femmes de Philippe III. Mais celui-ci était fils de la cadette, et de plus, le dauphin était petit-fils de Philippe IV, dont ne descendaient pas les enfants de Léopold.

Les droits et prétentions de Léopold consistaient dans les renonciations authentiques de Louis XIII et de Louis XIV au trône d'Espagne; dans l'union des deux branches autrichiennes et leur haine contre la maison de France; dans celle des Espagnols contre les Français; enfin, comme dit Voltaire, dans les ressorts d'une politique en possession de gouverner l'Europe. Excepté la renonciation, qui n'est qu'une formule inutile quand celui qui veut en profiter n'est pas le plus fort, c'étaient moins des droits que des moyens et des circonstances favorables pour arriver au but.

La mère de Charles II, quoique de la maison d'Autriche, fit faire à son fils un testament par lequel le prince électoral de Bavière était nommé, à l'âge de quatre ans, héritier de toute la monarchie espagnole. Ce choix manquait de prudence parce que, quand même le prince n'eût pas été un enfant, la Bavière ne pouvait le soutenir ni résister aux concurrents. La mère de Charles étant morte, sa femme, de la maison de Bavière, dévouée à celle d'Autriche, fit déchirer le testament, pour substituer à l'enfant bavarois un fils de l'empereur Léopold : d'où l'on voit que les deux princesses agirent dans cette grande affaire contre les intérêts de leur maison. De son côté, le roi d'Espagne, qui ne savait point avoir de volonté, penchait pour l'archiduc Charles, second fils de l'empereur. Toutes ces résolutions furent détruites par les intrigues du cardinal Portocarrero qui dirigeait la faction française. Le moyen qu'on employa peut donner une idée de la faiblesse d'esprit du prince. On lui persuada qu'il était ensorcelé; il se fit exorciser; il n'était pas difficile de lui faire faire un troisième testament; c'est celui par lequel il institua pour son héritier Philippe d'Anjou : Charles mourut un mois après.

Voici les dispositions que, de leur côté, prenaient les puissances de l'Europe. Elles assuraient l'Espagne et les Indes-Occidentales au prince de Bavière qui, dans le premier testament, était appelé à succéder à Charles. Elles donnaient au dauphin, fils de Louis XIV,

Naples, la Sicile, la province de Guipuscoa et quelques villes. Enfin le Milanais à l'archiduc Charles, second fils de Léopold. Louis XIV et le dauphin *signèrent* une renonciation à la succession d'Espagne.

Le prince enfant étant mort, on fit en 1700, un second traité de partage. Ce furent Louis XIV, le roi Guillaume et la Hollande qui, comme la première fois, passèrent ce contrat, dans lequel les deux derniers n'avaient d'autre intérêt que d'empêcher la réunion, soit à l'empire, soit à la France, des états de l'Europe. Par ce traité, l'archiduc Charles était substitué à l'enfant de Bavière; le fils de Louis XIV conservait la portion qui lui était destinée dans le contrat précédent; le duc de Lorraine devait avoir le Milanais, et l'on réunissait la Lorraine à la France. L'empereur, qui voulait toute la succession, refusa de signer l'adhésion qu'on lui proposait.

Ces faits, qu'il était nécessaire de rappeler, donnèrent lieu aux deux questions suivantes: 1° Charles II avait-il le droit de disposer du trône d'Espagne? 2° Les puissances de l'Europe avaient-elles celui de se partager ce royaume?

La première question se réduisait à celle-ci:

Un prince qui croit aux sorciers, qui fait déterrer les cadavres pour les consulter, dont toute la conduite démontre l'absence du jugement, l'incapacité la plus absolue, peut-il faire un acte dans lequel l'emploi d'une raison saine, et la possession des facultés intellectuelles, sont essentielles? Si Charles II n'eut été qu'un simple particulier, sa famille l'eût soigneusement fait interdire. En supposant donc qu'un roi peut disposer de sa couronne, ce qui parut au moins douteux, Charles ne pouvait user de ce droit. Quant aux puissances copartageantes, ce prétendu droit ne pouvait exister, et la question se réduisait au droit du plus fort, le meilleur en politique et le seul.

Il n'en est pas moins vrai, qu'en appelant Philippe au trône d'Espagne, Charles fit ce qu'il y avait de mieux à faire, ce qu'aurait dû faire un roi possesseur de toute sa raison. Mais ce qui montre de quelle valeur sont les engagements des rois quand ils trouvent de l'avantage à les rompre, malgré leur signature, c'est que Louis XIV accepta le testament, laissant de côté le traité de partage.

Voyons, maintenant, quels obstacles Philippe eut à vaincre; quelle conduite il tint pour en triompher; dans quel état se trouvaient et ce trône envié par tant de princes, et ce royaume où la fortune appelait une nouvelle dynastie. Écoutons un témoin oculaire qui accompagna le nouveau roi.

« Point d'armée, ni d'argent, dit-il, point de justice, point de police, point de liberté, point de frein, point de finances; un palais silencieux, réglé par l'étiquette; une inquisition redoutable, et des milliers de moines opposés entre eux de couvent à couvent.

« L'Espagne n'entretenait pas dans son sein six mille hommes de guerre en bon état. Charles II et la reine ne sortaient plus sans être insultés par tous les goujats et les petits enfants qui l'appelaient *marricon*; ce qui, traduit en bon français, veut dire *niquedouille*, et accablaient la reine des plus sales injures, sans qu'il y eut un seul garde auprès du carrosse pour punir ces infamies. Les lois abolies par l'impunité; les églises et les maisons des grands servaient d'asile pour tous les crimes. Au moindre renchérissement du pain, il n'y avait plus de sûreté pour personne; et, récemment, dans une émeute produite pour cette cause, tous les Français qui habitaient

Madrid avaient été massacrés. Tout le monde était armé dans la capitale, excepté le roi. Chaque seigneur avait cent coupe-jarrets à sa solde, et, sur cent cinquante mille habitants, cinquante mille vivaient de ce métier! le peu de soldats fidèles étaient vêtus de haillons, sans solde, sans pain, car il n'y avait plus de fonds spécial pour les troupes. Les places fortes offraient le tableau de la plus complète dégradation. Les titres, les grandeurs, les dignités les plus révérées étaient mises à l'encan[1]. »

Telle était la situation de l'Espagne pendant la dernière année du règne de Charles II.

Le 4 décembre 1700, Philippe partit de Versailles pour se rendre à Madrid. Louis XIV le conduisit jusqu'à Sceaux : il lui dit en l'embrassant qu'il souhaitait de ne plus le revoir. La séparation fut pénible, et le dernier adieu déchirant.

Toute la maison française du nouveau roi n'était composée que de cent personnes, parce que, craignant d'effaroucher les grands d'Es-

[1] Mémoires secrets de Louville, tom. 1.

pagne, on voulait leur témoigner *de toutes les manières la confiance* qu'ils inspiraient. Ce qui n'empêche pas que déjà l'on disait à Madrid que le prince avait à sa suite une nombreuse colonie de Français.

Au-delà des frontières Philippe n'eut d'abord autour de lui que quelques hallebardiers et une douzaine de valets couverts d'une vieille livrée autrichienne. Telle était la preuve de *l'enthousiasme* dont on lui avait parlé avant son départ. Cependant à Vittoria le père Daubenton, jésuite et confesseur du roi, le fit communier. De ce moment les Espagnols furent enchantés, et ce ne fut plus, jusqu'à Madrid, qu'une fête continuelle. La beauté du prince électrisait le peuple, et l'on criait de toutes parts, *nuestro hermoso señor*. On voulut le régaler à son arrivée du spectacle d'un auto-da-fé; mais les Français obtinrent que ce spectacle ne se ferait point en sa présence.

« Philippe avait reçu de la nature une constitution robuste, mais vaporeuse; des inquiétudes, des troubles nerveux, des nuages de tristesse l'agitaient souvent, et son intelligence en paraissait comme voilée. Peu de temps après son départ de France, une noire mélancolie s'était emparée de lui. Son mal prit une plus grande intensité, quand le mariage eut développé sa constitution. La manière dont le traitait la reine n'était pas propre à le guérir. « Une nuit elle poussa Philippe hors de son lit. Le pauvre prince, étourdi de l'aventure, s'en alla tristement s'asseoir en chemise, dans un fauteuil, à l'autre bout de la chambre, et y passa ainsi quatre heures sans dire mot. A la fin la petite reine alla reprendre son roi par la main, le replaça dans le lieu d'où elle l'avait chassé si impitoyablement, et puis on s'endormit de part et d'autre sans s'être parlé [1] ! »

L'intérieur du palais ne lui offrait aucun dédommagement. « C'était une solitude, et l'étiquette en faisait une prison. » Philippe était

---

[1] Voici ce qu'on lit dans les *Mémoires d'Elisabeth-Charlotte* mère du régent, édition de 1823 (pag. 223). « La reine avait
« un moyen sûr d'obtenir du roi Philippe, tout ce qu'elle
« voulait. Le bon sire aimait excessivement à coucher avec elle :
« par là elle faisait de lui ce qu'il lui plaisait. Elle avait,
« dans sa chambre, un lit à roulettes : quand il n'avait pas
« fait ce qu'elle demandait, elle l'envoyait dans le lit à rou-
« lettes. Mais lorsqu'elle était contente de lui, elle le faisait
« coucher dans son propre lit, ce qui était le comble de la
« félicité du roi. Il croirait être damné, s'il couchait avec une
« autre femme que la sienne. »

obligé d'attendre, pour sortir, que celui qui avait la clef d'honneur fut présent.

On le traitait comme Sancho dans son île. Quand il avait besoin d'argent, celui de sa cassette avait toujours reçu une destination. Voulait-il jouer? on ne cessait de lui dire que Philippe III s'était perdu en jouant. S'il insistait, on décampait à l'arrivée des tables. Il aimait la chasse, on l'effrayait par le récit des accidents arrivés à quelques-uns de ceux qui s'étaient livrés à cet exercice. Quand il voulait jouer aux échecs, on lui représentait que c'était une occupation fatigante. La reine l'entourait de valets de garde-robe et de médecins. Il s'ennuyait, pleurait, et voulait redevenir duc d'Anjou.

Il faisait écrire au jésuite Daubenton des billets d'amour à la reine, et le matin on les mettait sur la toilette de cette princesse. « Ce jésuite se mêlait de tout, de politique, de guerre, de finances et des emplois. Il était chez la reine du matin au soir et ne la quittait que pour aller trouver le roi.

« Philippe se rendait au conseil comme on va en classe, y assistait en écolier, ne lisant aucun mémoire, pochetant ses lettres sans les ouvrir et ne parlant à personne. »

« Les généraux et grands d'Espagne étaient avides d'emplois; dès qu'ils en avaient obtenu d'importants, ils ne demandaient plus qu'une chose, c'était de ne pas les remplir. Un grand, dont le fils venait d'être envoyé à son corps pour le commander, fit retentir la cour de ses cris, parce que, disait-il, on lui voulait tuer son enfant. Le duc de Veraguas demanda une grande récompense pour avoir accepté le régiment de la reine, encore à condition de ne pas le commander. »

Il aurait fallu de la fermeté, une volonté bien déterminée pour remédier à de pareils abus; mais le roi n'en avait pas, ne savait jamais prendre un parti, et le *plus grand obstacle* était, dit Louville, de le faire régner malgré lui. On imagina de le faire passer chez la reine pour s'y occuper des affaires; « mais tout se réduisit à ne se décider sur rien chez la princesse, au lieu de ne se décider sur rien chez lui: le ressort qui détermine les hommes n'était pas en Philippe. Il n'avait pas, comme Louis XIII, l'heureuse faiblesse de ne se donner qu'un guide, ce qui, joint au talent de le bien choisir, équivalait presque à la force de s'en passer. »

Voici un fait qui prouve la puérile superstition de ce pays dans les plus hautes classes de la société. La duchesse d'Albe avait un fils scrophuleux. Elle envoie demander des reliques pour le guérir. On lui fit passer le doigt d'un saint. Elle pila ce doigt dans un mortier et le réduisit en poudre pour en faire un breuvage et un lavement, *afin de porter le remède partout en même temps.*

Il fut question de rétablir le conseil des médecins de la chambre qui traitait et purgeait les rois d'Espagne à la pluralité des voix.

« Le chambellan Benavente vint nous avertir l'autre jour en pleurant (écrivait Louville), de nous méfier d'une berline attelée, que la douairière avait donnée à Philippe et qui devait, par l'effet d'un sortilége, *devenir caisse d'oranger pendant que le roi deviendrait oranger en caisse.* Qu'on juge des autres si Benavente, l'un des plus éclairés, croit au sortilége. »

On voit que Philippe avait à combattre des obstacles de toute espèce en Espagne; mais il manquait de caractère. Il était brave cependant, et lorsqu'on lui demanda qu'elle place il voulait occuper à l'armée : « comme à ma cour, répondit-il, la première.» Ce mot fit tressaillir Louis XIV. Cependant il se conduisit comme un enfant dans la campagne de 1701. « Sous le canon du prince Eugène il jouait avec de jeunes seigneurs français, au cheval fondu et à la marmite, ce qui faisait grand pitié au duc de Vendôme. »

Le désordre de la cour de Madrid, consacré par un vieil adage [1], amena bientôt une détresse extrême dont on peut juger par ce fragment d'une lettre du chef de la maison de Philippe. « Le roi n'a pas un sou. Je suis un habile homme, parce que j'ai trouvé de quoi faire mettre une porte neuve à la cave, et acheter des serviettes ; sans cela, pour les remplacer, on se servait des chemises des marmitons. Les valets de pied espagnols demandent l'aumône et sont tout nus. Le sort des chevaux est bien pire, car ils ne peuvent demander l'aumône. »

Et cependant l'Espagne coûtait annuelle-

---

[1] « Ubi nullus ordo et sempiternus horror inhabitat. »

ment cent millions à la France. Il est vrai qu'une partie restait dans les coffres du ministre Orry ou de ses fournisseurs. Ils envoyèrent des bottes de carton. « On a vérifié que l'état des magasins, munitions, convois de blé, de paille, poudre, boulets, les noms des charretiers, officiers d'artillerie, tout était faux. On arrivait au lieu indiqué : l'on ne trouvait rien. » Ouvrard n'est qu'un écolier mis en parallèle avec ces braves gens. Les fonds qui échappaient à ce brigandage tombaient entre les mains de la princesse des Ursins.

Sous la domination de cette femme qui régna de fait, on voyait à la cour « un perpétuel enchaînement de disgraces méritées, de contradictions cruelles, mêlées de criailleries et de caquettages, où le ministère français ne comprenait plus rien. Il ne voulait plus entendre parler de ce malheureux gouvernement qui ne gouvernait pas et qui n'avait de force que pour ne pas se laisser gouverner. » Le marquis de Torcy répondait à de nouvelles réclamations par cette lettre : « Que nous demandez-vous encore, cruelles gens que vous êtes ? Des troupes afin de vous garder vous-mêmes ! Quoi ! ce n'est pas assez de nous avoir légué vos ennemis! Et quels ennemis! il faut, après deux ans, faire sentinelle chez vous! et pourquoi? puisque vous ne tirez parti de rien, que vous gaspillez tout avec un enfantillage et une déraison qui ne se peuvent pas plus concevoir que pardonner? Allez, continuez de nous fatiguer de vos intrigues; mais prenez garde au temps qui, avec la lassitude, amène bien des changements. Quelle nation êtes-vous donc? il n'y en a pas de pareille au monde! les graces reçues y tiennent lieu de services et sont regardées comme des titres pour en obtenir de nouvelles. »

« Tout le temps que nous avons passé ici depuis trois ans (écrivait Louville) a été perdu. La grande erreur du ministère français a été de croire que l'empressement des Espagnols pour un fils de France, dans la vue d'empêcher le démembrement de leur monarchie, tenait à une parfaite union de vues, d'intérêts, et de conclure de cette idée générale qu'ils étaient propres à gouverner le pays. Le fait est que les grands d'Espagne n'ont vu dans un fils de France qu'un pis aller, dont ils devaient profiter pour accroître leur autorité dans l'intérieur, et, à l'extérieur, pour se donner gratuitement toutes les forces de la France. Une autre erreur encore fut de croire que toute la nation espagnole était taillée sur le modèle des grands d'Espagne, tandis qu'au contraire, ils forment un peuple à part d'elle, et de croire qu'ils étaient forts, tandis qu'ils n'ont de pouvoir que celui qu'ils ont usurpé sous les rois fainéants. Tous les grands manquent de vigueur et sont également incapables de se donner aucun mouvement pour servir le roi ou pour le renverser. Il faut bien remarquer ce point de vue : tous les malheurs de ce règne y aboutissent. On n'y dit jamais comment seconder le pouvoir, mais qui l'aura ou qui en profitera. Les grands toujours mécontents sont toujours prêts à fortifier l'opposition, de quelque côté qu'elle soit. S'agit-il de troupes; c'est à la France à en fournir, à condition que les généraux seront Espagnols : d'argent; la France doit payer tous les frais de la guerre. »

Madame de Maintenon eut une triste influence sur le sort de l'Espagne, en faisant préférer l'incapable Villeroy à Catinat, et maintenir la princesse des Ursins, prétendant qu'elle valait un grand ministre; enfin en forçant la cour de Madrid d'accepter son neveu d'Aubigny, qui eut l'impudence de loger dans l'appartement voisin de celui de la reine [1].

La situation de la nouvelle dynastie en Espagne devint tellement critique, qu'un coup de main suffisait pour l'en chasser. Vous en jugerez d'après ces plaintes amères par lesquelles cette revue sera terminée. Elles sont de celui qui fut acteur et témoin dans cet événement. Le marquis de Louville écrivait donc en ces termes, au duc de Beauvilliers, le 19 mai 1703. « Le danger presse. Si vous saviez à quel point le roi catholique est méprisé, quel désordre règne dans les troupes, dans les conseils et dans l'administration! le mal ne peut plus croître : *avec dix hommes à cheval un tant soit peu résolus*, on chasserait le gouvernement de Madrid et l'on enlèverait le roi et la reine... Les cœurs s'aliènent de nous sensiblement. Il n'y a plus que deux partis dans les conseils, le premier qui veut du roi sans les Français, et le second qui ne veut ni des Français ni du roi. »

---

[1] « D'Aubigny est l'amant de la princesse des Ursins, qui a des *mœurs à l'escarpolette* : il couche dans l'appartement des femmes attenant au sien. » Mémoires de Louville, tome II, page 73.

Malgré tous les obstacles qui devaient contrarier les vues de Louis XIV, et contre toutes les probabilités, Philippe resta; et plus tard, secondé par les armes victorieuses de Vendôme, il fut solidement établi; mais, à l'époque que nous venons de parcourir, son existence, comme roi, est presque miraculeuse, car il le fut en dépit de lui-même. Aucune monarchie ne présenta des commencements aussi faibles ; aucune ne fut aussi facile à étouffer dès son berceau; et quand on pense que d'un côté toutes les puissances étaient armées contre ce trône, que de l'autre celle qui le soutenait était trompée par ses agents, contrariée par le prince même pour lequel elle se sacrifiait, enfin qu'il ne fallait que dix hommes pour enlever ce prince, renverser ce trône et terminer la querelle, on est bien obligé de convenir qu'il arrive quelquefois que dans les événements les plus importants, le principal résultat est étranger aux moyens employés pour l'obtenir.

Madame de Camarina. Je vais vous faire une question que mon sexe autorise : je voudrais savoir si Philippe adopta le costume espagnol.

M. Désormes. Il paraît qu'on voulut introduire à la cour d'Espagne le costume de celle de Louis XIV ; du moins j'en juge par ce passage d'une lettre de madame de Beauvilliers, chargée en partie de la toilette de Philippe: « Hervé m'a envoyé (écrivait-elle à Louville) un échantillon de perruque blonde pour le roi. Il dit qu'il y aura pour huit cents francs de cheveux. Tâchez que le roi soit en tête naissante, en attendant que ses cheveux soient revenus : cela sied beaucoup mieux. » Vous voyez que le roi d'Espagne fut coiffé pendant quelque temps comme on l'est aujourd'hui, et que cette coiffure eut l'approbation d'une dame de la cour qui devait s'y connaître. Peut-être aurait-elle remplacé ces énormes perruques, si le prince qui les mit à la mode n'avait pas eu sur la tête une loupe qu'il voulait cacher.

Le Chevalier. « J'aime assez ces grandes perruques ; elles me paraissent préférables à celles qui leur ont succédé, et qui sont si roides, si compactes, si ridicules.......

La Comtesse. Pas autant que la coiffure des portraits que nous avons trouvés à Beauregard, et dont, soit dit en passant, M. Désormes nous a promis l'histoire.

Dans ce moment entrèrent Almire et M. Dulude. Le premier paraissait fort ému, le second très-soucieux : on les presse de questions. «Je vais, dit M. Dulude, vous contenter. Je suis allé chez M. le duc de.......; j'y ai trouvé Almire, qui m'a prié, tout bas, de prolonger ma visite : il faisait la sienne par ordre de son père. M. R..... semblait tenir le dé. Je l'ai vu en Angleterre : c'est un homme d'esprit; mais d'un caractère ardent, partisan outré du pouvoir absolu. Il *rôde* depuis long-temps autour du portefeuille des finances; mais, très-heureusement, il est entre des mains qui ne lâchent pas aisément ce qu'elles tiennent.

On a parlé du livre de Montlosier. «Ce que signale cet auteur, a dit M. R...., comme un fléau, comme un danger, est non-seulement réel, mais sans remède. La congrégation est organisée maintenant de manière à ne rien craindre, et son triomphe est certain. Les rois sentiront qu'ils ne peuvent exister qu'avec *elle*; qu'en se laissant conduire par elle. Croyez-vous bonnement que si l'empereur Alexandre ne nous eût pas renvoyés de Russie, ce qui s'est passé récemment dans cet empire serait arrivé? » On ne répondit rien : il continua de parler avec un sang froid remarquable.

« Le chef-lieu de l'ordre est Montrouge. Il y a, ce qui fait tout réussir, abondance de fonds. C'est de ce centre que partent, pour les provinces, les *organisateurs*, pour aller établir séminaires, succursales, affiliations, etc. Les évêques sont, ou des agents, ou *mis* et *tenus en-dehors* : tout se consomme *avec* ou sans leur consentement. On aime en quelque sorte mieux ne pas les avoir, parce qu'il en est peu qui veuillent n'être qu'instruments, et que nous ne voulons point de chefs, de partage d'autorité, de puissance *étagée*. Tout part d'un centre, et dans ce centre il n'y a pas de chef. C'est un petit comité impénétrable dans sa conduite comme dans ses projets, enveloppé de nuages, de mystères, tellement qu'il en est comme invisible. Ce qui en sort, a force de loi, sans qu'on puisse jamais connaître quel est le législateur. Cette loi parcourt tous les rayons de la circonférence, sans commentaire, sans observation, sans amendement, conserve sa vigueur, bien loin de s'affaiblir en se répandant, et mérite mieux que la renommée ce qu'on a dit de celle-ci : *Vires acquirit eundo*. Vous serez obligé, vous, monsieur le duc, de vous adresser à nous quand vous voudrez établir vos enfants. Nous seuls possédons tous les renseignements pour vous indiquer ce qui vous convient ; quelles alliances vous devez contracter dans votre intérêt, pour l'augmentation de votre fortune, de votre crédit, de votre influence. Si vous nous dédaignez, vous en serez cruellement puni, parce qu'alors, sans nous éviter, ce qui ne sera plus possible, les établissements que vous ferez ne se conclueront que par suite de notre pouvoir occulte. Ce que vous aurez choisi, c'est nous qui vous l'aurons offert à votre insu. Nous avons en réserve et les récompenses et les vengeances; des *ennemis* qui nous servent, c'est-à-dire des *gens à nous*, dont le rôle est d'avoir toujours avec nous, avec les nôtres, dans toutes les occasions, toutes les fois qu'il s'agit de nous, le masque de la haine. Ils nous deviendraient suspects, s'ils nous défendaient quand on nous attaque, et notre éloge, dans leur bouche, serait une trahison qu'on ne leur pardonnerait jamais. » En s'exprimant ainsi, M. R.... avait un son de voix posé, ferme, un air tranquille, comme s'il avait raconté un fait de toute certitude. Quelqu'un que je ne connais point lui a parlé des institutions qui s'opposaient au progrès de la société qu'il prétendait si bien établie. M. R.... a répété avec mépris ce mot *institutions*; et, d'un ton énergiquement prophétique, a dit que dans *deux ans* il n'en existerait pas une de celles que nous avions, et que la charte serait alors du domaine de l'histoire, comme la constitution impériale.

M. Désormes. Et tout cela vous affecte?

M. Dulude. Beaucoup.

M. Désormes. Quoi! vous ne sentez pas au-dedans de vous l'impossibilité du succès! Si vous avanciez sur un terrain incliné, ne seriez-vous pas comme entraîné par la pente? ne ririez-vous pas au nez de ceux qui marcheraient en sens contraire?

M. Dulude. Avez-vous donc oublié ce que dit Montaigne? « On s'envieillit des ans sans s'assagir d'un poulce : on va toujours en avant, mais à reculons : le marcher du vieil âge est celui d'un ivrogne titubant, vertigineux [1].

M. Désormes. Montaigne parle des individus; les masses ne vieillissent pas.

Madame Delwins. Mon oncle, il vaut bien mieux songer à votre plantation de Beauregard.

M. Dulude. Tu as raison : quand partons-nous?

Madame Delwins. Après-demain.

M. Dulude. Il faut emmener Almire avec nous; il y restera jusqu'à l'expiration de son congé.

La Comtesse. Quels sont ceux qui nous accompagnent ou qui nous suivent? Le Chevalier, MM. Désormes et d'Harmage se mirent au nombre des premiers; les autres habitués annoncèrent l'intention de faire des visites dont la durée et le retour dépendraient de leurs affaires.

A Beauregard, dit la Comtesse, nous réglerons nos comptes. Le Chevalier nous doit la fin de son tableau des mœurs du dix-huitième

---

[1] *Essai de Montaigne*, liv. 3.

siècle, le récit de son séjour auprès d'un prince que nous ne devinons pas, et que sans doute il nous fera connaître. M. Désormes....

M. Désormes. Oh! M. Désormes ne dira plus mot : il n'aime pas à faire ses confidences à tant de monde, sans savoir si elles plaisent.....

La Comtesse. C'est ce que nous apprendrons au mois de novembre, quand nous reviendrons à Paris.

FIN DES CONTES HISTORIQUES.

TABLE DES NOMS

CITÉS DANS CE VOLUME[1].

Abbé jésuite, 279.
Aguesseau (le chancelier d'), 288, n.
Aïdy (le chevalier d'), 200.
Aïssé (mademoiselle d'), 170, n. 174, 186, 187, 188, n. 190, 200.
Alary (l'abbé), 286, 296, 306.
Albani (le cardinal), 269.
Alembert (M. d'), 319, 322, 323, 324.
Alincourt (Neuville d'), 186, 187, 191.
Argenson (le marquis d'), 170, n. 191, 286, 296, 298, 299, 300, 304, 308.
Argental (M. d'), 329.
Arnaud (l'abbé), 338.
Astruc, 316.
Autry (Goujon, comte d'), 287.
Bachaumont (Petit de), 170, n. 328, 333.
Balleroy (De la Cour, marquis de), 287.
Barbé-Marbois (le comte), 89.
Bavière (la princesse Élisabeth Charlotte de), 170, n. 221, n. 246, 312.
Bavière (le chevalier de), 193.

---

[1] On n'a point mis les pseudonymes, c'est-à-dire ceux des interlocuteurs qui ont exigé qu'on changeât leurs noms.

TABLE DES NOMS

Beauvau (la princesse de), ses réunions, 340.
Bercy (M. de), 250, 251.
Béringhen (le marquis de), 185, 186.
Béringhen (évêque du Puy), 212.
Bernard, 318.
Bernis (le cardinal de), 269.
Berry (duchesse de), 219, 221.
Berryer (M.), lieutenant de police, 330.
Berterot de Pleneuf (M.), 190, n.
Besenval (le baron de), 140, n. 173, 174, 177, 216, 217.
Beuchot, 26, n.
Beugnot (le comte), 88.
Bissy (le comte de), 212.
Boileau, 183, 184.
Boismond (l'abbé de), 213.
Bolimbroke (lord), 206.
Boufflers (madame de), 188.
Boufflers (le duc et la duchesse de), 219, 220.
Boufflers (Amélie de), duchesse de Lauzun, 224.
Boufflers (le chevalier de).
Bouillon (duchesse de), 188.
Bournonville (le prince de), 193, 194.
Bouteville (duc de), 212.
Bragelone (l'abbé de), 287, 304.
Bresson (M.), 273.
Buckingham (duc de), 83.
Buffaut (madame), 339,
Buffon, 319, 321, 322.
Cadet (M.), 338.
Calandrini (madame de), 199.
Camilly (Palouet de), 288.

CARAMAN (Riquet de). 287.
CARIGNAN (le prince de), 190.
CARRACCIOLI, 317.
CASTELMAINE (comtesse de), 83.
CAYLUS (le comte de), 320.
CHABROL DE CROUSOL (M.), 92.
CHAMPEAUX (l'évêque de), 287.
CHAMPFORT, 340.
CHAPELLE, 328.
CHARLES VI (empereur), 300.
CHARTRES (madame la duchesse de), 268, 269.
CHASSÉ (et non Chassi), acteur, 222.
CHASTELET (Émilie Le Tonnelier de Breteuil, marquise du), 207 et suiv.
CHASTELLUX (le chevalier de), 317.
CHATEAUBRIAND (le vicomte de), 92, 107.
CHATEAUROUX (duchesse de), 215.
CHAUVELIN (M. de), 332.
CHOISEUL (le duc de). 140, n. 227.
CHOISEUL (duchesse de), 327.
CHOISEUL (le chevalier de), 332.
CHOISEUL-GOUFFIER (le comte de), 340.
CLAIRVAL (acteur), 227.
CLARCKE (duc de Feltre), 88, 89.
CLÉMENT DE BOISSY, 331.
CLERMONT-REINEL (mademoiselle de), voyez STAINVILLE.
CLERMONT-TONNERRE (le comte), 92.
COIGNY (Franquetot duc de), 287.
COIGNY (le chevalier de), 227.
COLBERT, 251.
COLIGNY, aide-de-camp du prince de Condé. Ses Mémoires, 234 à 257.
COLLÉ, 170, n. 318.

Condé (Louis, prince de), 244, 245, 246.
Condé (Louis-Joseph, prince de), 244, n.
Condillac (l'abbé de), 323.
Condorcet (le marquis de), 335, 338.
Congrégation, sa tactique, ses manœuvres, ses moyens, 135 à 155 379.
Conti (le prince de), 189.
Conti (la princesse de), 190.
Corvetto (le comte), 89.
Courchant (madame de), 188.
Crébillon (fils), 317.
Creutz (le comte de), 317.
Croix (le comte de), 222.
Crozat, 327.
Curé de Saint-Eustache (M. le), 334.
Damas (le baron Victor de), 92.
De Cazes (le comte, depuis duc), 89, 90.
Deffand (marquis du), 170, n. 188, 189, 209, 341.
Delille (l'abbé), 340.
Depons (M.), 222.
Desnanotz (comtesse de), 127.
Desprez (M.), 195, n.
Dessoles (le comte), 90.
Destouches, commissaire d'artillerie, 206.
Destouches, auteur comique, 319.
Devaur, 329.
Diderot, 319, 321.
Doublet (madame), 327, sa tactique, 328, ses correspondances, 331, sa mort, 333.
Doublet de Persan, 327.
Doudeauville (le duc de), 92.
Dubarry (madame), 125, 218, 226, 338.

Du Bocage (madame), 329, ses réunions, 341, belle encore à 80 ans, ibid.

Dubois (le cardinal), 206.

Du Bouchage (le comte), 89.

Du Chalar (M.), 192.

Duclos, 170, n. 206, 319.

Dupin (madame), 320.

Dupont (le comte), 88.

Duras (duchesse de), 187, 188.

Durfort (et non Durfalk), 222.

Entée (mademoiselle), 187.

Éon de Beaumont (le chev. ou la chevalière), préf. vi, n. 340.

Épernon (le duc d'), 198, 199.

Épernon (mademoiselle d'), 246.

Épinay (madame de la Live d'), 170, n. 225, 320.

Esparbelle (madame d'), 227.

Estrehan (le marquis d'), 228, 229.

Estrées (la maréchale d'), 187.

Etienne (M.), 205, n.

Falconnet, 318.

Fénélon, 309.

Fériol (M. de), 200.

Fériol (madame de), 201, 204.

Ferrière (le marquis de), ses mémoires, 341, ses lettres inédites, ibid.

Figarode (la), 185. Lettres inédites, ibid.

Fimarcon (M. de), 220.

Firmin, 329.

Flavignac (M. de), 238.

Fleury (la marquise de), 227.

Fleury (le cardinal de), 297, 300.

Foncemagne, 329.

Fontenelle, 206.

FOUCHÉ, duc d'Otrante, 88.
FOURQUEUX (madame de), 339.
FRANCKLIN (Benjamin), 335.
FRANCUEIL (Dupin de), 225.
FRIESE (le comte de), 222.
GACÉ (Goyon de Matignon, comte de), 287.
GALIANI (l'abbé), 317.
GARNIER (le comte), 235, 255.
GENLIS (madame la comtesse de), préface III, 170, n. 173, 174, 227, 228, 230, 245, n. 258 et suiv.
GEOFFRIN (madame), 317, 325, 326, 327.
GEORGES (Cadoudal), 88.
GOUVION SAINT-CYR (le maréchal), 88, 89.
GESVRES (le duc de), 197, 198, 199.
GOBEMOUCHES. (Voyez JOURGNAC.)
GONTAUD (madame de), 187,
GORGE, 183.
GRAMMONT (la maréchale de), 194.
GRIMM, 170, n. 225.
GONIN (M.), 273, 274.
GOUVERNET (marquise de), 209.
GUIBERT, 324.
GUIZOT (madame), préface II.
HAUSSET (madame Du), 195.
HELVÉTIUS, 316, 321, 327.
HÉNAULT (le président), 320, 321.
HÉNIN (le prince d'), 227.
HENRI IV, 185.
HOLBACH (le baron d'), 321, 327.
HUME (David), 321.
JACQUIER, 184.
JAUCOURT (le comte de), 88, 227.

CITÉS DANS CE VOLUME. 391

JAY (M.), 307, n.

JOURGNAC DE SAINT-MÉARD, 303.

KOCHE (madame), 189.

LA BLANCHERIE (Pahin de), 335, 336, autorisé à prendre le nom de Newton, 337.

LA BROSSE, 239.

LA FAUTRIÈRE (M. de), 288.

LA FERTÉ-IMBAUT (madame de), congédie la société de madame Geoffrin, 338.

LA FRESNAYE (M. de), 205, n.

LA GALAISIERE (M. de), 212.

LA HARPE, 325, 326, 340.

LAINÉ (M.), 91.

LALANDE (le Français de), 335, 341.

LALIVE DE JUILLY (madame), 225.

LA MARCHE (la présidente de), 332.

LAMBERT (la marquise de), 307.

LA MOTTE-HOUDANCOURT, 187.

LA MOTTE (Houdart de), 309.

LA POPELINIÈRE (madame de), 209.

LAS-CASES (le comte de), 93.

LASSAY (Madaillon, marquis de), 287.

LATOUR-MAUBOURG (le comte de), 90.

LA TOURNELLE (madame de), depuis duchesse de Châteauroux, 214.

LA TRÉMOUILLE (duc de), 287.

LAURAGUAIS (madame de), 216.

LAURISTON (le général), 91.

LAVAL (la comtesse de), 227.

LA VALLIÈRE (duchesse de), 212.

LAVALLIÈRE (madame de), 340.

LA VAUPALIÈRE (M. de), 222.

La Vieuville (madame de), 186.
Lauzun (Gontaud duc de), 170, n. 173, 226, 227.
Leczinska (Marie), 149.
Le Duc (M.), 190, 191.
Le Gendre. (Voyez Doublet.)
Léger, 340.
L'Étang (M. de), 331.
Lespinasse (mademoiselle), 317, 322, 323, 325.
Ligne (le prince de), 340.
Lior (M.), 190.
Longchamp, secrétaire de Voltaire, 208, 209, 210.
Longueville (duchesse de), 245, n.
Louis (le baron), 88.
Louis XIV, 176, 177, 303.
Louis XV, 149, 213, 214, 215.
Louis XVIII, 93.
Lusignan (marquis de), 229.
Luxembourg (le maréchal de), 221.
Luxembourg (la maréchale de), 182, 183, 209, 231, 232.
Luynes (duc de), 310.
Luynes (duchesse de), 333.
Mably (l'abbé), 316.
Machiavel, 114.
Maillé (madame de), 195.
Mailly (marquise de), 209.
Mailly (madame de), 214.
Maintenon (madame de), 220.
Mairan (le chevalier de), 316.
Malouet (le comte), 88.
Marchais (madame), 319.
Marigny (M. de), 66, n.

Marivaux, 316.
Marmontel, 170, n. 316, 317, 318, etc.
Martillière, 239.
Maupas du Tour (M.), 254, 255.
Maupeou (le chancelier), 114, 115, 125.
Maurepas (le comte de), 215.
Mayrobert, rédacteur du journal de madame Doublet, 329.
Mazarin (le cardinal), 239.
Médicis (Marie de), 66, n.
Meynière (le président de), 331.
Ministres, leur maxime et leur secret, 99, 102.
Molé (le comte), 89.
Montesquieu, 316, 317.
Montesquiou (l'abbé, depuis duc de), 87.
Montgeron (Carré), 203.
Montmorency, 188.
Montmorency (le duc Mathieu de), 92.
Morellet (l'abbé), 217, 323.
Moria (le chevalier), 324.
Mouchi (madame de), 221.
Mouhi (le chevalier de), 329, dénonce comme *frondeuses* les dames reçues chez madame Doublet, 330.
Musson, parasite, 340.
Necker (madame), 326, but de ses réunions, 327.
Nemours (duchesse de), 230, 246.
Nesle (madame de), 188.
Ney (le maréchal), 89.
Noailles (le cardinal de), 194, 214.
Nocé (M. de), 205, n.
Nocé (madame de), 221.
Oby (M. d'), 289.

OLONNE (duc d'), 212.
ORLÉANS (madame la duchesse d'), 262.
PALLU (M.), 287.
PANCHAUD (M.), 340.
PANCKOUCKE (M.), libraire, 331, n.
PARABÈRE (madame de), 187.
PARIS (le diacre), 203.
PASQUIER (le baron), 88, 89.
PELLETIER, fermier-général, 317, 318.
PERELLE (M.), 288, n.
PÉRIGORD (l'abbé de), aujourd'hui prince de Bénevent, 340.
PERRIN, 329.
PESAY (le chevalier de), 193.
PHALARIS (duchesse de), 183.
PICHEGRU (général), 88.
PIRON, 319.
PLELO (Brehant, comte de), 285, 297.
POLIGNAC (madame de), 193.
POMPADOUR (la marquise de), 216.
POMPONNE (l'abbé Arnaud de), 288, 295, 298, 299.
PONCERET (le baron de), 239.
PONT DE VEYLE, 319.
PORTAL (le baron), 90.
PRIE (marquise de), 190.
QUESNAY, économiste, 319.
QUINAULT (mademoiselle), 319.
RAMSAY (M. de), 287.
RAYNAL (l'abbé), 317.
RETZ (le cardinal de), 261.
RICHELIEU (le duc de), 89, 210, 225.
RIOM (le comte de), 188, 221.
ROBECQUE (princesse de), 223.

RONDET (M.), 329.
ROUGEOT (M.) 332.
ROUSSEAU, du conseil des anciens, sénateurs, 26, n.
ROUSSEAU (J. J.), 173, 222, 224, 319, 320, 321.
ROY (le comte), 89.
RUFAYE (le duc de), 194.
RULHIÈRE, 340.
SACY, 309.
SAINT-AULAIRE (Beaupoil de), 309.
SAINT-CONTEST (B. de), 287.
SAINTE-PALAYE, 329.
SAINT-LAMBERT, 208, 317.
SAINT-MARC (de), 184.
SAINT-PIERRE (l'abbé de), 295, 301.
SAINT-SIMON (le duc de), 170, n.
SARRASIN (Adrien de), préface II.
SAURIN (madame), 325.
SAUVÉ (madame), 212.
SAXE (le maréchal de), 211.
SCHREWSBURY (comtesse de), 83.
SÉGUR (le comte de), 170, n. 174, 302, n.
SEIGNELAY (Colbert de), 251.
SESSAC (M. de), 238.
SIMÉON (le comte), 91.
SONNINI (M.), 290, 291.
SOULT (le maréchal), 88.
STAINVILLE (madame de), 227.
STANISLAS, roi de Pologne, 207.
SUARD (madame), 326.
TALLEYRAND, 87, 88. (Voyez PÉRIGORD.)
TENCIN (le cardinal Guérin de), 201.

TENCIN (madame Guérin de), 205, 307, 308, 309, 312, 314, 315, 316,

TERRASSON (l'abbé), 149, n. Sa messe, 318.

TESSÉ (madame de), 341.

THIROUX (madame), 212.

THOMAS, 317.

TINGRY-MONTMORENCY (princesse de), 227,

TURGOT, 319.

VAUBERNIER. (Voyez DUBARRY.)

VAUBLANC (le comte Viennot de), 89.

VENDÔME (le prieur de), 286.

VERRUE (la comtesse de), 310, 312.

VERTEILLAC (M. de), 287.

VILLARS (madame de), 187.

VILLENEUVE (de), 329.

VILLEQUIER (le marquis de), 192.

VILLEROY (le duc de), 219.

VINCENT (le père), 98 et suiv.

VINTIMILLE (M. de), 214.

VINTIMILLE (madame de), 214.

VOISENON (l'abbé de), 329.

VOLTAIRE, 199, 207, 208.

WAGNIÈRE, secrétaire de Voltaire, 208, n.

WALPOLE (Robert), 71.

WEISS, savant et modeste biographe, 336, n.

WINCKELMAN, 268, 269.

XIMENÈS (le cardinal), 114, 116.

TABLE DES CHAPITRES

CONTENUS DANS CE VOLUME.

	Page
Préface.	1
Chapitre premier.	1
Une veuve romanesque.	11
Chap. II.	21
Une femme envieuse, un mari jaloux.	24
Chap. III.	45
Salons de Paris.	51
Chap. IV.	64
L'allée des veuves.	67
Problème galant.	77
Chap. V.	84
Le secret des ministres.	95
L'art de gouverner.	102
Chap. VI.	129
La rotonde et le coupé.	131
Marche et tactique de la congrégation.	135
Dévouement de ses adeptes.	166
Chap. VII.	170
Mœurs galantes du dix-huitième siècle, d'après les mémoires comparés.	173
Chap. VIII.	234
Mémoires de Coligny, écrits en marge d'une bible.	236
Chap. IX.	258

TABLE DES CHAPITRES.

La lune rousse. 273
L'abbé jésuite. 276
Chap. X. 285
Revue historique des réunions littéraires du dix-huitième siècle. 286
Chap. XI. 343
Des cours. 356
Chap. XII. 366
Coup d'œil sur l'établissement de la maison régnante en Espagne. 368

ERRATA.

Pag. 45, lig. 15. De sentir, *lisez* d'en sentir.

Pag. 199, lig. 2. Trépane fait ce qu'il rencontre, *lisez* trépane tout ce qu'il, etc.

Pag. 201, lig. 24. Très-effrayant, *lisez* très-attrayant.

Pag. 273, lig. 22. Qu'attaquent, *lisez* qui attaquent.

FIN.

www.ingramcontent.com/pod-product-compliance
Lightning Source LLC
Chambersburg PA
CBHW052135230426
43671CB00009B/1257